思想觀念的帶動者

文化現象的觀察者

本土經驗的整理者

生命故事的關懷者

心靈工坊
IPsyGardenI

Master

對於人類心理現象的描述與詮釋
有著源遠流長的古典主張,有著速簡華麗的現代議題
構築一座探究心靈活動的殿堂
我們在文字與閱讀中,尋找那奠基的源頭

敘事治療
私塾學堂

洞人心菲的十個故事
十種啟發，十次感動

黃素菲　著

目錄

【第一部】

留在風水寶地，還是另覓牛奶與蜜？——
專業身分與生涯認同

——「敘事」作為「故事」
與「存在池塘」的中介

汪文聖·國立政治大學哲學系退休暨兼任教授

　　近幾年，我也對於敘事的理論與實務頗感興趣。今年六月份我曾邀請黃素菲老師以線上方式在我的課堂上演講「敘事治療的精神與實踐」，聽講的同學竟然超過兩百位，開了兩間各容納一百人的視訊教室卻依然爆滿，導致不少人向隅而返。當時我一方面感受到敘事議題在台灣被重視的程度，另一方面對於能邀請到頗受歡迎的講者而深感榮幸。

　　素菲老師很會講故事，也很喜歡講評電影。在演講中她比較了中國作家李銳的《青石澗》與改編自美國作家安·霍華德·克里爾（Ann Howard Creel）同名小說的電影《平凡歲月的魅力》兩個故事，以說明現實是社會建構的，進而說明不論是知識，乃至於諮商來訪者敘說的故事，也常是社會所建構的。她又說了自己父親的故事，以父親逃難的心得「鋼盔一定不能丟」被孩子當成笑話，但其實背後隱藏著他過去的辛酸與難過，來說明一些單薄的話語常出自每個人「存在池塘」裡所蘊含的豐富意義。

　　在這本《敘事治療私塾學堂》中，素菲老師除了說出了自

己父親的故事，還講述魯迅《祝福》裡祥林嫂的故事。因為祥林嫂身邊的人常從她表面的單薄語言滑落，無法達到她的悲苦之處，以至於祥林嫂最後流落街頭，凍死在風雪中。素菲老師所強調的語言出自於深淵之處，是她所稱的「存在池塘」，也是余德慧在《詮釋現象心理學》借自海德格所稱的「大地存有」。而不論經由社會建構的故事，或是常在生活圈已習以為常，而為他人不足為怪的語言，對於敘事治療師而言，雖指涉到明顯的事物，卻也遮蔽了其他更多的事物。因此素菲老師從海德格的「語言是存有之家」這句箴言開始，認為敘事治療一方面需要來訪者的言說，但另一方面治療師要幫助來訪者將社會所建構的概念思維，以及賴以述說的故事，和其他的語言，往前語言的「存在池塘」去回溯。但在理論上可輕易朗朗上口的回溯一詞，在實際上是需要透過情感來推動的，特別是治療師的「慈悲之心」加注在受苦的來訪者身上，讓來訪者「邊說邊掉淚」，進入「語言無法捕捉的隙縫」，然後進入具深淵性的「大地存有」。

這饒富意義的語言發源地，是來訪者與他人盤根錯節交纏之處，是素菲老師借德勒茲的「地下莖」表示的表面上四散，但底部全部連在一起的故事來源之處。這裡就是治療師所「療遇」的受訪者，常被社會建構的主流故事所縈繞而受苦的當兒，要被引導出另類或支線故事可能性的根據地。的確，素菲老師承繼敘事大師麥克·懷特提出的敘事治療幾個關鍵方法，從來訪者的主流故事開出支線故事就是其一。但來訪者要能開出支線故事，原先為主線故事所困的問題，就必須被外化，這

是所謂的「人不是問題，問題才是問題」的說法，是來訪者開出支線故事的先決條件，而歸爲敘事治療的關鍵方法之二。素菲老師將此問題的外化從我們道家莊子的「庖丁解牛」寓言來賦予可能性的意義，平添了所需「游刃有餘」的工夫性。

其實問題的外化於余德慧在《詮釋現象心理學》所言，是一種間距化（distantiation）所致，這是來自呂格爾《詮釋理論》（*Interpretation Theory*）的一個術語。我們對於大地存有因尚未能以語言來把握，故僅能以既接近又保持距離的態度來面對，這對余德慧而言固表現出了一種間距化；但和問題外化直接有關的間距化應是治療師嘗試將來訪者從直接面對處境（situation），轉爲大地存有在「那裡」與我們在「這裡」之位置（place）關係的改變。當來訪者面對處境的言說行動（saying）及所說的語言（said），轉爲獨立於處境的文本（text）時，即是做了位置的改變。來訪者所敘說的故事就是文本，支線故事的開發所需的問題外化，實可透過獨立處境而文本化來落實，故言語轉爲文本就爲敘事治療的關鍵方法之三。文本是詮釋的依據，詮釋活動最重要的是要將指涉明顯事物的文本，往隱藏的事物去指涉。故敘事扮演著中介的角色，讓在「社會建構」的而屬於「文化世界」的語言、知識、故事，往「存在池塘」或「大地存有」去回溯，然後從中汲取隱藏的意義、情感，去形塑新的言說、概念，以及故事。但敘事作爲中介不是理所當然就如此的，是需要有所訓練陶養的，讓敘事富有往「存在池塘」去回溯的「動力」，然後讓所汲取的意義與情感體現在新的語言、概念與故事裡。故敘事既有還原

至「大地存有」，亦有重構「文化世界」的功能，它是連結兩者的中介，且是以交互循環的方式進行。

職是之故，我們就可了解素菲老師在區別「敘說」、「故事」與「敘事」時說：「『敘事』是要說而未說的意向，敘事不是『做什麼』而是『想要做什麼』，也就是一種『能夠』並且『知道如何』的那種傾向於語言敘說的狀態，可是又尚未說出。」並且，《敘事治療私塾學堂》所要傳道、授業、解惑的正是去陶養學生以敘事作為中介的動力，這也是詮釋的精髓所在。素菲老師所私塾的根本上在於呈現十個案例故事的「敘事開箱」，這是她進行詮釋活動的工夫所在，裡面蘊含著我在前面所強調的敘事治療的三個關鍵方法，但借著實際的故事被闡釋出來。

感佩素菲老師對於敘事治療理論與實務的精益求精，從 2018 年的《敘事治療的精神與實踐》，短短四年又出版了此書。冀望她繼續將其對於敘事治療詮釋的工夫，不藏私的貢獻給臺灣與整個華人敘事治療界。

2022 年 12 月 6 日寫於政治大學達賢圖書館學人研究室

從「洞人心菲」到 「動人心扉」

趙淑珠 · 國立彰化師範大學輔導與諮商學系教授 婚姻與家族治療碩士班

在助人工作的系所工作，我經常詢問學生們：諮商或治療工作對你的意義是什麼？你認為在治療工作中引發改變的關鍵因素是什麼呢？而諮商心理師或治療師在其中扮演角色又是什麼？

在專業學習的過程中，我跟素菲老師的專業訓練應該都始於精神分析學派對於性驅力的著重，和本我、自我與超我的發展對個人心理健康影響的論述，之後受到第三勢力人本學派思潮的影響，近年則在後現代思潮的引領之下，更敏銳於「治療、疾病」的重新解構。素菲老師進入了敘事的脈絡，而我則以家庭系統觀點來理解家人的關係。不論取徑為何，受到後現代思潮的影響，我們都在關注「脈絡、權力、解構、改變」，我們如何在來談者及其家人關係所呈現的各種議題中發展出新的理解並擴展其敘事的多元可能性呢？

素菲老師從 2016 年開始的「洞人心菲敘事私塾」，以其中一位參與者即為「來談者」，與另一位參與者「心理師」的對話，其他人則為「反映團隊」，每次不同層次的對話提供

了參加者在不同身分中的流轉，進而能具體瞭解所謂敘事的詮釋、解構與重構。

我特別喜歡書中的三個部分，其一是「Here & Now」的呈現，在敘事私塾的進行中，有著三方的觀點：來談者、心理師以及觀察的反映團隊的對話，對讀者而言，彷彿身歷其境。其二是素菲老師的「敘事開箱」，透過老師隨著故事的進行以敘事的觀點帶領讀者理解在對話中發生了什麼事，而能瞭解在對話－故事中來談者隱而未宣的脈絡。最後，素菲老師將整個對話的歷程以脈絡性或時間序的方式整理呈現，從這樣的整理中更可以體現來談者所呈現的議題不僅是個人的層次的，同時也是社會建構層次的。理解社會脈絡如何「建構」我們對「不適」的定義，才有機會解構與改變原來的困境與綑綁。

在本文的開始我提了三個問題，透過在書中層層的說明，猶如地圖一般的引導，相信閱讀本書可以讓諮商與心理治療的工作者及學習者對於前述的三個提問有自己的反思與答案，而讓我們的專業可以更接近來談者以及其家人，藉由「洞人之心」而能「動人心扉」！

與素菲的相識在我們的少女時代，這麼多年來素菲一直是我眼中既聰慧又美麗的女子。這幾年她在敘事治療以及以敘事觀點談論生涯諮商的發展，更是台灣在輔導與諮商領域中的創見，同時也對未來專業發展產生重要的影響與帶領的作用。很榮幸能為本書寫序，更珍惜與素菲多年的友誼！

——————— # 穿過敘說抵達存在

李維倫 · 國立政治大學哲學系專任教授

　　1995-94 年間，我於杜肯大學博士班修課時，在課堂上就曾學習、理解、分析與討論敘事治療。當時的讀本，1990 年精裝版的《故事・知識・權力》（*Narrative Means to Therapeutic Ends*），還在我的書架上。懷特（Michael White）的治療理論發展於 1980 年代，是目前為人熟知的心理治療中相當晚近的一派，其治療思維也就得以從當代哲學思潮，如傅柯（Michel Foucault）關於知識與權力的思考以及格根（Kenneth Gergen）在心理學領域倡議的社會建構論（social constructionism）中獲取養分。

　　傅柯所言的知識／權力，其展現與作用的形式為論述或言說（discourse）。能夠言說某人某事，對某人某事產生論述，就是對某人某事行使了權力。例如，對憂鬱症者的言說，或關於憂鬱症的種種論述，將影響與支配憂鬱症者的自我認識與他人的對待。就個人層次而言，這樣的言說／權力作用出現在一個人說明自己的話語，也就是自己的故事。格根就指出，個人用以理解與說明自己的說詞，從來就不是「自己的」，而是來自社會上種種既有的論述，這就是個人敘說的社會建構論觀點。懷特敘事治療的外化（externalization），其精神就在於把

人的生活經驗與其自我敘說分開來，從而能夠檢視並更動這些定義了個人經驗但卻無益於生命發展的論述。

這裡我們可以看到，懷特敘事治療的理論視野在於個人、言說或話語以及社會等三者之間的關係。這相當不同於佛洛伊德精神分析的心理機制與動力觀點，也與認知行為治療之失功能的認知與行為運作看法有很大的差異。如此的不同與差異顯然不是來自實驗室的發現，而是來自懷特自己的治療經驗以及他所選用之當代哲思所給予的說明。

然而這樣的理論性基礎卻遺漏了敘事治療現象中非常關鍵的，人與語言的關係。若語言只是傳遞個人思維的載體，那麼為何改變語言就會改變人？人到底是如何地「活」（existing），使得論述／故事成為人的棲居之所？如果人活在故事中，故事來自社會論述，那誰是主體？懷特因洞見人與自我敘說之間的關係，使他脫離既有心理治療理論的知識／權力圈限，開展了對人之受苦療癒的新視野，但也留下了人與語言之間存在性理解的空缺。素菲老師的敘事治療工作不同於前人之處及其重要性，就在於回應了這空缺及其必要性的要求。

一般的心理學家或心理治療師或許會認為閱讀與理解哲學性論著是不必要的，但如果懷特也持這樣的態度，那麼今天我們恐怕就沒有敘事治療可以學習。關於人存在性質的哲學思考能夠卓然成家，都是能夠立基於經驗本質而對既有流行之論述的論述。這是傅柯得以從瘋狂概念的發展、臨床醫學的誕生、規訓與懲罰的建制以及性歷史等現象來洞悉知識與權力之關係的工作，也是懷特得以從種種既有的治療學派中創出新局的關

鍵。就心理治療的發展來說，這樣的思考是拓墾心理治療根基的必要能力，它使治療師能夠深入人的存在界域，並於其中尋得話語將治療經驗帶入光亮之中。

素菲老師顯然不是一般的心理治療師。她的前一本著作《敘事治療的精神與實踐》以及本書，除了展示敘事治療在操作上的精義之外，更對於「說故事？怎麼能有療效？」進行存在性的論述。在我看來，本書中她在闡述法國學者惹內特（Gérard Genette）的敘說（narrating）、敘事（narrative）與故事（story）的內涵時，賦予了敘事本體論的地位，也就是洞見了人作為語言存有的敘事本質。敘事一詞也就有了新意，指稱了人之存有將顯未顯之際的本體狀態，而非個人言說的動作，也非言說成形之故事。這使得敘事治療獲得了人與語言／言說之間關係的存在論基礎。在實踐上，敘事治療也就成為一個存在性時刻。治療師在治療室所做的不僅是捕捉個案的故事，而是對人之存在的注視。

本書的另外一個重點是在十次的「洞人心菲私塾工作坊」記錄中所蘊含的訴說台灣人心理衝突經驗的語料。這十次的示例自然是具體揭示了敘事治療的進行樣態，素菲老師也做了適時與詳細的點評。這對學習敘事治療的貢獻不在話下。不過我要特別指出的是，既然語言即存有，那麼若將其中演練雙方所使用的語言與語式視為台灣人存在樣態的顯現而非僅個人經驗的言說，那麼我們就獲得了指向台灣人文化存有的語料。舉例來說，這十個例示中許多話語涉及「家」與「家人」，即便是個人發展與性別處境的議題也多與「家庭」有關。本書所含

藏的這些豐富語料，具有揭示台灣文化中與「家」相關之社會性論述的潛能，值得讀者細細品讀，並在自己的經驗中進行驗證，從而洞悉自己身上的社會建構。

　　素菲老師自言其對於敘事治療的理解是穿透語言到達經驗，而我想強調其存在論性質，因此可說是穿過敘說抵達存在。在我看來，正由於回應與充實了敘事治療的存在論基礎，本書並非另一本敘事治療的書，而是另一種敘事治療。在本書緒論的最後，有著這樣的文字：「會不會……我正在臺灣藉由他們說過的話，講出我自己的敘事治療的聲音？」我想這是「另一種敘事治療」的含蓄表達。若是如此，不妨就給素菲老師的心理治療工作一個更相稱於其自身的名字，存在敘事治療。

跟你說說，
我們是這樣開始的……

　　從 2016 年 8 月到 2018 年，持續兩年，每個月第一個週二晚上七點到九點半，我們進行了「洞人心菲敘事私塾——一群人經驗敘說的行動與書寫」。「洞人心菲」是本書第一章作者王堂熠取的名字。當時有超過 20 位碩、博班研究生加入這個「洞人心菲敘事私塾」的敘說與書寫行動。每次有一個人說自己的故事，擔任「來訪者」，有一位擔任「心理師」，兩人對話 45 至 50 分鐘；接著，其他人擔任「反映團隊」，現場對話 20 至 30 分鐘。這是一種來自「合作對話」治療、「開放對話」精神的無主持人的自由交談，反映團隊成員的任務是針對兩人交談提出回應、提問、連結、回響或質疑，用以啓動多元故事觀點與豐厚故事。兩部分都全程錄音，提交兩位當事人，謄成逐字稿，兩人會後私下一起討論、反思和整理，於下個月週二晚上聚會的前三十分鐘，分享反思、整理的結果。

　　「洞人心菲敘事私塾」進行到第二年，我同時正在撰寫《敘事治療的精神與實踐》書稿，從 2017 年 6 月起到 2018 年 3 月出版，每個月我總是節錄正在書寫的章節之部分文字，提供作爲「洞人心菲敘事私塾」的參考資料，三至五頁不等，一

面寫書一面分享，可以說這個「洞人心菲敘事私塾」陪伴我度過撰寫前一本書稿的歲月。2018 年 12 月起本書陸續收稿，2019 年初大致收齊初稿。以同樣的方式，2019 年 2 月起我在輔大心理所任教課堂上，每學期也會進行四組對話，並陸續將輔大敘事課程的研究生對話稿件加入。這兩類對話稿就是本書稿件的來源。輔大心理所研究生的稿件則是到 2021 年 6 月到位。我認真修稿是 2021 年一整年，到 2022 年一月底大致完成初稿。

各篇中，兩位研究生的對話是本書最基本的軸心素材，他們事後認真謄稿、討論，將整理過程中精彩的體驗寫成反思心得，並依據敘事治療理念尋思更合適的問話進行修改。我的工作主要是根據對話文本進行編寫，基本上來訪者的故事大致被完整地保留下來，但是心理師的對話則經過大幅改寫，有時會因為了配合心理師的對話稍微挪動來訪者的故事順序和語氣，但來訪者的故事基本上都保持原來的樣貌。我的任務是加入名為「敘事開箱」的 BOX，寫入相應於故事對話的敘事治療觀點，我也編輯了段落標題和過門文字。每篇稿件我在修潤後，都寄回給兩位對話的當事人，請他們刪除、修改不符合原意、不合適段落、或不想曝光的文字等內容。這本書可以說是「重構」後的「共寫」文本。確實是有發生當下對話的「原始真實」，再以當下對話為依據經過雙方對話與再次對話，及我的編寫之後的「建構真實」。

不管是在「洞人心菲敘事私塾」或是輔大心理所課程，當時文本對話的雙方畢竟都是研究生身分，都帶著濃厚的學習心

情，兩人在事後都很自然地會持續再對話，也都產生很複雜、很新鮮的反思。這些反思，有的我寫成過門文字，有的成為我寫「敘事開箱」的敲門磚，有的我就直接原文附錄在該篇文末。這些寶貴的「忐忑不安」我視之為「青春的心跳」，是專業生涯發展過程必經的階段，充滿能量、稍縱即逝。只要三、五年的時間，這些所謂新手的青澀，就會消失殆盡。這些新手身上流露的看似「緊張不安」，其實是全神貫注的「慎重其事」，稍有歷練的熟手因為經驗老道，反而流露出「油味」，失去當初助人初衷與對人的敬重感。

　　意識流是形成中的時間，是生命的流動。這種流動是連續的，而且它一向我行我素，不受同一時間內可能發生的事件順序所干擾。哪個是真實？當下對話實錄比較真實？修改後的文稿，變得不真實？真實是什麼？想像是不是真實？以想像來修改的文本，還算是真實嗎？如果一種透過想像所獲得的「虛構真實」更能振奮人心，並且可以擴充我們的選擇空間，那麼就無需固執地認為「想像」只是「純屬虛構」。所謂的「虛構真實」，意思是說在人的世界並不存在絕對的客觀真實，真實永遠都來自解讀真實的人所在的位置，以某個立場所獲得的觀點，都可說是「虛擬真實」。何況，呂格爾說：「真實的歷史由於向我們展現了迥異的史實，也因此向我們開展了可能的世界，相反的，虛構的故事由於向我們展現出不真實的世界，遂引領我們去觸及實在的本質」。也就是說，看似虛構的故事卻給出了敘說者的真實，心理師經由當事人的虛擬世界，卻能夠引導他去觸及他的「真實本質」。

難題在於，日常生活是大江大海，意識流永不停歇，當下我們所敘說的人生經驗，只是在意識的江河裡取出「一瓢水」。所有的故事都具有虛擬的成分，以虛擬故事來重述過去的經驗，是當前現實性的一部分。我看著當初對話的每一個學生的人生，持續往前推進，如滔滔江河、永無止息。所有文中雙方的對話，都是他們各自生命的大江大海中的一瓢水，雙方當事人在若干年後的現在，或許認為當時那個自己並不符合此刻的真實。所謂真實，都必須回到置身所在的境域感，才能捕捉到當下的「真實」，而這個真實換了另一個時空，很可能又成為「虛擬真實」。本書內容既是當下真實，也是虛擬真實。

「敘事」是述說自己的人生故事；「敘事治療」是讓每個人理解到自己是人生故事的作者；「敘事治療師」是將作者權還給每一位來訪者自身的心理工作者。

敘事治療的核心立場是啟動來訪者的在地知識，敘事治療師好奇來訪者對於問題的內在知識具備了哪些能力、資源。來訪者有時能夠不被問題故事困住，或是即使有時似乎被問題故事籠罩著，卻有能力夠逃脫問題的掌控。

敘事治療師重新讓來訪者為自己的問題「命名」，這也就是邀請他們提出自己的診斷，這使得來訪者可以去發現「問題」有生命、會思考、會運作、能行動，而他們可以探索何時「問題」會有較大影響力，或是他們多做些什麼「問題」就會變弱。這種外化的效果使他們認識到自己才是生命故事主要的作者。

立足於後現代範典的敘事治療，是去專家、去標籤、去診

斷、去病理化的學派，這個「去」是刪除的意思，這對於新手心理師來說，總會覺得學習過程缺乏框架與步驟，必需經由夠長時間具體的體驗與實操，才能在摸索中逐漸累積出自己的治療門道，而這本書可以作爲敘事治療師養成的一道扶手。

整體來說，本書的對話實錄，有幾個重要的特色與價值：

第一、故事的真實性。全書十篇都是碩、博班研究生自己的親身故事，而且每篇故事主題都頗爲精彩，所涵蓋的主題十分多元。因爲作者就是來訪者，毋須擔心隱私的難題，屏除了實際個案的保密倫理問題的顧慮，來訪者身分不必隱藏、文本不必切割、挪移、拼貼與改編，故事得以完整呈現。對故事感興趣的讀者，可說是大大提升閱讀的流暢感。

第二、諮商的處境性。這些研究生們在對話中以來訪者身分的眞誠獻聲，非常有助於對話的眞實性與可靠度，而敘事治療著重於經驗世界與處境脈絡，也使得扮演心理師者的問話可以自然地、有效地開展。十篇對話有如十篇紀錄片般，凝固了日常生活與諮商現場的眞實片段，這種「有機停格」創造出深具意義的多元光譜。

第三、實踐式的學習歷程。對於扮演來訪者的學生，有機會透過故事敘說來做自我整理、沉澱，可以幫自己在成爲心理師之前多做一層準備；而扮演心理師的學生，可以一再回味與反思，琢磨出自己對敘事治療的深刻理解。這種實踐式的學習

歷程所激發出的細緻的、立體的、即時性的體驗，絕對不是靜態閱讀、單向聽課可以取代的。

第四、敘事開箱。奠基於前面三個基礎，可以說完成了敘事治療的「行動藍圖」，使得我在寫「敘事開箱」時更容易針對各個段落，提綱挈領地強化敘事治療的精神與實踐，算是完成敘事治療的「意識藍圖」。沒有精彩又真實的十篇對話文本，就沒有「敘事開箱」。我珍惜每一位學生、每一次對話、每一種相遇，這本書絕對是教學相長的最佳見證。

專業學習與成熟絕非一蹴可成，對實踐進行反思是助人專業成長的無法迴避的道路，反思不是自我批評，而是透過自我回饋歷程拿回行動的主導權，也就是自己決定下一步行動的方向。希望對於正在閱讀這本書的你，這些對話與反思也是一盞照亮你前路的燈光。

黃素菲，2022 年 11 月 26 日

說故事？怎麼能有療效？

　　說故事？怎麼做心理治療？是看繪本嗎？還是透過小說、電影來做心理治療？其實，敘事治療是敘事治療師協助來訪者說自己的故事，並重新鬆動、解構自己的生命故事，再重新建構自己滿意的故事。說起來簡單，實際做起來就像泡了一大盆肥皂水，手洗衣裳，那真是費勁、費時的過程。

　　我的諮商生涯起步是擔任義務張老師，服務對象當時所謂的「虞犯青少年」，這些青少年教會我兩件事：第一是，非志願個案讓我明白，如果來訪者沒有準備好要改變，或是他們不相信治療或治療師能幫助他們，治療就不會開始，改變也就無從發生。第二是，被標籤汙名化所壓迫的個案，看似離經叛道的問題行為，不應與他的生活處境切割，也無法單獨放到晤談或治療情境中分析或回應。這兩個學習或體悟發生在 40 年前，如今想來，似乎當時就已經替我埋下從事敘事治療的種籽。累積多年的實務經驗告訴我：「所謂的心理治療師，並沒有辦法治療任何人。所謂的被治療者，那是因為他們準備好要改變自己。」[1] 敘事治療的提問則提供治療師邀請來訪者「準備好要改變自己」的鑰匙。

　　這 40 年前從個案身上學來的事情，前面 20 年我就只是擱

在心上醞釀著，像葡萄泡在糖裡。後面 20 年我就整個被它占據，慢慢有了酒香。2003 年我待在加拿大多倫多約克大學八個月，讀社會建構論和現象學心理學；2013 至 14 年去上海交通大學一年又繼續讀書、思考、寫作。逐漸累積一些筆記、短文、研究，在 2018 年我先整理消化過的敘事治療，寫成《敘事治療的精神與實踐》這本書。寫書那幾年裡，在閱讀麥克‧懷特（Michael White）書中文獻的過程，很受啟發、也很受感動。他廣泛涉獵文化人類學、哲學、歷史、藝術等領域，跟著他的閱讀腳蹤，我好像也跟進各間圖書館的書架前，最重要的是不管他讀什麼文章，他總是能轉化成他自己的「敘事觀點」，例如他讀文化人類學家梅爾霍夫（Barbara Myerhoff）[2] 的定義式儀式（definitional ceremonies）[3]，他就發展為「局外見證人」[4]；他受到文化人類學家紀爾茨（Clifford Geertz）[5] 的文化詮釋方法 [6]、地方知識 [7]、豐厚故事描述 [8] 的觀點，他據以發展出很多問話技巧；他也得自維高斯基（Vygotsky）[9] 社會認知發展理論的靈感，受到「潛能發展區」（zone of proximal development，ZPD）的這種建構隱喻的啟發，他將維高斯基（Vygotsky）的鷹架理論轉換成成「定位圖：四種探索類型」[10] 和「工作地圖」[11]，以便厚描替代故事線。他致力於讓治療師遠離說服模式（convincing model）[12] 並保持治療師去中心化，以便讓來訪者獲得生命故事作者的主權，又讓治療師以具影響力的方式參與對話。

懷特身上有一種拓荒的冒險家精神，他定義自己為實踐學者（Practitioner-scholar），他讓專業實踐與理論概念緊密結合。

我深信「實踐學者」這個身分的價值並不亞於「學術學者」。他的好朋友大衛・艾普斯頓（David Epston）[13] 在他逝世八年後，寫了一篇名爲〈重新想像敘事療法：未來的歷史〉的論文中說道：「**他用『地圖』來揭示他要走的路，說明在治療過程中為什麼要進去這個或那個方向，同時他也警告說有這麼多方向，他可能會進來這條路，你可能會進來那條路，他強調這不是手冊，你找不到像麥當勞套餐似的建議。**」更加說明敘事治療師必須在每一次諮商對話中，與來訪者共同摸索出新故事的路徑。

這幾年來，我逐漸加重自己在現象學方面的閱讀與思考，也在自己的諮商與督導的實踐歷程中，更加看重回到經驗現場的重要性。若是懷特還活著，這 14 年來他除了跟我們一起經歷可怕的 COVID-19 疫情，應該會讀海德格（Martin Heidegger）跟呂格爾（Paul Ricoeur）吧？畢竟他非常強調貼近經驗（experience-near）[14]，畢竟他自己說過「我將自己的治療實務工作視爲永無止境的學徒生涯」[15]，而且他都讀過傅柯（Michel Foucault）[16] 和德希達（Jacques Derrida）[17] 了！我的體驗是敘事治療師雖然立足在治療現場卻有必要穿透語言到達來訪者的經驗現場，治療師必須離開語言到達來訪者置身所在之境域，才能獲致理解並拓展支線故事；在邀請來訪者對其經驗命名以達到意義構作（meaning making），更需要移動到敘事的前敘說位置，不是以語詞命名而是在前敘說的經驗沼澤中化生出意義才得以命名；治療師的提問總是在來訪者經驗的在地知識孕生之所而提問。因此，讀者們閱讀後面十篇文章的對話

之前，除了在懷特的《故事‧知識‧權力：敘事治療的力量》
[18] 和《敘事治療的工作地圖》[19] 這兩本書的基礎之外，我想要
先聊聊我認為的敘事治療的四個重點：1. 敘事治療的理解：穿
透語言到達經驗；2. 敘事治療的意義構作：無以名狀而名之；
3. 敘事治療的時空觀：抵達他所在之處；4. 敘事治療的對話：
好的提問引領答案。

壹、敘事治療的理解：穿透語言到達經驗

> 我們能看到「波浪」，
> 是因為每一個波浪都同時具備高峰與低潮，
> 我們無法在高峰與低潮的任何一邊找到波浪，
> 必須同時結合兩者又跨越兩者，
> 才能真正看到波浪。

　　高達美（Gadamer）認為「前理解」[20] 是歷史賦予理解或
解釋主體從事理解和解釋活動的積極因素。它為理解和解釋主
體提供了特殊的「視域」（horizon），即預設之偏見、成見，
這反而成為我們自身知識與文化無法擺脫的優美傳統與歷史經
典。敘事治療的理解意圖去到存在的一種模態，不是知識論的
運作方式或語意認知方式，因為語言具有遮蔽性，一旦說出，
整個體會隨著所指出的意義而窄化。我們必須置身於來訪者歷
史性的視域中，這個歷史性對話有如每個人都自有的「存在池

塘」，這是在時間中進行交流與理解「語意世界」的意義之場所。也就是說，所有的詮釋都是在我們生命過程已然生成的「存在池塘」這個「先在結構」（fore-structure）裡面運作，亦即對於理解的詮釋，都已經先懂得它所要詮釋的。

這是哲學史上由現象學往詮釋學的重要轉折，使得客觀分析與解釋變成非常不重要，而人的境域感、理解、詮釋才是人的存在之所。就此，理解的任務就是擴大主體的視域，在來訪者的「前理解」所提供的視域，與心理師進入來訪者之境域，復透過問話提供的視域，相互交融即可到達「視域融合」。心理師與來訪者的交流中，還是必須回到境域來理解，達到共同境域感與共同理解，才是敘事治療想要的具有生產性的對話位置。我認為敘事治療不僅僅是同一個典範中理論趨向的不同，而是整個基本典範的轉變。而且懷特在建構敘事治療的早期，受到葛雷格里・貝特森（Gregory Bateson）系統理論和控制論的影響，懷特遠離邏輯實證轉向觀點論的知識論範疇，他深信系統不能以線性方式運作，注定了人無法為系統創建自己的規則，否則他將變成自製系統的奴隸。

敘說、故事與敘事的三層構作

惹內特（Genette）[21]認為敘事法由三個因素組成：敘說（narrating）、敘事（narrative）、故事（story），以呂格爾[22]的說法是敘事包含「描述態」與「樣式態」（descriptive statement and modal statement）兩者。其中描述態中的「前敘說」（the utterance）和樣式態的「所陳述」（the statement）是

兩種不同成分。前敘說接近於惹內特的「敘事」的意思，是一種「使語言出現的前語言狀態」，是一種意欲、想要、即將會……的狀態，是有話要說，還未說，也不知會說成什麼，很像是台語的「有法度」（發音：無話抖。台語的「有」發音是中文的「無」，很妙！），也就是說似乎知道有法可依循而走，還沒去走，不確定會走成何種「度」。言說者不在說出來的故事裡，也不是說故事本身，是有法度的那個主體。敘事治療的治療機制也在於此。

｜「敘說」是敘事的行動｜

「敘說」是敘事的行動，是一種個人對生活經歷的「口頭報告」動作。敘說的起源不只是記憶，而是動作的一種特殊形式，由這種形式衍生描繪、敘述、歷史等現象，必須藉由這一現象，「連貫時間」順序的概念才得以產生。這種「口頭報告」的形式經常發生在我們日常生活中，例如老師授課、一場話劇表演、拍賣會交易現場、結婚儀式、論文口試、諮商現場對話……這一現象是發生在同一個空間中的不同時間順序而產生了「歷時性」（diachrony）。

如果你正要去爭取一筆巨大訂單，約好客戶，你有 20 分鐘以簡報說明產品的時間，你一定會仔細製作簡報、一再檢視、事前沙盤推演，務求那個現場的 20 分鐘達到盡善盡美的境地，以求最大比例打動對方以便能夠成功爭取到訂單。那個現場的 20 分鐘及之後的問答，就是依據時間順序所出現的敘說行動，當下展演無從更改。

或是換個輕鬆場景，想像一下，你花五分鐘敘說你昨天看完那部令你感動落淚的電影給好朋友聽，這個口頭報告的行動本身形成當下的「連貫時間」順序，你先說這個，再說那個，繼而補充重點等等，你的朋友聽得津津有味，這時你處於「敘說」的行動。

「故事」是所敘說的文本

「故事」是所敘說的文本，當「文本」從它原有的情況和目的中解脫出來，由作者透過多元內在體驗的懷舊（reminiscence）而任意拼湊，而後變成一種時間遊戲。這常發生在詩歌、傳說、小說、電影、諮商紀錄、或是寫日記……當然也包括個人自傳和各代史記，這時出現「不連貫時間」，這種同一時間內不同空間特性，稱為「共時性」（synchrony）。

故事是經驗的基本單位，呂格爾[23]認為敘說之於人就像大海之於魚，魚離開水就無法存活，猶如人離開故事就失去意義。「故事」一直是所有文化和社群中的核心最有力的部分，典型的故事都包涵著普遍的特性，從開始、中間和讓故事完整的結束，故事形式已根據這種集體的、時間考驗的模式，歷經了好幾世紀的傳頌，透過這個簡單的故事形式，使意義得以被了解，生活得以調適，經由各種不同的文化、社區和家庭的發展，最後流傳到下一代。像是《西遊記》、《紅樓夢》、《水滸傳》等，或是《頑皮豹》、《哆啦A夢》、《進擊的巨人》，或是《星際大戰》（Star Wars）、《駭客任務》（The Matrix）、《蝙蝠俠》（Batman）、《法櫃奇兵》（Indiana

Jones）系列電影，或是蘇軾被貶數次所創作出的不朽詩文等等。故事承載和傳遞了時代的價值，形成了信念系統和社會輿論，人們藉此創造其自我認同並導航其生活。而這種故事文本成為獨立的作品，作品製作過程可能經歷非常繁複的增刪、編修，一旦作品完成問世，敘說者與他所創作的故事文本已然脫離，人們獲取的只是故事文本的內容涵意，不是敘說者本身的意義。

再想像一下，你決定坐下來寫下那部令你感動的電影賞析，你寫了故事大要，強調其中的某幾句對話，說明具有關鍵性的預示作用的橋段，又深入分析剪接手法的藝術性，介紹導演、劇本和演員，接著你重新調整全文的段落安排，提高可讀性。這時，你處於生產電影賞析的「文本」。

「敘事」是要說而未說的意向

「敘事」是要說而未說的意向，敘事不是「做什麼」而是「想要做什麼」，也就是一種「能夠」（being able to）並且「知道如何」（knowing how to）的那種傾向於語言敘說的狀態，可是又尚未說出。也就是說，除了「敘說行動」這個動作和被說出來的「故事文本」之外，還有這一切發生之前的「前敘說」，既不是說出來的故事，也不是說故事的行動。「敘事」本身必然是包含著前敘說，敘事治療亦然。因為意識流形成生命流動的時間，這種流動是連續不斷、不停，而且它一向我行我素，不受同一時間內可能發生的事件順序所干擾。

治療室中心理師與來訪者的對話，是典型的「敘說」這種

敘述行動的現場。對於敘事治療而言，來訪者透過生命故事敘說從經驗中建構意義，治療師則以一種可以協助人們醞釀出新的理解之方式，來回應他們的故事，使說故事的人經由一個豐富的故事發展過程，重說生命故事和重構自身。敘事治療不只是聚焦來訪者說出的生命故事本身，更重要的治療機轉是關切來訪者這個主體的「敘說」行動，也就是去好奇在治療室說自己故事的來訪者「何以這樣說？」、「什麼時候開始這樣說？」、「在治療室的情境會這樣說？另一種情境會有不同的敘說方式嗎？」、「這樣的敘說怎樣影響或形塑了敘說者本身？」。艾肯森（Atkinson）[24] 強調「**通常在我們說自己的生命故事時，就會增加我們的運作知識，因為我們會去發掘在生活中更深一層的意義，經由反思、排列次序、體驗和感受的過程，我們已經寓居於口頭表達中**」。敘事治療師除了關心來訪者說出來的「故事」，還必須置身「敘說行動」的現場，更必須移動到來訪者的前敘說位置，陪伴等待來訪者找到合適描述經驗的語辭，才是完整承接了「敘事」的全部。

即使你在寫那篇電影賞析文本的下午，除了電腦裡已經呈現的文字、和持續修整中的文字之外，那個下午還有很多事情一直不停地發生，你瞄了一下叮咚的 LINE 訊息，有的你立即回覆有的沒有，你起身去如廁，幫貓添了飼料，收了快遞包裹，某封電子郵件提醒你要在手機 APP 預定下週去高雄的高鐵票⋯⋯那個下午的你，浸泡在生活現場的時間流裡，也分分秒秒孕生著要怎樣寫出的此起彼落的念頭，你一直處在「尚未」的意識流之中，你也持續到達「已經」並走向下一個「尚

未」之流裡。就此，心理師在諮商結束後撰寫紀錄，與諮商現場的對照，恰恰像是以心理師的「敘事」去捕捉來訪者的「敘事」。若是諮商紀錄只針對來訪者進行個案概念化而撰寫，此時紀錄捕捉到的可能只剩來訪者的「故事」和心理師的評估與預後，極可能丟失了大量的現場經驗。如果心理師的紀錄不只是來訪者的「故事」，而是進入心理師自身敘說行動與前敘說，也去捕獲來訪者的敘說行動與前敘說，這時你是置身於真正的「敘事」之中。

「涵意」具有客觀的功能性

不論是電影或小說，甚至來訪者說的故事，富有情節變化，也寓有涵意。呂格爾認為敘說故事的意義包含了兩個不相同但相關的層面：「什麼」為其涵意；而「關於什麼」即其指涉。呂格爾[25]認為「涵意」是內在於言說，在理念上是客觀的；至於「指涉」則能表達出語言藉以超越自我之活動。也就是說，「涵意」經由語句而使得指認的功能與賦予謂詞的功能相互關聯起來，至於「指涉」則進一步將語言與世界連結起來，是時間與敘事的存有學所關切之處。

他認為結構性解釋限定在表達內容的符號上運作，是理性客觀詮釋框架，也是語意邏輯的言說世界，著重在語言的功能性。然而，一旦啟動這種結構性解釋，只會聚焦在敘述的內容，就與敘說者及其敘事行動分離，即喪失敘事行動與前理解的時間性，已經排除其與存有學的關聯。結構性解釋付出的代價是：喪失關於人的歷史性之指涉。結構性解釋化約了敘事文

本之歷時性，已然是走向共時性之趨勢，這是一般人面對故事文本的位置。

　　敘事治療固然必須聽到來訪者的生命故事，而且從社會建構論的立場，會關心這些「問題故事」受到哪些主流論述的壓迫。敘事治療師致力於發現、鬆動、解構這些社會主流論述與強勢故事，協助來訪者去質疑、挑戰這些造成「問題故事」的壓迫力量，而不是「理所當然」、「照單全收」、「吞下」這些被視為真理去遵循的「社會常規」。並運用外化（externalizing problem）的對話來達到解構的效果，外化是敘事治療問話最核心、最重要的意圖。解構式問話的核心就是要鬆動主流論述（dominate story）並開創多重敘說（multiple narrative）描繪更多支線故事，以便浮現「替代故事」，逃脫問題故事的束縛。

「指涉」才與存有相關聯

　　呂格爾在《詮釋與衝突》[26] 中表明，他最終目的還是要接續海德格所開展的存有思想。呂格爾比海德格增加了「人在實際存在中的體驗」，不只是在人的走出中開顯存有，而是人在一生的故事、種種實存狀況中，無論是體驗存有的奧祕，或是體驗臨界狀況。呂格爾轉個彎，經由方法學上的迂迴，他先處理結構性解釋，才到達存有學的理解與詮釋。

　　所謂的迂迴是指，呂格爾認為必須面對結構主義、語言學、知識論、分析哲學、敘事文、說故事等等客觀的結構性解釋——即上一段落所述的「涵意」，才能到達存有的開顯。呂

格爾[27]說：「一句話在某個特定處境中，並依於特定用法時所做的就是『指涉』，這也是說者在說到實在界時所作的。某人指涉某物於某一特定時間，此是一事件，一說話事件，此一事件之結構則是來自涵意，說者之所以能指涉某物，實乃基於或經由涵意之理想架構。」換句話說，說者之指涉意象穿越了涵意，至於其指涉，則與隱於其後之敘事者的前理解，及其所指向的世界或存在的可能性相關聯。

語言除了涵意，還指涉了一個「不在場」的世界，治療對話有必要將此一不在場帶入現場，也將我們的眼光「帶出現場」，「帶向不在場」的指涉世界，置身其歷史性視域之「存在池塘」，心理師對來訪者的理解與對話，都必須是在時間中進行交流與理解，這是「敘事」的意義之場所，才有機會進入來訪者敘說與前敘說，達到視域融合。

貳、敘事治療的意義構成：無以名狀而名之

> 無語表達的那種說不出的感知，
> 恰恰是在語言「缺席」時，現身了，
> 有時言不及義的言語失態，看似閃躲，
> 反而是更巨大的顯現。

一個五歲的幼兒園中班的姊姊，五點下課回家，跟兩歲的妹妹一起玩樂高積木。媽媽在煮飯，隱約聽見五歲的姊姊說

「不是這樣啦！妳都弄錯了」，妹妹還是用自己的方式堆疊，姊姊又說「我跟妳說不是這樣弄啦！」姊姊伸手搶過妹妹手上的積木，妹妹開始嗚咽，姊姊也生氣了，說得更大聲「妳都弄錯了啦！」妹妹覺得無限委屈，開始嚎啕大哭！媽媽並不樂見姐妹齟齬，大腦幾乎是不經思索、自動下載「文化規訓」：大的應該讓小的、姊姊應該讓妹妹，手足友愛之類老祖宗的傳承！導致媽媽衝口而出「妳是姊姊，妳不可以欺負妹妹啊！姊姊要愛護妹妹，妳不可以欺負她啊！」媽媽說的「道理」顯現出一個「不在場」的規範世界，恰恰好遮蔽了活生生「在場」上演的姊妹真實情境，諸多現場的經驗就此陷落、隱沒、掩蓋。

　　然而這被遺留下來有如滿地芝麻的經驗世界，卻同屬於話語生成的根源，是尚未形成話語的幽微晦澀、尚未被概念化的陌生處境，這個置身處境可能容受著語言之外的各種知覺，包括視覺：圖像、畫面、影像等；聽覺：聲音、樂音、語音等；味覺、嗅覺：鹹甜、香臭、軟硬等；體感：冷暖、抽筋、暈眩、脹痛等；觸感：質地、粗細、軟硬等經驗的前理解之中。這些長期阻絕在言說世界，缺乏現場還原、且無從回到生活當下，這些經驗從出生之時即涓涓滴滴累積成為生活經驗的「存在池塘」的成分，我們必須繞過語意符號的象徵世界，才能回到原初的經驗現場，並抵達尚未有語言的「存在池塘」，在那個蘊生無限生命根系的源頭，重新尋獲使來訪者足以命名意義的話語。

一、語意邏輯的應然與經驗現場的實然

還原現場情況，可能是這樣的：姊姊跟妹妹一起玩樂高，她們講好要用磁鐵樂高，搭出有兩個山洞的軌道，火車還會過一座橋才會到站；於是姊姊朝著這個講好的方向開始堆樂高，妹妹卻把搭山洞的那兩塊樂高放在要設置車站的位置，於是姊姊說「不是這樣啦！妳都弄錯了」，妹妹並不知道什麼是山洞，繼續用自己的方式把磁鐵積木黏在一起，姊姊又說「我跟妳說不是這樣弄啦！」姊姊伸手搶過妹妹手上的兩個積木，放在預計要做山洞的地方，把車站的積木拿給妹妹，妹妹開始嗚咽，把車站的積木丟回給姊姊，姊姊也生氣了，說得更大聲「妳那邊是車站，這邊才是山洞，妳都弄錯了啦！」妹妹覺得無限委屈，開始嚎啕大哭！所有的現場都是多元、繁複的意義萌發之所。

從在場的生活世界指向不在場的概念世界

媽媽希望家中出現的兄友弟恭、手足相親、長幼有序，這些被期待的文化倫理，同時也指向「不在場」的社會秩序，「在場」的話語指涉到「不在場」的事實。媽媽說的「道理」是一種潛藏在文化中的「概念系統」或文化論述，是對「在場」正在發生的事，進行「不在場」的抽象化評述。語意邏輯的應然總是指向「不在場」的世界，這種被語言羅織的論述或被概念化的結論，勾連出的是被認定的「客觀」的實在（reality），具有智性邏輯之行事應然的道理，也是社會運作常用的客觀的詮釋框架。我們習慣於語意符碼調理出來的客觀又

可理解的象徵世界，藉此獲得應有的規則和秩序，清晰而能推理，穩定而好預測，密實而可依托。

可是，現場經常是曖昧不明、牽連不清、層疊複雜、甚至喧囂失控。姊妹「在場」的一種真實情境的互動、交談現況，被媽媽以「不在場」的一種語意邏輯的概念系統，框限成某種可理解的因果關係或條理秩序，能有效降低在場現況的模糊曖昧，獲得掌控並滿足穩定的欲望。但往往跟姊妹「在場」的真實互動情境，有頗大的落差。舉凡能言善道的「口條」，振振有詞的大道理，總是指向「不在場」的語意世界，也總是遮蔽經驗現場，妨礙、阻絕我們置身經驗現場的主觀體驗，這也是為什麼有時明明是頗具意義的格言會變成八股，而看似八股的座右銘卻又被活生生的經驗注入活力，而能啟發人心。

敘事治療師在諮商室要以「外在敘事」設置人事時地物的場景，讓媽媽帶著敘事治療師一起回到事發現場，媽媽就能從語意邏輯世界滑入經驗的現場，各種當下被丟失的、如滿地芝麻的種種細節，姊妹互動的皺褶也能被攤開細描，就能重現眼簾浮現為各種可能的、多元的支線故事，此時，敘事治療師繼之可以運用「內在敘事」多問感受、想法、信念等等，外在場景具體浮出之後會更加容易催化內在線索，再以「反思敘事」淬鍊出與目的、意義、願望有關的渴望故事。

從在場的諮商室言說到不在場的生活經驗

這種落差也會發生在各式各樣的人際交談現場中，也包含諮商對話現場。我們想像媽媽在諮商室跟心理師說到這件

事：「我們家姊妹倆很愛吵架，妹妹比較小，可是姊姊就是不肯讓小的，而且還凶巴巴的，我真不知道要怎要教她們。我很擔心姊姊在班上，對同學也是這麼霸道，那就沒有人願意跟她玩了⋯⋯」來訪者／媽媽在諮商情境中的語言表述成為另一種「在場」，諮商是一種來訪者與心理師雙方真實互動的在場，而媽媽所說的姊妹愛吵架是另一個現場，此刻卻成為「不在場」，也就是說來訪者在諮商現場的言說，總是聯繫指向不在場的生命事實與生活經驗。媽媽在諮商室的敘說，理論上必須成為心理師理解姊妹愛吵架這件事的重要通道，這是以「語言涵意」所構成的通道，可是在這個諮商現場也具有多元、繁複的意義萌發著，現場有著以語言規畫出來的一個突現的意義方向與理路，也就是語言具有雙面性，諮商雙方對話的語言，一方面正面說出所指、所謂，另一方面也會反襯出遮蔽了未被言說的其他沒有被說出的。

心理師據以瞭解來訪者／媽媽的重要「語言涵意」通道，卻有可能恰恰好遮蔽了當初姊妹吵架現場的真實經驗，這個通道恰恰無法到達「語言指涉」的存有世界。治療師有必要從來訪者「在場的話語」移動到所指涉到的「不在場的經驗」，也就是說心理師與來訪者「在場」的諮商對話，必須穿透語意邏輯概念的縫隙，到達來訪者言說指稱的當時所置身的經驗現場，才能讓「在場」的話語指涉到「不在場」的經驗，才能使被遮蔽成為「不在場的」成為「在場」。敘事治療師的理解與詮釋，是要到達在來訪者生命過程已然生成的「存在池塘」這個「先在結構」（fore-structure），就此，語言邏輯並不能成

為理解的通道，也不應該成為通道。語言是一個篩子，心理師必須穿透語言的縫隙，掉入被遮蔽的經驗世界，才能在來訪者所在的地方，相遇。

二、幽微晦澀感知的經驗沼澤地

我們對周遭事物的認知，都是大腦神經運作在知覺中生起一個意象，然後獲得的物體客觀的存在事實，或是有一個外在客體在我眼前被我看見，轉移目光，就會知覺到另一個外在客體。由於我們的「知覺」具有高度選擇性，不具有客觀的完整性，卻具有主觀的連貫性，這種思維根深柢固的積習，使我們經常「視而不見、聽而未聞」，雖然這幫助我們快速組織生活現場並做出反應，卻也使我們在進入陌生場域，處處窒礙、寸步難行。

回想你第一次任職於一個嶄新而陌生的機構，第一天、第一週、甚至第一個月上班，好像白天也沒做什麼大不了的事，都還在熟悉業務的過程，卻每天累得倒頭就睡。因為每一件事、每一個場景、每一個交談⋯⋯都是陌生、簇新的經驗，你的「前理解」的存在池塘，缺乏已有的認知架構的「視域」去解釋新的事物，像是中午了，走，吃飯去？要打聲招呼嗎？要一起叫外送？各自去？招伴一起？或是，傍晚了，下班，可以準時就走嗎？怎麼都沒人走？每個小事情，都讓你十足「耗費心神」！三個月後，更別說資深老鳥，這些現象消失無蹤，因為所有新的都融入化為「前理解」的元素了。

有意思的是，你得在其中做事，或從事了某事，才知道怎

麼回事；可是，你知道是這麼回事，之後，又總說不清是怎麼回事。因為太多經驗都是自動掉入「存在池塘」，大多數沒有轉譯為語意意識。前理解是前敘說的根源，那個「能夠、知道如何說而未說」的前敘說，在語言「尚未」與「即將」中所調動的意向，正是蘊藏在前理解的歷史傳承之先在結構，這也就是敘說者的存在池塘。敘說者習於將浸泡的這個存在池塘的生活日常，皆視之為理所當然的經驗，例如被家暴的孩子，治療師問「昨晚你認為是發生什麼事，引發爸爸打你？」這孩子總是知道一切，又語言匱缺地說「我不知道」，其實這孩子不是不知道，是知道又說不出來。

語言單薄，經驗豐厚

　　先講一個我父親的故事。父親是 1949 年隨政府來台的軍人，我家餐桌上總是聽見父親一說再說的逃亡故事：「戰敗了，亂成一團，聽說上海有船要去台灣，我就沿著鐵路往南走去上海，不敢離開鐵路，怕迷失方向。走了六、七天吧！餓壞了，好不容易看到有炊煙的人家，我就像乞丐那樣跪著要飯……一個年輕的少婦，扣了一大盆餿掉的飯到我的鋼盔裡，我就拿到河邊慢慢洗，把餿味沖掉，找到樹枝，把粥倒在鋼盔裡煮沸，就是這一鋼盔的粥救了我一命啊！什麼都丟了，扛著家當走路，累啊！……槍枝、包袱……一路丟……就是……」然後我跟弟妹們就會一起合聲做總結：「就是鋼盔一定不能丟。」

　　後來「鋼盔一定不能丟」成為我們家餐桌上的一句笑話。再回想，竟只有辛酸與難過。父親「鋼盔」的後面，其實是他

19 歲那個年輕歲月的深痛創傷，一方面是戰爭的流離顛沛，一方面是這一離家就回不去了，無法再見到父母。父親再回去湖南家鄉，是三十年後的事了，爹娘都已經故去。父親一句「鋼盔一定不能丟」，遮蔽了說不出口、沉默失語的落寞、思鄉與悲情。

再講一個魯迅[28]〈祝福〉中主角祥林嫂的故事。她丈夫早死，婆婆要把她賣掉，在衛老婆子的介紹下，她連夜跑到魯四老爺家幫傭，因手腳俐落又安分耐勞得到太太歡心。不料祥林嫂的婆婆為了給小叔子籌辦結婚的彩禮，竟然將祥林嫂強行嫁到了山裡與賀老六成了親。賀老六在幾年後又因傷寒而死，她的兒子阿毛也被狼吃掉，生活的重創徹底擊垮了祥林嫂。祥林嫂又重新回到魯四老爺家，但是她「兩頰上已消失了血色，眼角上帶著淚痕」，身體和精神是大不如前了。魯家主人連福禮都不讓祥林嫂碰，怕沾到霉氣。自此她經常一臉悲容，她逢人便講起兒子的死和自己的悲慘遭遇：「我真傻！真的，我單知道下雪的時後候野獸沒有吃食，會到村裡來，我不知道春天也會有。……大家都說，糟了，怕是遭狼了……果然，他躺在草窠裡，五臟已經都給喫空了……」鄉親們起初特意過來聽聽祥林嫂的悲慘故事，祥林嫂總是說：「我真傻！真的，我單知道下雪的時候野獸沒有吃食……」，漸漸地被鄉里人所厭惡、嘲笑，只剩冷漠。

∥語言是經驗的篩子∥

祥林嫂一生至少有三種受苦，都是那個時代的社會倫理的

受苦。首先的苦，是祥林嫂被迫嫁給賀老六，她先是不依，直接撞香案角上，頭上撞出個大窟窿，可是鄰居們七手八腳把她和新男人關在新房裡，聽說第二天她也沒有起來。後來，人遇見祥林嫂就問：「你最後怎麼就依了呢？」她說「抵不過他的，力氣好大……啊啊……要不你自己試試……」。這些人問「你怎麼就依了？」其實是不懷好意，這裡的人言可畏，是一女不侍二夫。柳媽說：「你將來到了陰司，那兩個死鬼男人還來搶，閻羅王只好把你鋸開，分給你那兩個男人？」於是祥林嫂存了一年的工錢，去捐了一條土地廟的門檻，作為替身被萬人踐踏來贖罪，祥林嫂想要藉此稍獲寬慰。其次的苦，關於阿毛被狼叼走，祥林嫂總是說：「我真傻啊！」她對自己的無知，生出極為深沉的懊悔，「母毒不弒子」的倫常恰好映照出祥林嫂自認是「母弒子」的椎心痛楚，她悔恨正是她自己要聽話乖巧的阿毛坐在門檻剝豆，才讓阿毛被狼叼走的，始終無人真正到達她喪子所在之處。最後的苦，也是壓倒她的最後一根羽毛，她被魯家視為「不淨之人」，因為是寡婦、嫁二夫、又死了兒子，冬至祭祖時祥林嫂勤快地去備杯碗筷子，被四嬸慌忙制止喊停，不准她去碰福禮，連作為下人的本分行止都被取消，最後只能流落街頭、凍死在風雪中。

祥林嫂的「我真傻……」說不出來的喪子的悲傷，更說不出悲慘的社會底層窮女人一生的厄運，整個小說更不幸的是，她身邊的人都從祥林嫂訴說自己的語言表面滑落，沒有人到達祥林嫂悲苦之處，單薄的語言所羅織的生活世界，縫隙太大，祥林嫂整個掉落語言縫隙下的深淵。就跟我父親的「鋼盔一定

不能丟」一樣，他說不出口的逃難之顛沛和離家之滄桑，都被篩落到語言縫隙之下，在父親心中闇影幢幢直至沒去。

唐朝王維 [29] 的〈雜詩〉「君自故鄉來，應知故鄉事。來日綺窗前，寒梅著花未？」流傳千古。按常理好久沒回家鄉，好不容易見到家鄉來的人，王維應該會關切家人的種種，像是嫁人、娶妻、生子、病死等等重大事情，偏偏王維就問「雕花窗前的梅花開了沒？」那一瞬間，王維似乎理性停擺、大腦空白的剎那，整個人掩埋在那一句梅花問裡面。王維恰是處在前結構、前敘說之地，什麼重要的話都說不出口，就脫口說了一句像是無意識狀態，似乎未經「意識電檢」的漏網之魚。那一句看似最無關緊要、莫名其妙的問語，卻正好將被遮蔽的、說不出口的滿腔思鄉傾巢而出，全盤托出所有該問卻都沒問出口的鄉愁。這裡的語言張力，稀疏的、無關痛癢的語句，使閱讀的人掉入語言的縫隙，得以感知詩的語言的巨大魅力。敘事治療師正是要去到來訪者像詩的語言一般稀疏，那種結巴、停頓的前語言和前結構裡，「掀開」豐富的生命現場，呈現於世。難怪海德格後來寫了《走向語言之路》[30]，人聆聽到語言的無聲地說出，且在聆聽中「不由自主」地將之在語言文字中說出，就在這樣的說出中，存有被明白地詮釋出來了，總是能起到「沉默之聲，震耳欲聾」（loudly silence）的作用。

參、敘事治療的時空觀：抵達他所在之所

恆存不滅的意識流

既不受同一時間內發生的事件順序所干擾，

又只是生與滅之間瞬間的片刻安身，

這個恆存不滅的深淵

經常在語言繁盛時隱身，退居於語言破碎之處。

　　過去數百年人類發展歷經「蒸汽機」、「電力與電報」、「大型計算機」、「網際網路」等數波工業革命，使得科學發展、科技進步成為王道。科學理性從挑戰神權意識形態的思想武器，自身轉變為一種工具理性的意識形態。尤其嚴重的是從二十世紀中葉開始，全世界進入以「科學語言」為主流的時代。科學思維與客觀數據分析是當代最理性的迷信。科學與計量本身無罪，只是這類科學迷思，一旦被政治權鬥、財團利益所把持，這些操持「科學語言」的量化數據，貌似客觀中立的表象，其實是權力角鬥的結果，科學知識是利益、權力、意識型態等種種社會因素所建構而成的。再加上戰後武器科學、政治工業與資本主義結合，扶持大型跨國企業竄升，科學思維淪落為科技工具，又挾全球化風潮，將大數據分析從商業操作滲透到教育、政治、社會各個領域，使得「科學術語」、「專業知識」變成具有主導性的語言霸權，更把科學、理性、科層組織的效果發揮到極點，不僅促成社會內部的分化，也導致學術知識分殊化。

　　當科學成爲當代最理性的迷信、並且掌控心理學家的研究方法之際，海德格提出的「語言是存在的家」，給了心理學家另一條出路。海德格認爲我們的日常生活處境，有一種理所當然的生活方式，語言建築了這個理所當然的生活世界，人們棲居（dwelling）其中，我們都寓居於世（Being-in-the-world）[31]。海德格的語言哲學，是讓生存經驗昭然若揭，生活方式得以顯現，這種生活方式的重點精神在於解開一切日常生活中的理所當然。「語言是存在的家」第一層是：語言建築了這個理所當然的生活世界，人們棲居其中；第二層是：解開一切日常生活中的理所當然，讓生存經驗昭然若揭。

　　「語言召喚存在」是海德格語言哲學的重要綱領，人們的存在與處境密不可分，而生存處境總是以語言的視域來區隔。專業術語是最佳範例，專業知識是指一群人使用共識的術語、規則，所產生的知識與論述，並藉此產生教育與證照制度，在社會上區分出專業與非專業。也可以說，專業就是將非專業的外行人經由縝密的訓練，成爲能夠流場應用專業概念、方法與術語的圈內人。當今的醫學專業、法律專業、建築專業、心理專業……都是社會建構的產物，是由隸屬的專業人士與團體互動結果所產生的眞實。

　　海德格認爲語言本身就是一種存在理路，語言是存在的家，人活在語言之中，語言給出了世界，他說：「眞理既開顯又遮蔽。」語言的視域界定了人們「看什麼」？或「不看什麼」？我們需要仰賴科學實證的快速與效率，卻也必須揭露這

些理所當然的限制，提防著科學語言的滲透性與獨斷性。科學思維無可避免地影響心理治療，專家使用實證理論框架，強調以正確邏輯、科學證據，找到有效策略來正中目標。這種治療理論立場會誘導心理師以超然、客觀的方法去評估出錯的原因，然後去修復心理症狀，這就好像是技術員修復故障的發動機一樣。這種專業訓練會使心理師傾向於認同自己是醫療體系中的一員，像醫師一樣，針對症狀做出診斷，開列處方，並要求病人遵循醫囑服藥。

｜「重新經驗」打開敘事空間｜

可是關於人的受苦經驗，除了醫學診斷與藥物必須還有其他。存有總是在「走向語言之途」[32]上，存有總是在無聲的語言中說出它自己。人要瞭解存有，也必須「走向語言之途」，亦即聆聽存有的無聲的語言，且讓之以語域文字說出來，這樣，人才可能完成這條語言之途，這我聯想到老子的「大音希聲」，即稀世之音未及見證，但不代表不存在。這裡的無聲語言是指理所當然的語言消解，存有才能現身，此時這人去到了史蒂芬喬治（Stefan George）的詩〈語詞〉裡說的「語言破碎處、無物存有」，也抵達了昭然顯現生活經驗之所。

我們一直以為是依賴著「念頭、概念、思維」先在那兒，指導著、引領著說出我們的生命故事。其實，更重要的是要追問：「概念思維」形成之前？「概念思維」是怎麼形成的？治療現場總是深陷語言孕生的沼澤泥淖中。尤其是創傷、意外等無常，使我們重新掉入「陌生處境」必須重新學習「敘說行

動」，這時人陷落在時間連續流動的意識流裡，是語言成形的前敘說狀態，距離「語意意識」、「思維」、「概念」尚遠。敘事治療選擇離開被理論建構的專家框架，與來訪者一起掉入語言、念頭、概念之間的縫隙裡，然後再把這個空隙撐得大一點，再大一點，跟那個敘說主體有所連結。最終還是要透過來訪者自身語言的拼湊，給予生命故事的個人意義。這個過程通常都是欲言又止、說不清楚、難以言明……或是邊說邊掉淚，才逐漸言說成一個有意義的故事。

當生命經驗讓人們陷入無話可說，在淵源深處語言逸散，正好掉入語言無法捕捉的縫隙，存有之光在此閃爍。也就是我們掉入熟悉的語言「視域」所不熟悉的陌生「視界」。當我們的來訪者掉入一個尚未釐清意義的經驗世界，就是在邀請心理師以臨在（presence）跟他一起體驗，敘事是「重新經驗」（re-experiencing）不是「重新述說」（re-telling），只有「重新經驗」才能讓缺席顯現，並把語言特權保留給來訪者，讓來訪者成為自己生命經驗的作者。

「專家之言」（professional knowledge）是指奠定於學術研究所建立的理論知識之言論，就是上述的專業學術分工。所謂「個人之力」（personal distress）是指個人起心動念、化為行動，是出於自我中心的一己之念，可能會發生自以為熱忱卻沒有顧慮對方需不需要，就是以己之心度人之腹。「慈悲之心」（empathetic concern）是指站在對方立場感同身受、理解他的經驗，這時是去到這個人「存在池塘」，即他所在之處。

| 離開「專家之言」到達「慈悲之心」|

有天網路課程的學員眼眶泛紅地跟我說，她將課堂上學到敘事治療方法應用在她的工作場合，去關心她部門中有憂鬱傾向的四個員工，感覺到她聽懂他們的故事了，非常感動，也調整了自己的工作角色行為。她說，她去縷順她所感知的這四個人的「外在敘事」，是感情沒有著落、工作沒有發展；她感知自己「內在敘事」，是溫柔的、靠近的、連結的、心中平靜而小有漣漪；也釐清所獲得的「反思敘事」，理解到員工是在被上司交代新任務時憂鬱明顯變嚴重，所以提醒自己在未來交付任務給員工時，會特別注意自己的口氣和時機。我聽起來很不熟悉、很怪異，不像是我平常在晤談時的「專業」作法，我剎那間腦袋打結，無法思考！我只是木訥地說道：「我很敬佩你把這些敘事知識，應用在日常生活的場域，我是不會這樣做的，日常生活我就做自己而已！」意思是說我界線清楚，不會將一般人際、工作關係視為專業實踐場所，更不會時時刻刻穿著專業白袍扮演起心理師。

下一刻一種羞愧感在我心中升起，她多麼慈悲，一旦學習有感，就立即用來關心身邊的人。我慚愧地發現這個「打結」證實我處於「專家之言」，我只熟悉於把敘事治療用在一對一的治療場境；我也慚愧於我連「個人之力」的位置都沒到達，我並未關切她的工作處境，我竟然還大言不慚地說「日常生活我就做自己而已」；當然，我根本無從談論「慈悲之心」。

學術破碎，最後終將歸於瑣碎的分工，而當今所謂的專家，理應是古早時代的「巫」。所謂「巫」本質上不離「心靈

的照護」（care of soul），古代的「巫」是把受困的人連結到天與地，創造一種相應的空間，產生自己與自己、自己與人、自己與世界的連結，而現代的心理治療專家，終究是要能安頓好各種「掛念」。學問必須是活的，活用在社會現場，否則知識最後只能成為埋葬學者的棺木。而社會現場是一種「在」，是一種共同處境，在場的境。這個「境」絕對不只是諮商的會談室，也就是必須去到人間，否則不經心地活，注定要掉入生存的陷阱而心生厭倦。此時，我深刻認識到「慈悲之心」是一種溫柔的逼視，邀請我必須做到某種放棄：放棄自我或是放棄欲望，否則到達不了「慈」的「與樂」，也到不了「悲」的「拔苦」，簡單的說「慈悲」是兩個個體一個心，個體消融掉了，用心若鏡，才能相互映照與照應。

| 敘事時間是流轉時間 |

日常生活其實是一條說不清楚的浩瀚江河，這種形成中的時間總是連續不停地一直在流動。現在是一個「點」不占面積，跟「剛剛」不一樣，「現在」不等於「剛剛」，「剛剛」已經成為過去。有時，無法進入故事，是因為找不到串接生活經驗的語言；有時，又太快進入故事，是因為套用了現成的語用文句，一旦套用錯誤，時間就被切斷，當場拐到另一條路上去了。

敘說者在建構過去故事成為新故事時，就是指向時間軸中的存有者，敘說時間不是「過去—現在—未來」這種線性結構中的自我同一性，敘事的時間是敘說者與故事主角之間的主客

關係之異質重複再現所給出的時間悖論。也就是說，在敘說新發展的故事當下，敘說者同時將自身置入「過去的曾經已是」的現在，和「當前」的現在的時間悖論之中。這也就說明了「過去曾是」不是過去，而是敘說者無論過去或現在都是在缺席的位置，正是這種時間上不均值、非線性的「頓挫」給出敘說者「我」之裂縫，才使得敘說者在「當前」的現在，得見前所未見的「新成」自我。

這個非線性的頓挫，也正是巴赫汀（Bakhtin）[33] 說的，所有的過去都是「絕對過去」（absolute past），敘說的現在都是「未定現在」（inconclusive present），敘說的現在是在說出的當下被給定，據此才能朝向「開放未來」（open future）。敘事治療想要穿透語言的侷限性，將時間上成為「絕對過去」的生命故事，透過「未定現在」以預示打開自我多重性的空間，並以旁支延展出「開放未來」的自我創造性，到達生命經驗的心理空間，喚醒我們沉睡中的意識藍圖。

敘說時間不是線性時間而是流轉的時間。流轉時間是指現在同時包含過去與未來，既不受過去控制，也不意味著未來，是一種擴展的或整體性的現在，這種現在以「所有的事情都是同一件事」來代替過去或未來的同一感。如果有人說昨天已經是一個夢想，而明天只是一個幻境，那麼敘事時間希望綻放著今天的幸福生活，讓每一個昨天都是幸福的夢想，每一個明天都是希望的幻境。

正是這種思維，使得敘事的治療現場拒絕停留在語意意識，並暫時遠離將問題複製成議題的慣性，也就得以承受放棄

藉由得到解決辦法去定義問題或獲取真相的預期。因為「問題一提問」並不會在得出辦法或答案時就結束，真正的解決辦法可能處於「在問題中」又「被問題所孕育」的狀態，亦即，我們只能在面對生命諸命題時，在啟發其隱蔽性中，尋獲其意義。這種差異多重生成與潛在的實在性，敘事治療才能臨近對話的當下，還原來訪者的生活現場，並置身在其經驗處境中，由多元視角所拉開的生命空間中，找到可能性出路。

▌時與境不可分割：一次敘說就是新的全部▐

大多數人在生命歷程中，都經歷過被某個意外或挫折事件「重重一擊」的經驗，可稱之為「意外來襲」、「慘遭橫禍」、「小人重傷」、「人生無常」、「人算不如天算」等等，日後想來大多數也就是生活瑣事，無礙於人繼續前行並維持穩定與方向。這跟「黑色漩渦」並不一樣。黑色漩渦力量會把人捲進去，無法抵擋、無法動彈，人會完全陷入無助、失控狀態，接著是沮喪、焦慮與憂鬱席捲而來，使人覺得無能為力、失去一切。來訪者說：「過去的那些，全部都湧上來了，當時我強烈感受到『黑色漩渦』有如宇宙黑洞的巨大能量，無聲無息地吸入一切。」這種「闇黑」經驗，很容易使人否定所有曾經的「光亮」。

德勒茲（Deleuze）[34] 強調永劫回歸在它全部的力量中被肯定，並沒有使得一創建一基礎之建立成為可能，相反地它破壞、吞沒了每一個基礎，作為使差異處於原生與衍生、物與擬象之間的堅決要求。也就是說，永劫回歸逼我們直視普遍的

「去基底」本質，是一種透過暴戾、破壞，又不停在否定風格中捕捉片刻肯定的辯證。所有的肯定都只在否定與下一次否定之間，直到那種否定得到肯定爲止。

「永劫回歸」是一種爲了肯定差異而去顛覆所有的次序，或是要否定「不同」者的立場而去保持、延長一個已經被建立的歷史次序。不管是曾經親臨「黑色漩渦」者，受創於巨大的闇黑經驗而阻絕了其他可能性、否定光亮面，將差異性經驗異化；或是日後回想將所經歷視爲瑣事者，排除、否決那些經歷的負向作用，轉而維護自己對於人生的掌握與次序，將差異性經驗同化。其實不論是異化差異還是同化差異，凡經歷過，人都回不到原來的、原本的狀態，我們都活在原初與衍生之中，也活在眞實與想像之間。

畢竟，每一次的敘說，都是一次復一次偏移中心的循環，第二次不會與第一次相似，但是它都是一次作爲全部，一次敘說就是新的全部，持續重複著即是永恆。永劫回歸以偏離中心的類離心力的力道，同時驅離著具有毀滅性「黑色漩渦」的巨大能量，被異化而占據爲中心，同時也抵擋著看似無關緊要的瑣碎小事，被同化爲邊緣。敘說使之皆不回返，也就是使之皆不同於問題故事原貌，慢慢長出新的支線，而前往另一新系列的故事線。每一次偏離就是一次否定，無數次的否定造就無數偏離及無數化生的可能性。存在意義是對生活世界的處境經驗，經由一次又一次地敘說，從粗到細、從淺到深、從中心到邊緣……反反覆覆醞／化生而來，這從來都不是由語意世界推理而來。

肆、敘事治療對話：好的提問引領答案

隨著照護的時間經過，

照顧者的狀態也會從一名旁觀者，成為病痛經驗的共有者，

經常會幫助受苦的病患度過所有過程……

這段經驗讓我脫胎換骨，讓我的人性變得更加完整……

照護是一種展現人性存在的行動（an existential action）……

—— 凱博文（Arthur Kleinman）[35]

敘事治療立足於社會建構論，要求敘事治療師傾聽來訪者的故事時，致力於辨別社會主流論述的壓迫，並遠離客觀言說的詮釋框架。治療師要盡量試著接納並瞭解這個人的語言描述，讓來訪者擁有語言描述的特權。敘事治療藉此鬆動被建構的問題故事，透過敘說行動將破碎、零散的生活現場的經驗，串聯成連貫的故事，引領交談的雙方進入生活現場的生存處境中。這種難以言說的日常生活之置身所在，才是渴望故事得以醞化的生產性對話。

敘事治療也立足於現象學，強調語言是雙重性的，一方面是開顯的、有意義的、可進入的，同時又是遮蔽的、靜默的、遠離的。我們經常以「語言」敘說自己，這時像是藉由語言而使自我存在，而正好在這個自我被語言敘說著的同時，某一個部分的自我又被遮蔽了。當遭遇無常而使我們掉入深淵中，此時語言的失散、逃離，反而使語言所遮蔽的存有得以顯現。作為一種活著的語言，有時會暫時失序、失去理路，結結巴巴、

欲言又止、說不清楚……或是邊說邊掉淚。有時語言缺席、無話可說使人難以為繼、難以存在，但是稀微之音可能也是霧散之處，在沉默裡探尋，說不定反而能跟自我意外地重逢。

我沒有打算一一條列敘事治療技術，接下來的篇幅，我只想試著想要指出幾個懷特發展出來的問話，可以跟現象學對話的連結點。

▐ 故事現場的「臨在」▐

「諮商現場」的臨在與「故事現場」的臨在，稍有不同，傳統諮商訓練著重在「諮商現場」的臨在，例如「此時此地」（here and now）、「平行歷程」（parallel process）等。「此時此地」意指將焦點放在當下治療過程中所發生的事件上——亦即放在治療室中的此時、此地所發生的事件上。精神分析或客體關係學派可能視之為移情、投射、或投射性認同的詮釋；歐文・亞隆（Yalom）[36]認為如將注意力集中於「此時此地」則可以將團體治療的效益發揮得淋漓盡致，他強調「此時此地」是小型團體治療的能量源頭。人際歷程取向心理治療強調「平行歷程」，認為來訪者在現實中的人際關係特徵，會反映、重演在來訪者與治療師的關係中，治療師提供來訪者矯正性情緒經驗，幫助來訪者覺察與改變。諮商督導關係也經常運用督導現場中督導者—受督者的關係樣態，來映襯諮商現場中心理師—來訪者的關係樣態，這裡相似的情境或「平行歷程」，來提升受督者的敏感度和專業實踐效能。

敘事治療重視「故事現場」的臨在（Present）。這種臨在

是回到故事現場，不只是經由敘說者所說的「故事」文本作為對話的依據，心理師同時要能回到「故事」發生的現場，有如親身在場。如果心理師只是依據來訪者所說出的「故事」文本，容易陷入語言、概念的框架中，而回到「故事」現場，比較能夠臨近、捕捉到經驗本身。就像是「地圖」不是「地方」，敘事的臨在不是看地圖，而是去到來訪者生命經驗的那個地方。

敘事治療師必須去到來訪者心理現場，有如慢速重播現場，以「臨在」使來訪者在當下捕捉「行動、「故事」兩者背後的那個「知道」。敘事治療的「臨在」包括三個「ING」：1. 安全護持（bracing）：鋪墊安全氛圍；2. 陪伴同行（pacing）：緩慢且沉浸細節；3. 共在見證（facing）：一起面對與見證。「臨在」與「缺席」是兩個極端，可是臨在與缺席不是二選一，而是一個連續的光譜，我們很難全神貫注地全然臨在，我們總是在兩個極端中找到不同的位置，以營造安全的空間。這種人與人在「當下」、「此時此地」的相會、「療遇」，無法公式化、步驟化、框架化、結構化，需要依靠敘事治療師的臨床直覺去回應。臨床直覺是以長期實踐累積的經驗為底蘊的那種直覺。

當下化作用：只有動態的「成為」，沒有靜態的「自我」

「當下」在個體的經驗中乃是對自身活動的內在需求（驅力）之察覺。「敘說」乃是一個動作（act），我們以一個意識的動作去捕捉那頗為複雜的狀態，以減少其複雜性，並且

暫時靜止其連續性流動。對於這個動作，稱之為當下化作用（présentification），它是在一個瞬間捕捉到的特定現象知覺場域，以及特定心理狀態下的動作，在這同時，它也將所捕捉到的（知覺）一併帶入「過去體驗」和「對未來之期待」所形成的連續性之中，造成某種意識的連續體，才成就了故事。此時「時與境」是當下包含了過去，是不可分割的經驗再現。置身在經驗裡又再親臨現場，是「重新經驗」而非「重新訴說」。「重新訴說」只有「語言」的重述，容易流於概念層次，「重新經驗」是全身心的投入，創造出「現在」的過去故事，此刻當下包含了過去，「時與境」成為不可分割的經驗再現。

當下我們所敘說的人生經驗，只是在意識的大江大海裡取出「一瓢水」。這一瓢水是你，這一瓢水也不是你。又再取另一瓢水，此另一瓢水是你，此另一瓢水也不是你。重複（取水）不是同一，（瓢水）差異不是不同[37]。活在人生中的我們，只有動態的「成為」，沒有靜態的「存在」。敘事治療認為沒有穩定不變、本質性的「自我」。懷特刻意區分「內在特質性理解」（internal state understanding）與「意向性理解」（intentional state understanding）的差別，[38] 前者是由「自我」中心散發，強調特質論的本質，後者強調「個人主導」在關係脈絡中有行動力的主體。懷特主張揚棄前者深耕後者，並強調「意向性理解」才能協助來訪者認識自己的經驗，對於被忽略的事件表達出情感上的回應。

每一個當下都是由諸多熟悉的或陌生的剎那，片刻瞬間、須臾剎那……聚合之處，人在「當下」、「此時此地」這個聚

合之處，即是現象湧現之處，是那個永恆不變又持續變化著的「稍縱即逝、川流不息」的當下，永不停歇，而所有的經驗都是以「現在」在此刻、當下被敘說。所謂的「此刻、當下」是一個人在難以更動的特定之無法複製的時刻中，所發生的行為，是人的凝視或反思才讓時間存在，也才能產生自我建構的特性。

巴赫汀（Bakhtin）提出的「未定當下」（inconclusive present）相當於賈內（Janet）的「當下化」作用（présentification）。因為 inconclusive（未定／現前）指稱著當下是穿流不息、未曾停歇。自我的當下在於把握（include）兩頭呈現為存在，當下化使「臨在」成為「即興演出」，即便是「未定當下」，但這恰恰不可能是空的。敘事時間從「絕對過去」到「未定當下」往「開放未來」。「過去」是對未定「現在」的準備，「現在」成為對假設性「未來」的預告或籌畫。存在時間是源於諮商對話使得過去與當下接軌，據此產生觀點移動、繼之與未來靠近，開啟隱藏故事並連結貼近渴望的偏好故事。

> **「在」與「不在」的雙重位置：**
> **相對影響問話、雙重聆聽問話、隱而未現問話**

從外化問話延伸出來的相對影響問話、雙重聆聽問話、隱而未現問話，這三種都具有故事的雙重性，敘事治療一方面將知覺意識停留在問題故事這個場景，一面又去問題故事的反面，我分別用「左右」、「上下」、「表裡」來說明：

左右包抄的「相對影響問話」（relative influence questioning），

是指治療師一方面好奇「問題對人的影響」，也就是探索「問題」對來訪者的生活、關係、運作能力等等的影響；另一方面好奇「人對問題的影響」，也就是探索來訪者能夠從限制他們的問題中，得以改變、影響或逃脫出來的資源、機會等等。相對影響問話強調治療師要離開問題故事，去到來訪者不被問題控制的新故事裡，好奇來訪者逃離問題故事掌控的內在知識。

台上台下的「雙重聆聽提問」（double listening questioning），引用主題與背景的關係，如果將問題故事視為「主題」，那麼來訪者問題故事之外的生命經驗就是「背景」。一方面關切作為「主題」的問題故事，更重要的還是要關切來訪者其他沒有被呈現為說話內容，卻深藏在「背景」中的各種生活故事。這些深藏在「背景」中，不在治療現場的生活經驗是問題故事之外的真實。雙重聆聽的提問提醒治療師不只是聽著治療室裡的來訪者敘說的問題故事，也要移動眼光好奇來訪者在不同生活情境脈絡中自我展演（perform），可能浮現的支線故事。關係中的存有（relational being）[39] 認為人互動時總是依循著彼此的關係脈絡而前進，不同的「關係脈絡」的定位，決定了互動的方向。同樣一個人，在治療情境中跟他在生活情境的展現，可能判若兩人。運用調動不同「定位」來創造多重故事、不同觀點的故事、和不同立場的故事，正是「雙重聆聽問話」的機制。

陰陽表裡的「隱而未現問話」（absent but implicit questioning），認為經驗總是來自另一段或是另一組經驗的對照，沒有任何單一經驗的意義是獨立於其他經驗而存在的，而問題故事總是對照於另一個比較貼近渴望或珍愛的故事，「隱而未現」

可說是問題的對比，問題經驗參照的經驗使他們發現自己有問題，這也是發展渴望故事的入口。如果我們能夠仔細傾聽來訪者的故事，我們將能夠聽見隱隱存在、用以與當下經驗進行差異對照的過去經驗，來訪者埋藏在問題重重的煙霧下，需要透過治療師去捕捉蒙塵的渴望故事。

你的來訪者說道：「我隱約記得兩人曾經有過說不完的話，怎麼結婚六年，現今兩人卻形同陌路，到底我們是怎樣轉變成現在這樣冷淡？看著他的身影，住在同一個屋內，甚至睡同一張床，卻有一種好深好深的失落感。當年兩人相處的點滴仍然如在眼前，與此時的淡漠之間橫著無法跨越的深淵。那個深淵有如一道海峽，我彷彿看到海床底部，在底層深處有什麼還互相牽繫著，無法就此淡忘。那牽連的記憶，卻使我們卡在無言之中。」你發現他們兩人相處有如白晝的日常生活現況，正好映襯出暗影的黑夜，暗影中充滿未被語言描述過的幽微感知，總是霧靄一般模糊、曖昧與不清楚、不明白，而那卻是兩人相處經驗的另類待發現之地。

被白晝反襯的黑夜暗影，是指長期阻絕在應然的言說世界，缺乏現場還原、且無從回到生活當下，逐漸累積成為生活經驗的陰暗面，是幽微晦澀的經驗混沌之地，是尚未形成話語、尚未被概念化的荒疏之處。如果跳過「在場」發生的事，拒絕停駐現場的描述，而直接賦予「不在場」抽象化結論，就有點像是「欲加之罪何患無詞」的蓋棺論定：「你就是懶得跟我講話，我甚至連你的手機都不如」、「我在你心中根本就是可有可無！」這種從「在場」現況逃逸到「不在場」的控訴。

相對影響問話彰顯出如果問題故事是「在場」，那麼成功脫離問題掌控就是「不在場」。運用「相對影響問話」可以問：「當他懶得跟你說話時，或當你覺得可有可無，你曾有過不受干擾的經驗嗎？」、「那個不被干擾的你身上具備了什麼能力？」

　　雙重聆聽問話強調除了「在場」／在治療室的來訪者，還有「不在場」而在生活情境中的來訪者。運用「雙重聆聽問話」可以問：「你說他懶得跟你說話，有過其他人也懶得跟你說話的經驗嗎？你都怎麼回應？這兩種情況你的反應一樣嗎？」、「這兩種情況的你，有何不同？」、「你曾有過其他類似可有可無的經驗嗎？那時候的你是怎麼度過的？」

　　隱而未現問話指出藏在「在場」的問題故事裡面，「不在場」卻隱隱若現的渴望故事。運用「隱而未現問話」問來捕捉隱匿的渴望，可以問：「當你說『我在你心中根本就是可有可無』，如果這是一種抗議，你可以說說那是在抗議什麼？」、「當我在聽著你說『我甚至連你的手機都不如』時，這當中好像少了什麼，有什麼重要的東西不見了，是嗎？你可以說說，是什麼不見了？」、「你所說的你們的日常相處，是不是違背了你對親密關係的核心想法？還是這種相處掩蓋了你對親密關係的什麼重要價值？你可以試著描述一下嗎？」

　　敘事治療的問話，邀請來訪者離開語意結構，去到情境經驗中，治療師在進入來訪者的經驗世界時，經由雙重聆聽（double listening）從「現場」連接到「不在場」的指涉，正是倫理關懷的具體實踐。「在場」處境若未經描述與承受，這種

逃逸的結果，除了使我們困守於在場的瑣碎日常，並且會無法臨近渴望、更加劇深淵感。我們必須小心謹慎地繞過語意符號的象徵世界，並願意停駐在生活當下的經驗現場，忍受失語的曖昧、混亂與不確定，才得以在那個醞生無限生命根系的存在池塘中，慢慢重新尋獲足以命名意義的「自己的」話語，那可能才是受苦者的母語。也就是從習以為常被認定「言說產物」，也就是既定的文化論述或客觀的專業概念，還原到經驗處境的當下現場，重新讓「言說育化」，也就是在吞吞吐吐中所網織、捕捉而慢慢成形的主觀意義，得以運作。

｜會員重新入會：死非永訣，遺忘才是｜

吉兒‧佛瑞德門和金恩‧康姆斯（Freedman & Combs）[40] 提到：我們生命中的「會員」影響我們的認同經驗（The members of our lives contribute to our experience of identity）。為了更貼近華人文化，我將生命中的「會員」改寫成：生命中遭逢的因緣聚合，意思是說：我們生命中所遭逢的因緣聚合，會影響我們的認同經驗。敘事治療相信人們總是會伺機而動（taking initiatives），也總是對問題有所回應，因此，來訪者可以選擇、維持想要在生命中保持親密互動的因緣。敘事治療認為「我之所以為成為我」是透過所做的選擇、人際關係的因緣聚合、參與的社群，及賦予自身經驗的意義而完成的。

懷特[41] 強調：自我認同立基於「與生活的關聯性」，而非以自己為核心。重組會員對話提供來訪者機會，重新修訂與生活相關的組成成員，提升或貶低某些組成成員的地位，重視或

抹除某些組成成員，爲那些對於個人自我認同重要的聲音賦予正當性，或視其爲不重要而撤銷其會員資格。敘事治療對待悲傷與失落，不是要放手而是要找另一種連結。再次說哈囉[42]，就是繼續讓此人成爲重要的會員，可以應用在悲傷治療並持續保留在生活中產生正面的影響力。

馬塞爾（Gabriel Marcel）[43]溫暖而堅定，列維納斯（Emmanuel Lévinas）[44]則陰鬱憂鬱，兩人看似大不相同，卻都是被「他者」召喚出來的一份證詞。列維納斯流露出猶太法典反覆爭論的風格，馬塞爾則在徘徊迂迴中透露出已然堅定的道路。兩人思想的差異、導致生命的差異。儘管有差異，然而生命必須前行，也只能前行。

馬塞爾直言，他追究的是一種「無法實證者」，他追求的不是「客觀的確定性」，而是存有化的確定性。馬塞爾對無法實證者的追究，要求我們用主體際性的臨在來改變慣常的客觀性思維。他強調亡者之不死取決於臨在，即亡者對生者的生命進行「有意義的持續參與」。對他人不死的希望實乃寄託在自我身上，寄託於懷抱此一期待者。從你懷抱著與他者同行之始，你的生命便展開了另一種「與他者共存」的新型態。馬塞爾的日記是他哲學思想未定型且在形成過程的紀錄，不是思想定型的思想成果，而表達出「生命」始終未央。

列維納斯總是與自我的某種根深柢固的狀態長期鬥爭，就像在泥沼中前行，每一步都極其艱難，而且必須對抗那種將他往下拉的深淵力量，列維那斯的悲壯，使得主體有一種「知其不可而爲之」的悲劇性格，承擔著「越盡責越多責任」的英

雄氣概。列維納斯認為對存在者尤為重要的是無限性（相對於存在的整體性），他認為人的存在只能透過與無限性之間的無限距離才能理解。這個無限性就是他者（l'autrui），當這個他者具體突現出來的時候，就是他人的面孔，這個面孔既是「所有人」、也是「查無此人」。無限性作用於對存在的整體性的瓦解，它令一切以主體為中心的知覺、行動失效，表達出「自我」始終未央。

我認為敘事治療師在場，聆聽、瞭解或見證，是對來訪者所能做的、最重要的事，因為大多數主流觀點對於悲傷、失落的主張是要放下、要往前走，而敘事治療主張的見證，提供了一個另類的脈絡讓人們可以緊握不放、可以永存心中。對許多人而言，失落是隱而不見，如未出櫃同志的關係失落；是不可預期的，如疾病；或者在更大的文化下是毫不重要的，如寵物，所以很困難找到聽眾。見證是以去中心的化方式分享相關經驗，肯定、確認人們的獨特經驗是富有意義的，並創造情境讓人們能夠對自身經驗加以整理、賦予意義，並能夠透過語言表達失落。

行動藍圖與意識藍圖

敘說者不在說出來的「故事文本」裡，也不是「敘說行動」本身，是有法度使「前敘說」成為「敘說行動」的那個主體。敘事治療的治療機制也在於此，而「行動藍圖」與「意識藍圖」能夠實現這個機制。

敘事治療師與來訪者的對話，如引出更好的故事情節、重

拾個人主導性、發展替代故事與意義，來訪者敘說故事的情節架構可以作為地圖。故事情節是暫時的地圖，可以旅行到過去、現在與未來。看起來很容易使治療師只停留在來訪者的故事文本中，棄守敘事精神？

還好，懷特似乎找到脫困之道，他運用特殊意義經驗（unique outcome）來發展來訪者的替代故事，敘事治療師對來訪者生命價值與意義做出回應，並描寫出「行動藍圖」，接著邀請來訪者再次投入這些行動場景的經驗中，並說出反映這些理解的意義詮釋與結論，形成「意識藍圖」，據此提供重寫對話、發展新的自我認同之立足點。特殊意義經驗一詞引自厄文・高夫曼（Erving Goffman）[45]，懷特以來訪者具有開創性行動（initiative behavior）來抵擋問題故事，並找出生命困局解套之路。

懷特引用布魯納（Bruner）[46]的意識藍圖（landscape of consciousness），強調敘事治療重視來訪者對生活事件和經驗的反思，藉以產生生命故事的意義。這個意識場景的特徵強調故事主角對自身行動的意識，意識的重要性在於聚合了他們在經驗場景中，所發生之生活事件及其行動的反思，也就是他們對這些事件的說明、解釋和意義歸因，和他們對塑造這些事件的意圖和目標的推論，以及他們對在這些事件中的其他主角的特質和身分的詮釋與結論。

懷特將布魯納（Bruner）的「意識藍圖」替換成「自我認同藍圖」[47]，發展來訪者的認同藍圖能夠協助來訪者感受到自己與他人有所連結，能認識自己的經驗，對於被忽略的事件表

達出情感上的回應，同時能夠深思「別人」對自己的生活和認同有何看法，並表達出對意圖與價值的投入與承諾。這種自我詮釋帶著強烈自我建構的意涵，必定會深入來訪者「前理解」的生存池塘中，在先在的前結構視域之下，重組、重整來訪者的新視域。

｜虛擬也是實在｜

故事具有虛擬性質，敘事是一種透過講自己生命故事來尋找出路的學派，也具有虛擬的性質。我的一個受督導者，這次提的個案，是一位兒童晚期的網路世界耽溺者。他在「虛擬世界」構築的網路社會，抗拒著「現實社會」的干擾與控制……我們聊了不少……可是，結束後我卻無法停止地想著：所謂的這個孩子的「網路世界」跟大人的「真實社會」，其實本質上都是虛擬的。因為，所謂的大人自以為的現實，也只是透過語言建構出來的虛擬故事。

督導結束的事後感想是：**「真實與虛構融合為人類經驗的基本歷史，對你的來訪者來說，澆灌他的是虛擬世界，心理師的責任是讓他能分辨虛擬與真實，並自由穿梭無礙」**。所有的故事都具有虛擬的成分，以虛擬故事來重述過去經驗，是當前現實性的一部分。呂格爾說：**「真實的歷史由於向我們展現了迥異的史實，也因此向我們開展了可能的世界，相反的，虛構的故事由於向我們展現出不真實的世界，遂引領我們去觸及實在的本質。」** 也就是說，看似虛構的故事卻給出了敘說者的真實，心理師經由當事人的虛擬世界，卻能夠引導他去觸及他的

「眞實本質」。

　　敍事治療不在於「解決問題」，而在於「轉化問題」，把原本憑一己之力無法解決的問題，透過觀點移動轉變成可以處理的問題，而這個新的問題可以催生出新的動向。對於身心受苦之人，「療癒」之道可能不是高明的醫療技術將傷害癒合，也不是苦苦追求恢復到原來的生活，而是在其中尋找重要意義或啓明之道。啓明之道必須來自正面領受而非否認拒絕、是深刻理解而非忿忿不平、是尋求超越而非深陷苦難。也就是說，療癒是一種能夠安身於所遭逢的存在經驗，這種安身不是理性分析判斷，啓明意義更需要無目標的想像力。而「療遇」則是治療者要能到達來訪者所在之處，都是超越專家之言或病理診斷所開展的心理空間，得以容讓來訪者看到生命的可能性。

　　敍事治療的外化既能達到解構的效果，也能開啓心理空間。關於空間「庖丁解牛」最是精彩，它出自莊子《南華經》中的一則寓言，庖丁是廚師爲魏惠王殺牛。文中最著名的一段是：「彼節者有間，而刀刃者無厚，以無厚入有閒，恢恢乎其於遊刃必有餘地矣，是以十九年而刀刃若新發於硎。」不管是解牛的「高明」還是敍事諮商的「高明」，都在於「遊刃有餘」。敍事諮商的「遊刃有餘」，是指將問題視爲問題，人不是問題，將人和問題分開，創造出「人與問題之間的空間」。所謂「彼節者有間，而刀刃者無厚」，從敍事諮商的角度來說是創造出「人與問題之間的空間」而能抵擋主流故事（這個盤根錯節的故事）的支配性，增加替代故事或支線故事發展（盤根錯節主流故事之間的空隙）的機會，更重要的是增加當事

人的視野，尤其是從「理所當然」的視野看自己問題，轉變成
「多元視角」（以無厚入有閒）來看自己的問題，以便人能討
論「和問題的關係」以及「對問題的看法」，才能夠獲得「恢
恢乎其於遊刃必有餘地矣！」的可能性。

　　幸福是建構現實的虛擬幻象，且以缺席的姿態呈顯自身。
人深信總有一天它必將來臨。好比愛情，或親情。這個世界之
所以還能夠被容忍，或值得被容忍，就在於我們的經驗即是我
們唯一的神話。因為像艾蜜莉・狄金生（Emily Dickinson）[48]，
如神話般地鍛造日常經驗的神祕性。她離開「表徵符號構築」
的應然世界，去往生活當下置身所在的罔罔恢恢，以詩的虛擬
語言所捕捉到存有的麟光片羽，留給世人一片閃閃發光的真實
世界。

後話

　　南島語系曾是世界最大的語系，共有 1200 種之多。其分布
北自台灣，南至紐西蘭，西自非洲東邊的馬達加斯加。據說部
分南島語在 6000 年前到 5000 年前之間由台灣經菲律賓、婆羅
州，往南、東、和西散播到澳洲、新幾內亞高山等廣大區域。

　　敘事治療的肇始學者懷特是澳洲人，艾普斯頓久居紐西
蘭，意思說在台灣的我和他們倆，有語言上的聯繫？會不會冥
冥中這種奇妙的牽扯，我正在台灣藉由他們說過的話，講出我
自己的敘事治療的聲音？

註 :——————————————————————————————————

1   黃素菲（2018）。《敘事治療的精神與實踐》。台北：心靈工坊。第15頁。

2   Myerhoff, B., (Author),Kaminsky, M. (Editor). (1992). *Remembered Lives: The Work of Ritual, Storytelling, And Growing Older*. Michigan: University of Michigan Press.

3   White, M. (2007). *Maps of Narrative Practice.* New York: WW Norton & Company. 黃孟嬌譯（2008），《敘事治療的工作地圖》。台北：張老師文化。詳見中譯本第 162-166 頁。

4   同註腳 3，第 167-187 頁。

5   Geertz, C. (1957). Ritual and Social Change: A Javanese Example. *American Anthropologist.* 59(1):32-54.

6   Geertz, C. (1973). *The Interpretation of Cultures: Selected Essays.* New York: Basic.

7   Geertz, C. (1992). Local Knowledge and Its Limits: Some Obiter Dicta. *Yale Journal of Criticism.* 5(2):129-135.

8   Geertz, C. (1973). Thick Description: Toward An Interpretive Theory of Culture. In *The Interpretation of Cultures: Selected Essays.* pp 3-30. New York: Basic Books.

9   Vygotsky, L. S. (1978). *Mind in Society: The Development of Higher Psychological Processes.* Cambridge, MA: Harvard University Press.

10 同註腳 3，第 35-48 頁。

11 同註腳 3，第 227-250 頁。

12 同註腳 3，第 203 頁。

13 Epston, D. (2016). Re-imagining Narrative Therapy: A history for The Future. *Journal of Systemic* Therapies, 35(1), 79-87.

14 同註腳 3，第 36、204 頁。

15 同註腳 3，第 10 頁。倒數第二段第一行。

16 White, M., & Epston, D. (1990). *Narrative Mean to Therapeutic End.* New York: W. W. Norton & Company. 廖世德譯（2011），《故事·知識·權力：敘事治療的力量》。台北：心靈工坊。第 115-125 頁。懷特被後結構主義及法國的批判哲學家的思潮所吸引，尤其受到傅柯提出的知識社會學觀點論述知識與權力關係的啟發：「傅柯將歷史分化為一系列『認識』，他將這個認識定義為一個文化內一定形式的權力分布，從他的角度來看，『真理』是

運用權力的結果，而人只不過是使用權力的工具。」因此懷特的敘事治療更加以社會建構論爲基礎，他認爲依靠一個眞理系統建立的權力可以透過對知識、歷史的討論來被質疑，透過強調身體，貶低思考，或透過藝術創造也可以對這樣的權力挑戰。

17　同註腳 3，第 183 頁。懷特認爲治療師對於來訪者痛苦情緒的回應，是要引出被痛苦掩蓋下的價值、期望、夢想等。這受到德希達的啓迪。雖然德希達的焦點是解構文本，藉由「書寫」的不確定性，倡導語言的自由遊戲，即意義的無限延異，以及文字傳達意義的延宕、挪移、及後設性，來破壞形上學的基礎，揭櫫「書寫」的不透明、中介特性。德希達提出「差異」（difference）與「延異」（differance）的觀念，更直指意義表現，實踐的無限播散、分裂可能性，懷特據此對來訪者的故事進行差異與上下文去斷定其意義。

18　White, M., & Epston, D. (1990). *Narrative Means to Therapeutic Ends*. New York: W. W. Norton & Company. 廖世德譯（2001）：故事・知識・權力：敘事治療的力量。台北：心靈工坊。現有 2018 年的全新修訂版。

19　White, M. (2007). *Maps of Narrative Practice*. New York: WW Norton & Company. 黃孟嬌譯（2008），《敘事治療的工作地圖》。台北：張老師文化。

20　高達美（Hans-Georg Gadamer）認爲「前理解」是歷史賦予理解或解釋主體從事理解和解釋活動的積極因素。詳見：陳榮華著（2011），《高達美詮釋學：眞理與方法導讀》。台北：三民出版社。

21　Genette, G. (1988). *Narrative Discourse Revisited*. Trans. by Jane E. Lewin (1990). New York: Cornell University Press. Gérard Genette (1930-2018) 是一位文學學者和結構主義理論家，對敘事學的發展產生了廣泛的影響。儘管在他之前，敘事學已經是一個廣爲人知的研究領域，但他開發了專門術語「敘說、敘事、故事」來描述已經變得普遍的敘事功能。

22　Ricoeur, P. (1984). *Temps et récit, II: La configuration du temps dans le récit de fiction*. Paris: Éditions du Seuil. Trans. by K. McLaughlin and D. Pellauer (1985), *Time And Narrative, Volume 2.* Chicago: University of Chicago Press. 王文融譯（2018），《虛構敘事中時間的塑型：時間與敘事（卷二）》。台北：商務印書館。

23　Ricoeur, P. (1986). *Du texte à l'action: Essais d'hermeneutique, II*, Paris: Éditions du Seuil. Trans. by K. Blamey and J. B. Thompson (1991), *From Text to Action: Essays in Hermeneutics, II*, Evanston, IL: Northwestern University Press.

24　Atkinson, R. (1998). *The Life Story Interview*. London: Sage Publications. p.1

25 沈清松（2000），《呂格爾》。台北：東大圖書。

26 Ricoeur, R. (1974). *The Conflict of Interpretations: Essays in Hermeneutics*. Evanston: Northwestern University Press. 林宏濤譯（1995），《詮釋與衝突》。台北：桂冠公司。

27 同註腳 25。

28 楊澤編（1994），《魯迅小說集》。台北：洪範書店。〈祝福〉一文在第 163-182 頁。

29 王維（692～761），字摩詰，號摩詰居士，祖籍山西祁縣，其父遷居於蒲州（今山西永濟市），遂為河東人。盛唐山水田園派詩人、畫家，號稱「詩佛」，今存詩 400 餘首。

30 Heidegger, M. (2003). *Unterwegs zur Sprache*. Stuttgart: Klett-Cotta. 孫周興譯（1993），《走向語言之途》。台北：時報出版。

31 余德慧（2001），《詮釋現象心理學》。台北：心靈工坊。

32 同註腳 30。

33 Morris, P. (Ed.) (1994). *The Bakhtin Reader: Selected Writings of Bakhtin, Medvedev, and Voloshinov*. London, UK: Bloomsbury.

34 Gilles Deleuze (1968). *Différence et répétition*. Presses Universitaires de France. 江薦新、廖芊喬譯（2019），《差異與重複：法國當代哲學巨擘德勒茲畢生代表作》。台北：野人文化

35 Kleinman, A. (2019). *The Soul of Care: The Moral Education of a Husband and a Doctor*. London: Penguin Books. 王聰霖譯（2020），《照護的靈魂：哈佛醫師寫給失智妻子的情書》。台北：心靈工坊。第 183、197、206 等頁。

36 Yalom, I. (2001). *The Gift of Therapy: An Open Letter to a New Generation of Therapists and Their Patients*. New York, London: Harper Perennial. 易之新譯（2021），《生命的禮物：給心理治療師的 85 則備忘錄【全新修訂版】》。台北：心靈工坊。第 117-130 頁。

37 Gilles Deleuze（1968）. *Différence et répétition*. Presses Universitaires de France. 江薦新、廖芊喬譯（2019），《差異與重複：法國當代哲學巨擘德勒茲畢生代表作》。台北：野人。

38 同註腳 3，第 89-94 頁。

39 Gergen, K. J. (2009). *Relational Being: Beyond Self and Community*. Oxford

University Press, USA. 宋文里譯（2016）。《關係的存有：超越自我．超越社群》台北：心靈工坊。

40 Freedman, J., & Combs, G. (1996). *Narrative Therapy: The Social Construction of Preferred Realities*. New York: W. W. Norton & Company. p.153. 易 之 新 譯 （2000），《敘事治療：解構並重寫生命的故事》。台北：張老師文化。

41 同註腳 3，第三章，第 115-144 頁。

42 White, M. (1988). Saying hullo again: The incorporation of the lost relationship in the resolution of grief. *Dulwich Centre Newsletter*. Pp. 7-11

43 Gabriel Marcel (1889-1973)。陸達誠（2020），《存有的光環：馬賽爾思想研究》。台北：心靈工坊。

44 Emmanuel Lévinas (1906-1995)。賴俊雄（2009），《他者哲學：回歸列維納斯》。台北：麥田出版社。

45 同註腳 3，第 202 頁。Erving Goffman (1959). *The Presentation of Self in Everyday Life*. New York: Doubleday. 徐江敏等譯（2012），《日常生活中的自我表演》。台北：桂冠圖書公司。

46 Bruner, J. (1986). *Actual Minds, Possible Worlds*. Cambridge: Harvard University Press.

47 同註腳 3，第 68-71 頁。

48 賴傑威、董恆秀譯（2006），《艾蜜莉．狄金生詩選》（*The Poems of Emily Dickinson*）。新北：木馬文化。

留在風水寶地，
還是另覓牛奶與蜜？

專業身分與生涯認同

第一章

濃縮還原的柳丁汁，
還是柳丁嗎？
重構專業圖像的故事

解構學術血統主流的束縛，

近親純正血脈注定缺乏免疫力，

有時不如雜交拼貼，更能開創異質複調的多元性。

涂繼方、王堂熠、黃素菲

我有一次去參加研討會，中間休息的時候，我跟朋友到校園走走，發現了一棵樹，是一棵柳丁樹。樹並不高，樹上結有果實，看起來很像柳丁，果子是綠色的。有比較成熟的、還完好的，掉在地上，剛好有兩顆。我跟我朋友撿了那兩顆，很好奇，想說這到底可不可以吃。我們拿去洗一洗，剝了其中一顆，雖然我們覺得有點像柳丁，裡面卻有一點紅紅的，就想說「它該不會是葡萄柚吧？」果肉有點紅紅的，但是外面又是柳丁的顏色。後來我和朋友就分食了那顆柳丁。

那應該是一棵沒有人工施肥的野生樹，所以那顆柳丁果肉不怎麼甜，但還是可以吃。我們吃了就滿興奮的，還剩下一顆嘛！我突然間靈機一動，我的一位老師剛好也有參加研討會，她中午忙著跟朋友招呼、聊天什麼的，應該還在會場。我就想說，那我把這顆柳丁拿去給她好了！可是，我也有點擔心，這柳丁會不會有毒啊？先等一下好了，等看看下午我與朋友都沒事，再把這顆柳丁給老師。

後來中場休息時，我和朋友都沒有不舒服，我就把這顆野生柳丁拿給那位老師。老師一開始也楞了一下，這……不知道哪裡來的一顆柳丁？我還跟她解釋說這是校園裡的野生柳丁，我們兩個剛剛已經吃了一顆，都沒事。老師覺得很有趣，她說好好，我回家吃，老師就很開心地收到她的袋子裡。後來我突然意識到一件事，我很像這顆野生柳丁。柳丁的來路不明，似乎剛好隱含著我是一個來路不明

的博士生這件事。

在一場研討會中發生的故事，是否隱含著與專業有關的象徵？我想了很多！把野生柳丁給了老師，老師象徵權威者、評價者，我在測試權威的反應嗎？而老師接受帶了回去，象徵被接納、被認同了嗎？到底「野生柳丁」是真的不夠好呢？還是「黃金奇異果」根本就不是我想要的？我不停地在成為博士，我也不停地在打破博士這件事！一方面要融入諮商文化、新的角色認同，另一方面又想要掙脫這個角色的框架，發展出自己的獨立性……

一、先說說雙方的立足點

| 心理師 |

我的人性觀是：「每個人都有獨特的生活方式，都試圖在當下做出最好的選擇；縱使如此，仍不免在生命中碰到阻礙、困惑、不安或失敗。」我認為心理諮商源自對人的好奇與助人的熱忱，心理師不斷轉化自身對「人」的理解，逐步修正對於諮商、治療、療癒等的觀點。心理諮商是人與人之間的一種連結─轉化，心理師並非握有正確答案的專家。問題外化，使來訪者即使身處困境亦得以避免自我異化；心理師溫暖的好奇，用心傾聽與理解，慢慢靠近來訪者，並在來訪者的主線中探索著支線，一同發現更多的視野，創造出生命故事重塑的機會。我期待在這樣的歷

程，與來訪者一起創造出新生命故事。

┃ 來訪者 ┃

我的人性觀是：「不如己意或創傷的經驗，形成了一個人
的自我結構，而每一次的心理困境即是自我結構受到震
盪，在失衡與碎裂的同時，亦是翻新與重整的契機。」在
自我與他者、情境的互動中，我必然無法堅守自己原初的
故事。當他者的觀點湧入時，我將如何應戰或逃亡？抑或
嘗試駐足於潮浪之中，感受著搖搖欲墜與模糊不清的自
我？心理諮商協助來訪者在變動不安的生活潮浪中，看見
與接納自己的恐懼、憤怒、悲傷、羞愧等，在情緒流轉之
間，保有好奇心，細細梳理這些千絲萬縷的故事，再一絲
一毫編織進自我的故事，重新照見生命的紋理，鮮明的、
模糊的、陰暗的，都是人往返於依賴與獨立之間的徬徨，
在其中追尋自己、忠於自己、成為自己。

二、對話開展

（一）誰是來訪者？誰是心理師？

　　來訪者覺得這是一個對於「自我與治療之關係宣示」的情
境，剛開始覺得有點好玩，有意識地運作諮商角色逆轉，也可
能是抗拒進入來訪者位置。心理師也感覺到來訪者有測試的意
味，想要掌握治療的關係。敘事治療主張讓來訪者擁有談話方

向的主導權，允許來訪者以自己的速度來參與對話，而不是由心理師掌控對話的主題或方向。

心理師：你可以用自己舒服的方式，什麼時候開始、怎樣開始，都可以。

來訪者：不要看他們！哈哈哈……（沉默）

心理師：有想從哪邊開始說嗎？你希望我們能專注在哪個話題？

來訪者：從拿起麥克風開始……（沉默）（想透過身體的接觸與感受，幫助自己回到當下。）

來訪者：我現在心跳很快耶，我今天一直心跳很快，有點緊張。

心理師：的確是滿緊張的一件事情。這個緊張在對你說什麼？

來訪者：緊張，怎麼說？（沉默）（我想擾亂一下心理師）

心理師：開放的場域不是我有經驗的一件事。（沉默）（來訪者的「怎麼說」，似乎是以扭轉角色的幽默方式，來表達阻抗。）

（二）一顆來路不明的野生柳丁

麥克·懷特（Michael White, 1990 ／廖世德譯，2001）[1] 認為外化的問話（externalizing conversation）本質上是一種「人與問題的關係」的修正，把人和問題分開，才能開啓空間進行反思。雖然是將問題外化，心理師仍然必須緊密跟隨來訪者，以便進一步地打開來訪者的故事。吉兒·佛瑞德門和金恩·康姆

斯（Freedman and Combs, 1996 ／易之新譯，2000）[2] 也強調敘事治療強調人不等於問題，問題就只是問題，問題會運作、衝擊或滲透人的生活，而外化就是「人不等於問題」這個信念的實踐。來訪者開始講述研討會裡撿到柳丁的事，他一開始就以「野生柳丁」這個隱喻，巧妙地將所謂的「不是科班出身」的問題外化了。

來訪者（還是乖乖回到扮演來訪者的任務，談自己的故事）：
我開始講好了……對，我覺得我很像那顆校園撿到的野生的柳丁，就是不太確定它的來歷……會不會有點抽象？

心理師：這顆野生的柳丁，你提到乍看之下，不知道是不是葡萄柚？不知道是不是有毒？在我腦海有浮現其他景象，這個柳丁好像是特別的，在一個空曠的場所。我有點好奇，這顆柳丁與你相似的地方還有哪些？

來訪者：我講具體一點好了！因為我的大學、碩班都不是心理相關領域的，我是一直到了博士班才進入諮商心理學領域。在我們博班還滿特殊的，嗯……我不知道在臺灣整個環境是不是也算特殊，可能也算吧！也許國外不一定。

心理師：你說這顆野生柳丁跟你相似的這個想法，是指什麼？

來訪者：這一直是我念博士班以前，就有預想到可能會遇到的問題。一直到進來之後，也會一直遇到這種問題。遇到我的人，對他們來講，我的這樣子，實在太難以定

義跟歸納了。他們會覺得很奇怪，接著他們就會有各種的解讀。

心理師： 這個難以定義跟歸納、奇怪、各種解讀……我想聽更多，它是怎麼影響你的？

來訪者： 好，有很多部分吧！當然有正向，也有負向。正向部分可能會覺得你很厲害，你一定是有某一種特殊性，才可能過博士班入學這個關卡。那相對負向的部分，可能會有人覺得你怎麼可能考得上？你是不是跟老師有親戚關係？還是父母是很厲害的官員、名人什麼的？或是甚至說你一定是以各種奇怪的手段進去。那或是說你可能再怎麼努力，他們就會覺得你不是「自己人」、不是「圈內人」，有先入為主地對於你的專業能力的許多懷疑。

心理師： 好像他們剛開始接觸你的時候，第一印象就會覺得你不是自己人、不是圈內人，這種先入為主地懷疑你的專業能力，會怎樣影響你嗎？

來訪者： 這讓我想到我的實習單位老師們，以為我要去諮商實習，是因為我不是這個背景出來，所以博班老師們「特別要求」我要去實習。後來我和他們澄清，我說全部的博士生都要實習，他們才弄懂。因為這裡面有很多的解讀啦！那或是說……甚至我自己的老師說「我覺得你很 smart，但是你做的東西都不是諮商」。因為我有這個「柳丁情結」，所以這樣一句話拋下來的時候，我覺得很刺。

敘事開箱:「命名」(meaning making)是一種隱喻,³也是外化的運用。

隱喻(metaphor)能產生外化的效果,能拉開問題與來訪者之間的距離,讓來訪者擁有更大的想像空間,為自己發聲。麥克‧懷特強調「隱喻」是外化對話中極為重要的方法。「命名」除了聚焦主觀意義之外,心理師也較容易展開外化的對話,促使來訪者與問題保持距離,打開心理空間產生觀點移動。外化對話讓來訪者重新定義問題與自身的關係,重新體驗他們的生活,並追求自己所珍視的一切。

外化對話開啟了許多可能性,在發展自我認同感時,重新決定如何接收「他人的聲音」,讓來訪者可以重新定義他們的自我認同。外化的問話,有點像是對「問題」進行一種「冷酷」的調查,來訪者必須移動觀點,把「問題」放到自己的「對面」,看見「問題」是有生命的,會思考、有感受、能行動,但「問題」不會占據人的全部,人總是會有不被「問題」困住的時候,這樣的對話能夠創造出來訪者跟「問題」的心理空間。敘事心理師帶著外化的態度聆聽,將產生解構的效應,也就是拉開來訪者與問題的距離,辨識自己與問題的關係,開展多元視角而賦予故事新的樣貌。

心理師可以問:對於剛才你說的故事,如果你給他一個名稱,你會說是什麼?還是,你會怎麼命名?

如果確定為「柳丁情結」,就可以繼續外化的問話:

一、關於「柳丁情結」的歷史，也就是跟它有關的情境脈絡：

- 你什麼時候發現這個「柳丁情結」？
- 「柳丁情結」在什麼情況，比教容易出現？
- 讓那個「柳丁情結」自我介紹的話，它會怎麼介紹自己？

二、關於「柳丁情結」的運作，也就是它怎樣發揮影響力、作用力：

- 「柳丁情結」出現的時候，會怎樣影響你？
- 「柳丁情結」會影響你的哪個面向？
- 「柳丁情結」經常使你遭遇怎樣的處境？使你有哪些感覺？
- 這個「柳丁情結」會怎麼思考？會怎麼行動？

三、關於「柳丁情結」的反思，也就是你對它的看法、立場或價值判斷：

- 你會做什麼來維護「野生柳丁」，並讓別人認識「野生柳丁」嗎？
- 如果「野生柳丁」要發聲，它會想說些什麼，是外人還不知道的？
- 「野生柳丁」相對於「黃金奇異果」，它們最大的不同是什麼？
- 「野生柳丁」會想要跟「黃金奇異果」保持怎樣的關係？

（三）追尋「黃金奇異果」的優良認證標籤

思維
- 來路不明（太野生）
- 一直落後
- 缺少了認證標籤
- 很多刺
- 不懂要裝懂

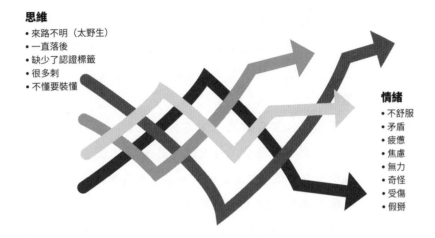

情緒
- 不舒服
- 矛盾
- 疲憊
- 焦慮
- 無力
- 奇怪
- 受傷
- 假掰

圖1　我還是我嗎？歷程中的相互交織

　　社會建構論相信理論、知識與個人認同，皆受社會及文化因素的影響，也與權力運作有關，古特曼和路德斯（Guterman & Rudes, 2008）[4]強調諮商與心理治療有必要納入社會建構論來建立倫理架構基礎和認識論位置。敘事治療承接社會建構論的觀點，認為自我認同是社會建構的，問題故事也是社會建構的結果。心理師敏感於主流價值對來訪者造成的壓迫，致力於鬆動這些論述，創造多元觀點，開啟對話的延展性，遠離因果推論的線性思維，盡可能更貼近符合來訪者的「自我認同」，及這個「自我認同」的主觀意義。相對於來訪者是「野生柳丁」，其他科班出身的同儕就像是通過檢驗、被認證、可上市的「黃金奇異果」！但是，社會建構論提醒我們必須離開單一評價標

準，才能得知「野生柳丁」與「黃金奇異果」的各自價值。

心理師：我感受你的細膩，這一路來，面對這種多困難、挑戰的聲音，你一直很勇敢。當你聽到被質疑的聲音，或者是老師們、同事間的聲音時，「柳丁情結」是怎麼想的？

來訪者：柳丁情結就會告訴我「你要多努力呀！你一開始的基礎就少別人這麼多，所以你要更加的努力」，但是當我很努力，還是被否定，有時就會覺得很無力與沮喪。

心理師：好像非本科系博士生的「野生柳丁」身分，會面對外界的偏見，一種聲音是應該具備某種特別的能力，但另一種聲音會質疑、不信任這個能力。你覺得這個對「野生柳丁」偏見，凸顯出什麼現象？或是你會怎麼看這個現象？

來訪者：我不會認為跟我講這些話的人有問題耶！因為你看嘛……我去吃那顆柳丁，我其實也有點懷疑，因為「野生柳丁」真的是難以定義，我也很怕它有毒，相對地，他們會對我講這些話，是因為我這種「野生柳丁」狀況實在是太難讓他們理解了，所以很容易誤解，而對我講出不是這麼友善的話——但其實也不是不友善，是他們不太確定我 ok 不 ok，所以比較謹慎地去處理「野生柳丁」。這個部分對我而言，我會耗很多能量要去消化這個不舒服！

心理師：對啊！就像你剛剛說的有人以為是「老師們特別要求

我要去實習」，聽起來很刺！會耗很多能量要去消化。我可以說這是身分認同的主題嗎？還是，專業身分認同？

來訪者：我的同學們幾乎全部都有心理師執照，他們不用去消化這個不舒服，因為他們……他們就像「黃金奇異果」，擁有合格的認證標籤，但我沒有。所以我曾經也在想說，我是不是應該要給自己找一個這樣的黃金奇異果標籤？好像會比較可以有一個保護或認同，所以我很努力地學，但是我後來又覺得……「野生柳丁」的本質就是野生的啊！我並不想要那個「黃金奇異果」的標籤，所以我有一個很矛盾的東西在裡面。

心理師：非本科系出身進入博班，讓「野生柳丁」感受到同儕無法理解，無法定義跟歸納，而且「野生柳丁」的本質就是野生的，並不想要那個「黃金奇異果」的標籤……真的是衝突。這個衝突怎樣影響你？

來訪者：再舉一個更清楚的例子好了，其實我從小到大都沒有很認真念書，我不會想要做到極致，所以我的求學歷程也都不是念我的第一志願。反正有就好了這樣，我就是妥協啊！隨便可以過就好的人。可是你知道我到了博班之後，我的狀態很不一樣，我的成績全部A+，很奇怪，我覺得要嘛學校有問題，要嘛就我有問題，這個跟我以前的歷程太不一樣了。我感覺我一直在追求著一個我根本看不到盡頭的目標，我快把自己逼死了。

心理師：我不很確定有沒有理解，你說成績單突然被評價得很優異時，覺得快要把自己逼死了，對你來說，這個成績全部A＋，是「標籤產生的衝突」造成的影響結果？還是有特別的意義嗎？

來訪者：我反而不是放在那個評價耶！我是放在我是不是在博班的時候，突然很重視成績……我好像一直覺得「野生柳丁」比別人差。雖然我已經進了這個門檻，但我覺得我念博士班的過程可能是我人生最自卑的階段。我很擔心跟不上我的同學們，因為他們比我有太多的經驗，各方面的。所以我拚命地追趕，想要趕上所有的人。我有一個幻想，覺得我一直在落後。我本來就落後，如果我不往前追的話，我就會更大的落後。

心理師：聽起來是「標籤產生的衝突」造成的結果？所以，進博班反而是你自覺最自卑的階段，擔心更落後，所以，你很努力追趕？

來訪者：對對對，也許是因為我跑得夠努力，所以我的成績全部都是A+。

心理師：這在你的感受裡，似乎不只是身分認同，而是認同矛盾？

來訪者：是認同矛盾，因為某個程度上，我一直想要接納「野生柳丁」是野生狀態，但某個程度上，我又一直去追求那個紐西蘭「黃金奇異果」的標籤、那個標準。

敘事開箱：社會建構論（social constructionism ）

　　科班出身的「黃金奇異果」，因為符合諮商專業圈子所持的標準，所以是好的、對的，而「野生柳丁」在社會比較之下，失去所謂「血緣正統性」，所以是不好的、不對的！但是真的是這樣嗎？社會建構論關切這些主流建構的真實，如空氣般瀰漫在生活周遭，大多數人鼻息仰賴、習焉不察。敘事治療聚焦於揭開個人或團體所參與的社會，如何建構了來訪者知覺到的真實。社會建構論（Freedman & Combs, 1996／易之新譯，2000）[5]認為：

1. **現實是社會建構出來的**。根據社會建構論的觀點，我們在治療的場域中，對於來訪者生命故事中所訴及的信仰、法律、社會習俗、食衣住行習慣等等，所交織出來的「真實」（例如「黃金奇異果」的認證標籤），都是長時間的社會互動所形成的制度化社會，又被生活其中的人們當成是客觀的真實。

2. **現實是經由語言構成的**。語言並不反映外在的自然世界，語言創造出我們所知的外在自然世界，而權力透過對語言的操控（例如，精神疾病診斷手冊、醫學專業術語、大法官釋憲等），製造現實和真理，從而限制了人們認識世界的方式，例如「我的同學們幾乎全部都有心理師執照，他們不用去消化……」後現代的立場認為現實是「人類對於周遭事物之語言表達的方式」。

3. **現實世界藉著敘事組成，並得以維持。** 在任何文化中，都會有某些敘事比其他敘事更占優勢而成為主流敘事。這些主流敘事會說明它們喜歡的習慣和信念方式，個人的故事與文化有關，文化中的主流敘事會壓迫邊緣文化。敘事治療師尊重並瞭解來訪者的文化，例如透過對話與提問：「如果『野生柳丁』要發聲，它會想說些什麼是外人還不知道的？」或是「『野生柳丁』會想要跟『黃金奇異果』保持怎樣的關係？」藉此瞭解來訪者的生命故事及其隱藏的多元故事線，並抵擋強勢論述。

4. **沒有絕對的真理。** 社會建構論者的世界觀認為人類無法獲得客觀真實，我們只能去詮釋經驗，沒有哪一種詮釋可以說是唯一的真理，例如來訪者說：「我的成績全部 A+，很奇怪……我感覺我一直在追求著一個我根本看不到盡頭的目標，我快把自己逼死了。」心理師帶著「不知道」去好奇來訪者的多樣、多元與隱而未現的故事線，並透過敘說建構出其主觀真實。

（四）自戀與自卑的對話

敘事治療認為語言是經驗的符碼，語言若缺乏個人真實經驗支撐，會使語言乾枯成為空洞的概念，唯有活生生的生命故事的澆灌，才能使得語言不再是概念化石。這裡說的「自卑」與「自戀」，是在來訪者說「我有時會因為博士生身分感到

有些自卑與麻煩，有時候我又會以自己所擁有的專業為傲，我有我自己的堅強與獨特的自戀」的脈絡下，才使得「自卑」與「自戀」被正確地承接與理解，也才使得語言有了可理解的意義，否則語言會經常在生活日常中不小心就成為風乾的「陳語」（陳舊之語）或「成語」（已成過去之語）。

心理師： 我很好奇是什麼讓你在面對這樣的認同矛盾，即使內在擔心著落後的自卑，外在又面臨著他人的偏見，你仍然選擇了繼續走下去？

來訪者： 讀博班是我自己想要走的路。我的家人對於我的跨域都很困惑，而難以支持我，但我很清楚這是我要的，所以我就是一步一步向前走。

心理師： 讀博班是你自己想走的路，那是什麼讓你轉到心理諮商這一行？

來訪者： 我對人本來就很有興趣。用外界的眼光來講，我好像是跨了領域，但以我自己主觀的想法來講，其實我完全不曾離開，因為我一直是對人很有興趣的。我大學念的是教育與文學，碩班念的是藝術大學，其實都是與人性有關。

心理師： 別人可能覺得你跨了不同的領域，但對你而言，你一直都對人很有興趣，對嗎？

來訪者： 對，我其實一直都在同一條路上。會再走到諮商來，是在我的工作上面遇到一些瓶頸，有時候也會涉及到一些心理的層次，那個部分是我想要再去充實的，那

時候我又很想念博士班，所以我就決定轉到這個領域來。（沉默）

心理師：在你身上好像有兩股力量拉扯，想要保有、接納「野生柳丁」，但卻又去追求、認同「黃金奇異果」，如果那個認同的矛盾如果能夠說話，它最想說的可能是什麼？

來訪者：嗯……可能是我滿想要做自己的，但是好像有某一些被社會建構的某種價值嗎？或是評價嗎？還是理解？我不知道。讓我好像必須某個程度地去妥協，去符合那一個標準或框框。

心理師：你說你必須去妥協，是不是有什麼壓迫限制著你？

來訪者：有時候會耶！就像我第一次來參加這個敘事治療讀書會的時候，其實我都不太想說我是博士生。哈哈，因為我覺得博士生好少喔！有一點彆扭。又覺得我自己可能也不一定能夠那麼像一個博士生，如果一跟大家講我是博士生的話，我好像瞬間就要去承接那個投射。因為有些人就會說「哦哦哦……」像我之前在醫院啊，他們就說「哦！博士生，不要招惹他」。或是說這博士生講出來的一定都擲地有聲，一定怎麼樣怎麼樣，就會有很多這種東西瞬間上我身。我是可以拍一拍啦！拍一拍就不關我的事，但是你還要拍嘛！拍就覺得浪費我力氣，所以我就想那我乾脆都不要揭露這個身分。我有時候會因為博士生身分感到有些自卑與麻煩，但有時候我可能又會以自己所擁有的專業為

傲，我也有我自己堅強與獨特的自戀。

心理師：有時候以自己本質為傲，有時候卻又追逐著眾人的標
　　　　準，好像有兩條線、兩個故事？你會怎麼樣幫這兩個
　　　　故事取名字？

來訪者：就是自戀跟自卑吧！

敘事開箱：既使用語言又超越語言

　　在人際互動當下，話語比書寫更具有在場的優先性，柏
拉圖認為書寫是一種「意義」的自我異化（alienation），
他舉出最明顯的例子是：作者不在場的時候，書寫符號繼
續保有指涉作用，意思是說讀者會以自己的角度去理解而
曲解作者。他說：「書寫犯了弒父罪，書寫符號有如非法
的私生子，話語才是合法的子女。」

　　但是德希達（Jacques Derrida,1967／張寧譯，2004）[6]
反對這種語音中心的立場，他故意利用書寫文字的模糊
性、歧異性去顛覆話語的精確性與同一性。他認為書寫
脫離了原來作者而獨立存在，是一個隨時間待閱讀、待
詮釋的新生命。德希達表明書寫文字從一開始就是一種
「無限差異詮釋體系」的存在，解構既是一種創造性的
詮釋（hermeneutics），又是一種「延異」（differance）的
自由活動。德希達巧妙地應用「延異」這個雙義詞去顛
覆西方傳統以語音中心主義的同一性，因為 difference 和

differance 在語音上不可分辨，而差異（difference）其實是延異（differance）的結果。

正是因為「延異」是一種不斷產生差異的自由遊戲，它是產生差異的源頭（differentiating origin of difference），也是「本源的延異」（originary differance）。敘事治療師正好藉此超越語言的有限性，回到來訪者經驗世界，去到語言孕生的前敘說沼澤地中，允許／鼓勵來訪者找到足以串接其主觀經驗的語言符碼，例如來訪者說「用外界的眼光來講，我好像是跨了領域，但以我自己主觀的想法來講，其實我完全不曾離開，因為我一直是對人很有興趣的」。

（五）遊戲內外的穿梭：融入又獨立；合一又不同

諮商是一門專業，諮商心理師是專業工作者，所以諮商與治療也會形成一套專業的文化、論述，及教育、訓練、認證的組織制度與運作規則。從社會建構論的角度來看，我們都是關係中的存有，來訪者想要跟同儕一樣融入諮商文化中，又想要掙脫諮商文化的角色框架，發展屬於自己的專業認同。重要的是，來訪者持有知識學習必須要「開放溝通而不是師生階層的順從」的信念，來訪者想要打破既定的互動結構，且不至於威脅到自我認同。

敘事治療師要把焦點放在意義而不是客觀「事實」，可能就會好奇而對來訪者繼續對話：「似乎你戴上專業角色的皇

冠，大家就比較認可你，可是你說你不想玩這個 game，這個『不想玩』在拒絕什麼？」、「如果可以完全隨心所欲，不要被馴化，你最想要成爲什麼樣的博士生？你會成爲一個怎樣跟他們不一樣的或獨特的諮商專業領域的實踐者？」

心理師： 在你身上有一部分覺得自己優秀、眼光不錯，好像也有一部分覺得並自己不是這麼值得被期待的，是這樣的嗎？

來訪者： 我從別人給我的評價中，去理解我自己，這是第一個。第二個是從我自己的感受去理解我自己。可是我覺得這兩個東西有時候會打架，嗯……例如說，我有時候很擔心我跟不上我的同儕，但後來上課之後，我有時又覺得我超前他們太多了。但是因爲我不是這個背景的，所以我再怎麼努力，有某些同儕或師長，他們就是覺得我不夠好，那對我來講是有點挫敗啦！但是我會想那個東西到底是我眞的不夠好呢？還是那些標準根本就不是我想追求的？是這些人他們自己重視的事情？所以有時候會讓我一直處在一個追趕的狀態，我好像很容易感到自己的匱乏，然後我就要去追趕。我感到匱乏，我就追趕。匱乏、追趕，其實這個對我的身心傷害是非常大的。

心理師： 好像在追一個沒有終點的目標，怕它一直在跑，一直在跑……

來訪者： 就像有一個很經典的圖嘛，它吊一個胡蘿蔔在你的前

方，你怎麼跑，那個胡蘿蔔就是在你前方。

心理師：這跟我們一開始討論到的那個不舒服，有什麼關聯嗎？

來訪者：有，我覺得有。因為我有點想要透過證明什麼，去降低別人帶給我的不舒服。我發現自己淪落在一個循環中——需要證明自己，但希望自己可以跳脫出這個 game。

心理師：關於這個「需要證明自己」，可以多說一點嗎？

來訪者：像我的經驗越來越多，我可能學習了很多，然後拿了一堆獎，或什麼有的沒的，反正就是了不起的東西，他們可能就會淡忘我是一個來路不明的博士生這件事，比較友善地對待我，也許隨著我的年紀、年級增長會慢慢改善。但是我覺得我不想玩這個 game 耶！坦白講，我不想玩這個 game，這是我很衝突的點。你戴上專業角色的皇冠，大家好像就可以比較認可你，但我又不想要那個東西。我是一個自我反省力很高的人，因為我也覺得我念了博士班之後，出去外面教課的時候，我開始講話會不自覺夾雜英文。我發現我講英文，台下的人都沒有反應，我就在心理打臉自己：我到底在幹麼？天啊！我怎麼會變得這麼……假掰，這麼文藝腔？我回去一直檢討我自己，我一定要調整到用最容易跟我的對象溝通的語言去跟他們溝通。但是我必須不停地打破我現在生活的慣性，因為你知道博班上課的時候，老師也愛摜英文，其實大家都聽不懂，但是大家不敢問。我學長姊說「你裝懂就

好」。這是一個很奇怪的事，我不停地在成為博士，我也不停地在打破博士這件事。

心理師： 我剛剛腦中又浮現了那顆「野生柳丁」，但也聯想到醜小鴨的故事，你剛剛用「奇怪」這樣的字眼形容自己，包含了些什麼啊？

來訪者： 嗯……我好像一直在這個新環境尋找自己的位子。一方面要融入這裡的文化、新的角色認同；另一方面，又想要掙脫這個角色的框架，發展出自己的獨立性。就一直在這兩端來回往返。有時候因為自己的不一樣，所以很渴望與大家一樣；但有時候又還是很想維持自己的不一樣。例如：我以前在藝術大學，人際的互動與討論是比較直接的，即便師生觀點不同。但在博班，當師生觀點不同時，我們有一些討論的時候，有些同學是會有些緊張耶，那是有些張力的，所以會讓我顯得與其他人不太一樣。

心理師： 這個「要融入又要掙脫」帶給你的雙重狀態，會怎樣影響你？

來訪者： 我一方面覺得本來就應該要進入釐清的討論，但另一方面我又有點擔心，自己如果跟同儕狀態太不一樣的話，其實對自己也不太好。

心理師： 什麼意思？

來訪者： 整個班聽不懂英文，都在裝懂，你很白目地問老師說：「這個字是什麼意思？」我甚至想瞭解老師為什麼上課要講英文。但是我同學都說：「你不要去講，

講這個幹麼？」因為我覺得這個東西是很妨礙我們上課的吸收。

心理師：如果你「不融入」，會變成怎麼樣？

來訪者：你會挑戰了這個結構——這個穩定的結構。

心理師：你的融入跟掙脫、認同跟獨立，在你心裡面吶喊著，是這樣子嗎？它們到底想要替你表達什麼？

來訪者：我沒有想要挑戰老師耶！只是以學習目標來看，這麼做可能會讓知識的傳遞更加全面。因為你知道嗎，這種師生關係的順從性，卡在學習歷程裡面，很容易老師他講「十」好了，可能同學只有吸收「六」。但如果可以些微調整的話，也許我們可以吸收到「八」。

心理師：你希望融入、認同，但是還是想要保有你自己的想法？

來訪者：我曾經照我自己的感覺做過，當然要看各種情境與對象。反應的結果也不太一樣：有些人可能會覺得我太有自我主張，有些人可能會覺得我在情境裡很跳tone。我後來發現這些都只是他人對我在那個當下的解讀，但我仍然還是我自己。我願意適度地表達我自己的想法，理想上期待可以增進彼此的互動，但若不如預期也沒關係，因為凡事總有其限制，我也會調整自己接納這個限制，然後從中獲取我可以學習到的內容與程度。（沉默）

敘事開箱：敘事治療師對於「社會建構論」立場的自我反思

　　我們想要成為自己，又難以無視他人的眼光。我們若因此變成被他人注視的對象，就失去了自由，難怪沙特（Sartre，轉引自尼采，1872／周國平譯，2005）說：「他人就是我的地獄。」[7] 社會建構論關注社會所建構的真實（reality in social construction）、各個團體的互動歷程，及這些團體互動結果所產生的真實，這些真實影響我們如何看待成敗、好壞、高下或對錯，也影響我們對自己的評價。不同團體會建構出不同的知識與真理，法律、商業、醫學……都各自有方法與規範，成為該專業領域遵循的原則，心理治療也不例外。佛瑞德門和康姆斯（Freedman & Combs, 1996: 40-41／易之新譯，2000）[8] 認為以下「社會建構論」者的立場，有助於協助治療師發展出自我質問：

1. 我詢問的是許多描述，還是只有一個真實？

2. 我聆聽來訪者時，是否能瞭解這個人體驗的現實是如何經由社會建構出來的？

3. 當下誰的語言擁有特權？我是否試著接納並瞭解這個人的語言描述？如果我認為自己的語言較為優秀，或自認比較精準，是什麼使我這麼想呢？在治療中，不同的語言差別會產生什麼影響？

4. 有哪些故事支持來訪者的問題？是否有主流故事壓迫或限制來訪者的生活？我聽到哪些被邊緣化的故事？有沒

有線索顯示，尚有未被討論到的邊緣化的故事？我該如何誘導來訪者加入「知識反抗」陣營呢？

5. 我是否把焦點放在意義，而不是「事實」？

6. 我是否從廣泛的事件來評估來訪者？也誘導來訪者廣泛地去評估事件？

7. 我是否以個人的經驗提出意見？我的背景、價值觀、意圖是否透明，好讓來訪者評估我有沒有出於偏見所造成的影響？

8. 我是否陷入病態或正常的思考陷阱？我們是否根據來訪者經驗中造成問題的部分，同心協力地定義問題？我是否遠離「專家的」假設或理論？

三、我們都在找自己

依照拓展—建構理論（Broaden-and-Build Theory）[9]，積極情緒不僅具有拓展功能，即可以拓展個體當下的思維與行動模式，還具有建構功能，即能夠給個體帶來間接的、長遠的收益，幫助個體建構持久的個人資源。生命知識是可以主動建構的，故事會勾連故事，生命也會碰撞生命。這不只是本文主角的故事，也是普羅大眾共同的經驗：到底是因為我不夠好呢？或這並不是我的問題？我可以不在乎外界對我的評價嗎？沒有學歷、證照，就表示我沒有能力嗎？有了學歷、證照，會不會反而失去自己？大家都要走同一條路、搭同一班車嗎？以我自

己熟悉的語言與行動去到我們都要去的地方，不行嗎？難道不能殊途同歸？站在「知識反抗」陣營，很奇怪嗎？

心理師：今天聽了很多故事……

來訪者：呵呵，很多水果的故事。

心理師：野生柳丁的故事、奇異果的標籤、自戀與自卑的故事，當然還有我自己幻想連結的故事，這麼多的故事裡，假如能寫一本書，它們是一本書的各個章節，你會取什麼書名？

來訪者：呵呵，其實我在想七個字，剛剛突然想到，我覺得我講了怕你會笑我，唉！這可能是我對我自己的打氣吧！這七個字叫做《天生麗質難自棄》，呵呵，因為我曾經一度很想放棄。

心理師：感覺到一股自信，但卻也飄散著艱辛，一度很想放棄是指什麼？

來訪者：我之前遇到一個滿大的挫折，讓我想「哇！這一行怎麼那麼不容易！」但我現在有比較走過來了，我有看到我自己的主體性與力量。

心理師：最後的十分鐘，你會想要怎麼運用？

來訪者：我也有點猶豫要怎麼跟你共度這十分鐘，我還滿想聽聽你說話的。因為我剛剛好像講了很多故事，我還滿想聽你講話的。我很願意這十分鐘全部都讓你講，如果你願意的話。

心理師：聽到你的故事，也勾起我自己的經驗，很謝謝你將最後這十分鐘交給我。我自己也不是心理背景出身的

人，從經濟系轉念心理諮商，一路上的學習確實不是太容易，過程中都會一直迷惘並且一再摸索。時常懷疑自己是一個能力足夠的心理師嗎？這個「找自己」的過程中，或是我的個案的回饋裡，都慢慢地使我成為更有力量的心理師。在這次的最後，我想鼓勵面對自己的這份勇氣。這個衝突很巨大，但我相信這蘊含著你豐厚的生命經驗，而你能作為這個生命故事的詮釋作者。

來訪者： 謝謝你的分享。

心理師： 我們就暫停在這邊。

四、對話旅程的歷程與回顧

（一）故事主題

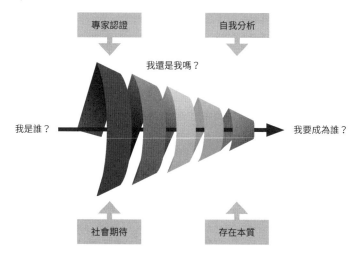

圖 2　無法迴避的人生提問

自我分析——
野生柳丁
• 自戀 ⎱
• 自卑 ⎰ 天生麗質難自棄

專家認證——黃金奇異果
• 老師與督導的評價
• 心理師執照
• 取向訓練時數

專家認證——
黃金奇異果
• 博士生的專業形象

存在本質
• 投身於生命的歷程
•being and becoming

圖 3　濃縮還原的柳丁汁，還是柳丁嗎？

（二）當天的狀態與結束後的反思

| 來訪者 |

當時是我的博班兼職實習開始的一個半月，也是敍事讀書
會第二場的諮商演練，因為對於新角色與新關係還尚未熟
悉，參與這場諮商演練時，好像重新投入一段新的冒險旅
程，不太確定我將經歷什麼？最終走向何方？我唯一可以
做的，就是沉浸在當下的經驗流，坐在來訪者的椅子上
45 分鐘說話與聽話，雖然我忍不住偷偷地想與心理師交
換椅子。這個故事本來是一個關於「孤獨」與「不一樣」

的故事，在經歷諮商對話與後續迴響團體分享之後，卻讓我感受到許多的「共感」與「連結」，故事有了新的意義與轉化，青澀苦楚中揚起笑紋，看著、聽著、想著大家討論的熱烈與歡笑，「成長」與「自我追尋」從曲折幽微的故事中穿透而出。

──│ 心理師 │──

演練開始時簡單坦露自己的心情，想著安撫頑皮的來訪者，自然地引領他進入諮商演練。來訪者用極具畫面與色彩的描述，敘說著「黃金奇異果」與「野生柳丁」的故事，象徵著新進入心理諮商學術殿堂自我定位的猶豫與矛盾。他渴望被認同，卻又害怕被同化，正如同他給自我故事的命名《天生麗質難自棄》。心理師沉浸感受困擾他的挫折，也看見他堅定不放棄的內心信念，不願追趕著既有的傳統框架，略過全然對或錯，尋找第三種可能。「他人評價」似乎覆蓋了一部分來訪者的生命故事，這樣的交疊如何影響了來訪者，也使我對來訪者故事注入了好奇。

（三）兩年後的反思

──│ 來訪者 │──

這個文本的編修，歷時（拖延）了很長一段時間，至少兩年以上，我常常在想：「『拖延』要告訴我什麼呢？」我追索在不同時刻開啟文本的感受。閱讀原初文本時，膽戰

心驚，迫不及待想刪去大半難以入目的內容，幾番討論與編修之後，淡淡的憂傷與光亮慢慢浮現。我問我自己：「當年毛毛躁躁、慌慌張張的我，到哪裡去了呢？」、「當年風風火火、洋洋灑灑的我，又到哪裡去了呢？」那一年，我送老師一顆野生柳丁；兩年後的某一天，老師無意間送我一顆黃金奇異果，我欣喜無比；又有一天，我看見老師倚在窗邊手持水果刀殺柳丁，我害怕得倒抽一口氣。我的圍城之內，水果的故事依然鮮活流轉；圍城之外則是四季更迭，花開花落，隨緣聚散。重新咀嚼故事，也重溫這段好重要的生命片段。博班旅程至今三年半了，從尋找臍帶與奶水，學習爬行、走路再到啞啞學語，我走到了這裡，你呢？

｜心理師｜

生命在不斷的經驗之中，他人的反饋逐漸形成我們對自我的概念。心理師之路走來，從最初嘗試理解心理諮商、治癒是什麼？何謂足夠好的諮商？到如今更常思考的是，我的諮商經驗保留下來的信念是什麼？該如何進入來訪者的生命，幫助來訪者調整回適應的人生道路。我瞭解到，當我明白心理諮商、心理師有其限制，才得避免妄想去滿足來訪者的所有期待。給予其全然的關注與穩定的諮商架構，運用溫暖的好奇及傾聽下的反饋，在這樣的關係互動中，來訪者看見更多的視野，並開始找尋對他最有效的調整方式。信任的關係，使我們有幸在他身邊陪伴走過這段

困難的歷程，也常常驚訝又驚喜地看見點滴的轉化。一段有效的治療，到最後常是心理師與來訪者彼此帶著滿懷感謝的心情拉下劇幕。不時地回顧文本，有著更深的看見。合作撰寫文本的經驗中，看見他更為敏銳與細緻的蛻變，「黃金奇異果」、「野生柳丁」是否還如此重要？我想，標籤的背後，他已逐漸找尋到屬於他的內涵。

（四）四人小組對話

／反映團隊：王威中、楊政銘

Q：**兩年後，來訪者還會覺得自己是來路不明的外人嗎？**

來訪者：還是會的，只是心境和以前不太一樣。以前渴望變成圈內人，期待被認可，成為自己人，現在則是覺得自己就是渾然天成的外人。主要有兩個原因：第一是知能與經驗的落差還是明顯的，這不可能短短幾年就弭平落差；第二則是這間學校的文化很重視人際連結，的確會因為沒有本科母系或人脈的連結，有時會陷入孤立。這也讓我重新思索自己所追尋的認可與接納到底是什麼？或許根本就不存在？我想我已經完成了階段性地配合他人與順應環境文化，順利完成基礎的學習走到了這裡，接下來是新的一個階段。幻滅是分化的開端，也是成長的必經歷程。我比兩年前還更具有現實感，也更接納與看見自己的優勢與劣勢，也因為學習與經驗的成長，我更有能力獨立自主，成為我

自己。回顧這幾年的跨域學習，整個歷程是非常濃縮的，讓我不禁也想問問我自己、問問大家：「濃縮還原的柳丁汁，還是柳丁嗎？我還是我嗎？」

Q： 心理師回顧文本，有沒有看見新的東西？過往是受精神分析的訓練，現在轉換到敘事治療……

A： 治療取向影響更大的是檢視歷程的角度，我只是整合這些角度到我個人。諮商本身還是圍繞在心理師與來訪者的互動、信任關係、涵容空間與治療架構。使來訪者能更自由地表達、反思，重寫生命故事。

Q： 如果換成你們是心理師，有其他的作法嗎？

A： 來訪者有使用一些譬喻，如：野生柳丁和黃金奇異果，心理師則是分享了自己的圖像，如：醜小鴨。我覺得可以接續使用來訪者的譬喻來談。我會先跟隨來訪者，然後再分享自己的想法。

A： 我會針對柳丁這個譬喻去做遊戲。柳丁與來訪者的內在感受有連結，所以可以就這個畫面做連結，如：這顆柳丁長在哪一棵樹上？這顆柳丁如果長在一棵樹上，是怎樣的樹呢？這棵樹幾歲了？這顆柳丁有明顯的特徵嗎？這顆柳丁會希望別人怎麼看它？或對待它？柳丁汁？柳丁乾？柳丁種子？

來訪者： 與大家討論完，我突然思索著，我在這段被諮商

的歷程中，會不會同時也正在努力扮演著黃金奇異果呢？所以我的表達才會如此脈絡流暢，焦點清晰。

註：

1　麥克・懷特（Michael White）與大衛・艾普斯頓（David Epston）最初、也是最重要的一本書原始書名爲《*Literate Mean to Therapeutic End*》（1989），後來改爲《*Narrative Mean to Therapeutic End*》（1990），可直譯爲《以敘事理路通達治療目的》或《以敘事方法達到治療結果》，臺灣譯本書名爲《故事・知識・權力：敘事治療的力量》（廖世德譯，2001）。本段文字取自書中第 71 頁。心靈工坊在 2018 年懷特逝世十周年發行全新修訂版，更加趨

近敘事治療核心思維。

2　　Freedman, J., & Combs, G. (1996). Narrative Therapy: The Social Construction of Preferred Realities. New York: W. W. Norton & Company. 易之新譯（2000），《敘事治療：解構並重寫生命的故事》。台北：張老師文化。

3　　曾立芳譯（2012），《敘事療法》。北京：中國輕工業出版社。引自原書第 51 頁，強調隱喻的語言，不是問「你什麼時候做惡夢？」而是問「那個噩夢是什麼時候開始的？」不是說「所以，你認為你有強迫症」，而是說「所以，你總是透過安撫的儀式，來帶給自己信心」等。也就是說，外化基本上就是一種隱喻的語言。

4　　Guterman, J. T., & Rudes, J. (2008). Social constructionism and ethics: Implications for counseling. *Counseling and Values*, 52(2): 136-144.

5　　Freedman, J., & Combs, G. (1996). *Narrative Therapy: The Social Construction of Preferred Realities*. New York: W. W. Norton & Company. 易之新譯（2000），《敘事治療：解構並重寫生命的故事》。台北：張老師文化。 改寫自原書第 22 頁，中譯書第 56 頁。

6　　Derrida, J. (1967). *L'ecriture et la difference.* 張寧譯（2004），《書寫與差異》。台北：麥田。

7　　Nietzsche, F. W. (1872). *Die Geburt der Tragodie.* E. W. Fritzsch Publisher. Trans. Shaun Whiteside (1994). *The Birth of Tragedy.* E. W London : Penguin Classic Books. 周國平譯（2005），《悲劇的誕生》。新北市：左岸文化。書中沙特（Sartre）指出三種存有狀態：「對己存有」（being-for-Itself）、「在己存有」（being-in-itself）、「為他存有」（being-for-others）。其中「為他存有」（being-for-others）也翻譯成「他覺存在」，是將他人對象化，也就是說意識到別人在觀看我們時的一種存在。作為男性，裸女在他的觀看下成為對象（object），他是觀看的主體，「我」卻變成被觀看的客體，「我」不再是一個自由的主體，而是他人的奴僕。我們因此變成一個被別人注視的對象，失去了自由。也可以說，因為有這種意識，一個人到頭來為了某種目的（如金錢、地位）犧牲己見去迎合大眾，使自己言不由衷，行不由己，終致存在的迷失，因此沙特（Sartre）說：「他人就是我的地獄。」

8　　同註 6。出自原書第 40-41 頁。

9　　Fredrickson, B. L. (2001). The role of positive emotions in positive psychology: the broaden-and-build theory of positive emotions. *American psychologist*, 56(3): 218. doi:10.1037/0003-066X.56.3.218

第二章

請你來看我的夢幻王國
打破心理師固定路線的生涯故事

隱喻是比實在更為真實的實相，
叛逆是一種慾望表達，
表達忠於自己生涯圖像的慾望。

陳劭齊、郭若蘭、黃素菲

我欲語還休、琵琶遮面似地說著我的生涯思考，既害羞又無比光榮，既擔心無人理解又實實在在是未來生涯圖像。我想成為心理學聖經的傳教士，設計各種推廣、行銷，殷殷盼盼可以讓更多人、更生活化地運用心理學。為此我成為了傳唱者，像是宣揚心理學宗派一般，四處傳達著心理學的殊勝美好。

然而這位心理師也很打趣，一邊跟著我四處遊走觀看，聽著我絮絮叨叨著各種聖經上的點滴，一邊又跟我分享著各種他的經驗，無論是他熟悉的歌曲、熟悉的電影、或是屬於他自己的故事。我們兩人就像老朋友一樣，各自說著彼此的故事。這些故事都是真心地想要分享給彼此，也能在其中感覺到真真切切的關心。

但我心裡還始終有個不甘，這段談話不單是想要分享我的王國，更在於我不知道我到底是不是走在正途？關於「正途」的擔心，是來自於我手中的聖經歌本，也就是心理學本身。在學習的途中，幾乎身邊的前輩、師長，都是殷殷期盼著我們做個專業心理師，就像是自耕農一般，默默地耕耘著專業助人的本分，但我卻滿腦子想著傳唱、想著讓更多人知道我們，而致力於行銷、宣傳。我隨時都擔心著自己失了神、忘了本，好像走上了一條歪路，會大失體統。我總是擔心害怕，如果我成為了心理師之後，卻一直做著跟諮商專業無關的事情，會落到怎麼樣的批判與攻擊？又會被怎麼樣對待？

心理師發現了我的擔心，開始很體貼、很溫柔地照顧著我的感受。然而心理師分享了自身的故事，關於正統和背叛、守舊與創新。這些故事的來來回回，我看到了心理師的支持與理解。這種感覺，其實挺好的，不再是那麼孤單、害怕，也少了點焦慮與不安。

一、兩人的獨白

｜來訪者｜

我覺得晤談這件事就像旅程一樣，我和心理師事先都無法得知會到哪裡，但我們都有個想去的地方，不過那個方向卻不一定是個清楚的所在。要跟一個沒那麼熟悉的人一起旅行，從來不是易事。有時，就只能帶著慌亂和不安，也不是很清楚到底想往哪去，就草草發出了邀請，開始這段談話。過去成長的習慣使我本能地用一種非常迂迴的方式訴說，這充分透露出我的不安。我很意外，心理師就這麼接下我這虛無縹緲的構想。我好似多了些安心，應該可以讓心理師去我那天馬行空的世界走一走，去看看我那心心念念的期盼。

｜心理師｜

對我來說，能夠有機會進入來訪者的王國，是一個很大的榮幸。那像是鄰國的王子，舉止溫和有禮，但內在卻有著

一種熱切和期待，邀請我進入這個國家，一賞地理風貌和人文歷史，還有著滋養的食物香氣不停流動著。這位王子是一個隱喻高手，讓旅程變得奇妙。每一次的諮商或心理治療，好像都是進入到不同的來訪者心中的世界，有的是城市的高樓大廈，有的是田園村落，有些是杳無人煙的荒漠……但這次，我卻進入了一個充滿隱喻的世界，而且是「王子」帶我進去的。我決定要跟隨他的步伐，進入到一個來訪者的「王國」世界。

二、對話中的重要風景

　　諮商的談話總是有著千變萬化，然而每個來訪者跟心理師的搭配，都有著截然不同的樣貌。這一個故事裡，充滿著各式各樣饒富趣味的隱喻。這些隱喻又時時緊繫著來訪者的內心真實，就像是王子／來訪者邀請著貴客／心理師來到獨一無二的國度，去探訪只屬於他的真實世界。因此，我們誠摯地邀請讀者們，在閱讀的過程裡，一起看看來訪者的心理學王國，以及與心理師共構的奇妙旅程。

　　來訪者說著他的煩躁，就像是「麵線上的香菜」，是那種類似對於不喜歡的調料所產生的煩躁感。這個隱喻表露了來訪者的焦慮、膽怯與擔心，同時來訪者想知道心理師對於「隱喻」會有什麼樣的反應，這是來訪者對於要不要跟心理師說真心話的測試，也是心理師是否願意邁入來訪者心理王國的測

試。隱喻有時過於抽象而難以理解，然而始料未及地，心理師
很順理成章地接下了來訪者的模糊與朦朧，並開始在隱喻裡譜
出更細節的樣貌。

（一）邀請函

　　來訪者開始說自己的世界，把那個一直存在於腦中的王國
攤開來，感覺到心理師是接納而開放的，允許來訪者天馬行
空、胡思亂想。來訪者的生涯願景有如一個王國一般的所在，
王國裡可以包容千奇百怪的興趣、專長，並且充滿跨界、融
合、混搭、應用，每個人都允許展現獨特的樣貌。

　　心理師覺得「進入隱喻王國是榮幸」，並視之爲邀請，而
願意跟隨，雖然不確定會被帶到哪裡去，但是心理師好奇在不
打擾的前提下，除了有跟隨的意願，也願意理解隱喻世界中的
內容與形式。

來訪者：我有一點煩惱，就是，自己是不是眞的想要當心理師？

心理師：所以，好像這件出現在生命中的事情，其實是很重要？

來訪者：重要嗎？還好，我覺得沒有到影響生活，就感覺好像
　　　　　是有些人討厭麵線上出現香菜的那種感覺，它就像那
　　　　　個香菜飄在那裡。

心理師：嗯，所以當它飄在那裡，會帶給你什麼樣的體驗或經
　　　　　驗？

來訪者：好像是覺得有點不太對，可是又不影響整體的調味。
　　　　　有一點點煩躁，不知道去哪裡，好像那個香菜的味

道，帶來了一點擔心跟茫然。

心理師：對於在邁向心理師之路的你來說，這個味道它是什麼
　　　　　時候開始出現的？你願意多說說你的擔心和茫然嗎？

來訪者：我覺得大概就是這兩個月，反而是兼職實習比較上軌
　　　　　道了，這樣的味道更明顯了。

心理師：喔喔，你怎麼看待，上了軌道了「味道」卻更加明顯
　　　　　這個部分？

來訪者：我有在想，會不會到頭來自己還是……找錯方向？

心理師：聽你說到頭來找錯了方向，就覺得裡面好像有一種好
　　　　　深、好深的感受。可以讓我多瞭解一些嗎？

來訪者：嗯，好像自己一直想要去某個地方，但是會怕繞錯路或
　　　　　是浪費時間之類的，而現實條件又不允許自己走錯路。

（二）踏進王國

　　來訪者興趣多元，在渴望的未來人生裡，他喜歡同時擁抱
很多不一樣的面貌與方向，他喜歡諮商、心理學，但不只有諮
商專業而已，他幻想把手工藝、音樂、影片製作、烹調等等，
都融入在生活、生涯、生命裡。他天馬行空地描繪對未來生
涯的春秋大夢，一個虛擬的夢幻王國，表徵他的生涯隱喻。他
想跟志同道合的朋友們，一起向大眾介紹心理學，更想要把各
種自己喜歡的事物相互融合，分享給更多感興趣的人們。他想
盡情地揮灑自己，讓生命豐富且有趣。在跟心理師的對話過程
中，逐漸化成各種具象化的期待和畫面，累積在他內心裡。

心理師像是鴨子滑水，竭盡所能地跟著來訪者，意圖是不要打擾來訪者的心理流動，也盡量用跟來訪者言語相當的話語，和隱喻成分的比率，雖然殫精竭慮，卻又像是本能或直覺。有時在一個回應或問話裡，心理師同時允許來訪者選擇隱喻或真實，而讓他的回應帶著心理師繼續往前。有幾次「落地」，卻也能再次「飄在天上」。這樣的跟隨，其實「他們兩人是彼此清楚在哪裡的」。老實說，這是很費神的經驗，就是心理師必須一邊聚精會神地跟他同在，一邊內在運作著來訪者可能的真實世界的理解。

心理師：你可以多說一些，那個「怕走錯路」的感覺，是什麼嗎？

來訪者：最近我在一個地方帶跟生涯有關的團體，我很心虛，我自己也找不到方向，還帶生涯這種主題。我曾經有想去的地方，是一個有點像自己創造的王國，那是一個很自由揮灑的世界，那邊沒有太多的規則，但所有人又會依循這一個東西去運轉，那個王國好像就是自己去打造出來的。

心理師：嗯嗯，聽起來你在心理師的領土裡，有點心虛，而心裡有自己嚮往的王國，那個王國好像是一個樂土，嗯，好像沒有太多的規則，大家在裡面……好像也滿開心的。可以介紹一下你的王國裡有什麼人？大概是什麼樣子？

來訪者：我的王國……會有各種可以揮灑的空間，我們有一群

夥伴，會帶著很多人去看見這個世界，去看見很多不可思議的地方，帶著很多人去參觀這個充滿無限可能的世界。嗯，對，我也覺得那邊是開心的，又可以過日子，不用去煩惱太多事情的地方吧！

心理師：那個王國在你的生命裡，是怎樣出現的？你說有一群夥伴，會是怎麼在生命中與你相遇？

來訪者：好像是在我學心理學的最開始……就接觸心理學到現在，我對心理學的相信吧！這個王國在傳唱這個世界多美好，我好像是傳唱的核心吧！如果我唱的真的是一個美好的事物，有興趣的人們自然會受到吸引，不需要壯烈革命，不需要搖旗吶喊。我感覺要搭建這個王國的話，好像……心理師的專業，不是核心的重點。

心理師：你的王國，從學心理學開始；但是你又說心理師的專業，不是核心的重點。那核心是什麼？

來訪者：核心就是我們有一些同伴，我們都相信王國的世界裡有無限可能，值得去被外面的人們發現。我們熱衷於想要把這邊的事情，給其他人看見。

敘事開箱：運用隱喻

敘事的隱喻會引導我們思考生命經驗，以更具有個人意涵的方式思考、體驗生活，並以此展開治療的對話，麥克·懷特（Michael White, 1990）[1] 認為敘事隱喻的優點在

於將故事看成由時間延伸的地圖，會使人們的世界觀產生巨幅的改變。讓故事透由隱喻傳達，有時候反而讓聆聽者更加清楚敘說者的意思，也多一些戲劇效果。隱喻是敘事治療的一個常用概念與技巧。

隱喻不是一個特殊的諮商技術或方式，而是一種溝通媒介，將經驗與問題困擾轉成「故事」，成為有意義與治療性的內容。隱喻是獨特與寶貴的素材，可以促發故事主人在不同時空裡產生對話，更添加豐厚故事的重要元素、情節與線索。多元文化一直是敘事所關切的議題，而故事主人使用的隱喻也是其價值觀的呈現，從隱喻故事裡可以覺察我們與對方分別所處的文化位置。

（三）心理師以來訪者為中心，但仍具有的影響力

來訪者喜歡心理學，也尊崇著心理學的知識，也為此踏上成為心理師的修練。他歷經念研究所、實習、被督導，不斷向身邊的親朋好友介紹諮商的意義，到處說著心理學的美好。但是，來訪者不想要被科班訓練綁住、不想要被學院式訓練限制，他想要創造出自己的心理學運作的獨特方式，渴望脫離傳統心理師的生涯老路徑，想要跨界融合。他希望組成一個心理師團隊，共同歌詠著以「心理學奉為聖經」而撰寫出來的歌本。就像傳教士一般，四處地傳唱著心理學聖經的故事，讓更多人知曉心理學王國裡的各種美好，自由、彈性、又包羅萬

象，綿延至各種生活層面。他將傳佈心理學聖經當作自身的使命，天花亂墜地說著神奇的心理學王國，肩負使命地幻想著心理學聖經，將如何引導更多人在生命路途上前行。

心理師多數要關注在來訪者身上，但在這一次的談話裡，心理師很真實地展現自己的聯想與感受，心理師分享他的歌曲心理意象。突然之間角色交換，變成心理師說、來訪者聽，來訪者暫時離開了原本的思考脈絡，去到心理師的心中意象，拉開之後，來訪者減少了執著與深陷感。這是兩個沒有角色面具的雙方，真真切切地交談，展開一個共同的旅程。心理師帶著開放與好奇，跟著來訪者去到一個沒有去過的地方，彷彿有個猜測的王國圖像，在互動的過程中，王國的面貌逐漸清晰。來訪者慷慨分享，心理師覺得是一種榮幸。

心理師：我只想跟你說，我問的任何問題，你都可以決定你要不要回答。如果你覺得我問這個怪怪的，你可以把我的問題丟在旁邊，你就去講你更想講的⋯⋯我自己是一個新時代取向的治療師，我一直相信，好像會相信那個王國的人，他自己的王國就會來到。所以當你剛剛那樣講的時候，好像就是很自然而然，我就有一種被打到，想說「是」。那我好奇，這個王國跟非王國之間，有什麼樣的流動或者是⋯⋯有界線截然二分的嗎？

來訪者：好，這個王國沒有一個明確的、真實的存在，它不一定要像以前公民課本講的什麼領土、主權那些東西。就好像⋯⋯大家只要有想法，就可以撐起這個地方、

運作，王國就會存在。

心理師：我想要分享剛剛聽你那一段的時候，我心裡跑出來我小學的時候學過一條叫〈古老的甜歌〉，它的歌詞就是：「古老的甜歌，爲人所遺忘。夜幕正開始，往大地下降，快樂的天使在空中鳴唱。愛把古老的甜歌輕輕唱，幽暗中生出一線光芒，向我們夢中頻頻搖晃。生命的路還沒盡以前，始終是愛的歌聲最嘹亮。」當你說他沒有藩籬，會覺得還滿感動的，好像……你內在有這個渴望，那也許就是你想打造的未來世界，是嗎？

來訪者：嗯，剛才聽那些歌詞，我腦中也有一個畫面，就是好像我們是一群在草地上的花精靈之類的，大家會圍著一圈開始唱歌，然後那邊就會有像極光之類的東西開始律動。

心理師：你用精靈，精靈讓我會感覺到其實它們有魔法，它們可以穿越、突破很多。嗯，精靈，你怎麼看精靈的啊？

來訪者：精靈？……好像也就是會有魔法，會一些很不一樣的巧思……的生物。

心理師：這會是一個怎麼樣的地方？你又如何去創造出這樣的地方？

來訪者：在這個王國裡，又七彩、又夢幻，大家又非常開心，大家一起創造。王國裡有精靈、有魔法，可以穿越、突破很多困難、障礙。

敘事開箱：語言就是主體的展現

意義不是語言的客觀定義，高達美（Gadamer, 1975）認為意義經過「對話」而產生，語言用來傳達想法、情緒與生命歷史。高達美[2]把人對語言的瞭解與對語言意義的掌握，建立在「交談」的範式上來思考，無論是欣賞藝術、閱讀、看劇……都包含了某種交談。沒有人能操縱一次真正的交談，因為在真正的交談中，沒有人能操縱意義的浮顯。在真正的交談中，你不再只是你，我不再只是我，而是共同體驗到真理透過交談而顯露。真正的交談中，人隨時準備好要捨棄自我、放棄成見，讓真理在交談中開顯出來。雙方可以隨時超越各自的主體性，而且沒有要一定非要堅持不可的固定論題。

敘事治療探究、發現與建構替代故事，找出新的可能方式，並得以展現生命故事的新面貌。人們透過敘說，創造與建構屬於他們的生活經驗，也因為對話，重新生產出更貼近對自身經驗的知識。呂格爾[3]的《敘事與時間》強調敘事不僅是「說了什麼」以故事表露出「涵意」，它也是「關於什麼」指向超越自身之外的「指涉」，進一步將語言與世界連結起來。就呂格爾[4]的觀點，敘事之「涵意」體現在結構面上，也就是情節佈局上；至於其「指涉」，則與隱於其後之敘事者的先在理解，及其所指向的世界或存在的可能性相關聯，也就是說，「把經驗表白為語言」

涉及了「指涉」之存有學條件。就此，敘說可以代表一種主體展現與自我存在，不管性別、種族、文化、階級，語言讓人們所活的世界得以展現與開放。故而，當心理師想要瞭解故事主人「此時」的狀態時，捕獲語言臨在性便是到達「此時」的存有。

「關於影響力」與「釋放權力」。心理師試著讓來訪者把持話語權、方向權，以免來訪者太過依循心理師的提問，而忽略他自己的軸線。同時，心理師仍懷著發揮深刻的影響力的心意，並希望這個影響力是發揮在來訪者「真正想討論」的方向上，也就是立基於對來訪者有助益的共同創作的價值。例如：「好像……你內在有這個渴望，那也許就是你想打造的未來世界」，心理師用「好像」這詞，釋放「選擇權」給來訪者，並降低強制感。有時心理師會先描繪出意象：「你用精靈，精靈讓我會感覺到其實它們有魔法……精靈，你怎麼看精靈的啊？」一種「衝動性」的影響力，然後開放聽來訪者說，如果這是來訪者本就心中已有、但沒說出的，就會形成新的敘說意義。用「好像」、「你可以講你更想講的，可以把我的問題丟在旁邊」這一類的說法，更釋放專家權力、更促進對話、更珍視對方。

（四）聚焦

　　需要聚焦，正因爲曾有過分岔。來訪者因爲擔心自己會離經叛道，所以把故事說得十分隱晦而蜿蜒，充滿隱喻的虛幻，一直在空中飄浮無法落地，在天上和地下兩邊走，有時心理師還跟著一起起飛，例如，來訪者被拉到必須回答什麼是精靈：「精靈？……好像也就是會有魔法，會一些很不一樣的巧思……的生物！」確實需要聚焦。

　　「以來訪者爲中心」的影響力意思是，心理師必須不斷地設法落地回到來訪者的軸線。心理師自己出現內在的想望，就會哇啦哇啦先說了，然後說到一半，突然間會想：「欸！這是我的，那他呢？」那時就會趕快回到來訪者之前的話，然後又即時叩連回來他，「現在這個生活讓你覺得……？這兩個月實習下來，讓你懷疑……心理師眞的是你要走的路嗎？你會想到什麼？」好像兩人在共同譜曲，要很小心，才不會誤失來訪者想談的方向。旅途中，心理師用有意圖的問話，積極參與了來訪者故事的改寫過程，他也體驗到「共同創造」的開心和他對王子的王國可能產生的影響力。

心理師：嗯，是……我不知道我會不會太快，我有點想邀請你，王國有精靈、有魔法，這個王國在你的心中、在你的眼前，你可以從這個王國看出去，你看到，現在這個生活讓你覺得……？這兩個月實習下來，讓你懷疑……心理師眞的是你要走的路嗎？你會想到什麼？

來訪者：好像會有一種……不守本分的感覺。

心理師：喔喔，怎麼說不守本分？

來訪者：因為感覺要搭建這個王國的話，好像……心理師的專業，就不會是重點。

心理師：喔，不守本分，然後心理師專業不是重點，那什麼會是重點呢？

來訪者：好像心理師訓練有一套規矩，不能違背規定。不遵守規定就是不守本分啊！重點是，王國主要的是要對外傳唱……

心理師：嗯，是傳唱，好像是一種……並不費力，不是用大力疾呼、不是用奮力奔走，你是用傳唱。我很好奇，心理師的角色，會怎樣幫助你傳唱？

敘事開箱：沒有標準程序的 SOP

後現代心理治療觀支持多元觀點、差異變化與細緻複雜，相信人們的觀感是高度主觀，敘事治療的基本位置是質疑客觀的理性，也挑戰依憑客觀觀察去推論事物的因果解釋。[5] 所以故事主人可以選擇在充滿異質的世界裡，隨著主觀意志，自由敘說與書寫生命故事，沒有對錯好壞，或正確與否。因此，也沒有一套固定的治療框架方法，更不會有標準程序的 SOP，可以用在所有的治療案例中。敘事心理師深信保持一個「不知道」的態度是很重要的，帶著尊重好奇，盡量不將主觀臆測與成見放在故事主人身

上，所以故事裡的每一句話都可能閃亮、有意義，也是開啟新故事的轉折點。

心理師過癮地看著有如心理學王國的王子的國度內的種種，在不甚清晰的畫面中，用隱喻的話語得到更生動的畫面。隱喻的魔力在於，它讓心理師似乎可以「看到、聞到、聽到」故事裡的種種樣貌，來訪者後來也表達「隱喻真的很省口舌」。心理師過往學習隱喻療癒的經驗，讓他在跟王子互動時，也有著一種信心：隱喻像是在潛意識的層次上運作，可能獲致更深、更巨大的內在改變力量，而且容易避過意識的理性批判。

（五）相信

來訪者話說得頗為晦澀，心理師也能跟著一起用晦澀的隱喻對話。對話中不難看見，當來訪者接觸著行銷宣傳的設計時，感受到的新奇與趣味，讓他對行銷工作燃起了好奇。心理師也讓他發現了他自己平常沒有注意到的樣貌，原來他內在裡是抱持著某種承諾、某種價值，也找到認可的聖經。生涯認同在表面上總是以「好與壞」、「對與錯」來浮現，其實是顯現出「已經走在成為心理師的路上」的更深刻的掙扎：這時轉換跑道，似乎顯得險峻而窄迫？

來訪者：嗯，好像自己學了心理學這些年，我相信自己的付出是有價值的，應該要被奉為圭臬，就變成了一種⋯⋯

對自己的一種承諾，還是相信嗎？

心理師：那個「相信」是什麼？你要不要多說一點那個「相信」？

來訪者：「相信」是什麼？好像自己也該找到一本聖經吧！找到一本自己也認可的聖經。

心理師：喔，你說承諾、相信，你的付出有價值，那在這個你認可的聖經裡，你自己的承諾是什麼？你擁護怎樣的價值？

來訪者：自己花了不少時間、也花了不少精力，應該是要有價值。我希望能創造出……如果可以搭建出這個王國，心理學會是歌本的聖經。

心理師：所以，你的付出有價值，是很重要的事情？

來訪者：學這麼久的心理學，付出這麼多，心理學應該是圭臬，應該是核心價值吧！

心理師：這個核心價值，或是你自己的聖經，或是你的王國，感覺不只是單純的心理學，你覺得還有什麼呢？

來訪者：好像也沒有一定的限制，裡面會有……像是一些有趣的手工藝啦！繪畫、音樂，或是美食、烘焙、餐點之類的，這些多元化的東西，都會出現在裡面，只要是跟生活、心理有關，能撫慰人心的、讓人感到開心的……就是各種跨界、拼貼、延展等等。

心理師：聽起來有變化、很豐富，而且滿滋養，這些元素感覺好像是你所重視或喜歡的東西？那你需要具備什麼樣的能力？

來訪者：對，都是我喜歡的、很滋養的元素啦！嗯，我剛才想到，好像我去傳唱，也是會跟現實結合，要去做推廣啦、行銷企劃這些東西。

心理師：所以滿有意思，這個傳唱也跟實際接軌。有行銷、有企劃，這些也是你現在會思考的東西嗎？可以讓我多聽你說一些嗎？

來訪者：就是因爲遇到這些，才會思考自己是否這麼喜歡助人工作、諮商這件事情。就是實習地方要多做一些實習推廣的東西，半強迫狀態接觸。就好像開啓異世界大門，怕自己回不來了。

心理師：你的意思是說，你發現你自己，比起心理諮商，你更有興趣去做心理健康推廣、行銷？

來訪者：對啊！怕自己回不到心理師的承諾。如果我回不來的話，那我眞的還是個心理師嗎？

心理師：那個對自己相信的你，會怎麼跟這個進到異世界大門的你，說些什麼？我好奇，這些行銷規劃會不會帶你走了一條不一樣的路？傳唱、心理學、王國……這之間到底有什麼關聯？

來訪者：當我意識到時，我拿著的就已經是心理學這本聖經了，丟不掉心理學這本聖經啊！這是一直以來引導自己的東西，如果放下，會感覺不太安全。

心理師：所以，開啓異世界大門，讓你的世界更寬廣、更豐富了？

來訪者：如果我要做傳唱這件事，可能……需要一些轉化，可

傳統職場生涯觀 V.S. 非典型雇用生涯觀
產業結構變遷，網路科技發展，職涯概念解構

傳統職場生涯觀	非典型雇用生涯觀
找到一份好工作，可以安穩過一生	找到一份好工作，只是多職生涯的起點
鎖定職場晉升、加薪	環顧生涯的可能性（生涯探索）
追求穩定、生活保障、家庭責任、社會聲望	追求個人渴望、自我價值、生命意義、滿足想要的生活型態
配合組織的工作框架（朝九晚五）	彈性的工作框架（任務取向）
一技在身，一門專業、專精、深入、單一性，術業有專攻、隔行如隔山	跨專業合作、跨領域整合，轉化、創新、多樣性、多元生涯路徑，累積生涯資產
線性，組織內可依循的發展性	非線性，無中生有的開創性
組織忠誠度、組織生產力提升、績效導向	個人適應力、個人知識與技能交換、學習導向、價值驅動（value driven）
正職員工、編制內員工、組織內發展	約聘人員、部分工時、契約工、臨時工、外包工、自我雇用工作者、多樣工作者
體制化生涯思維	個人自我整合的生涯

表一

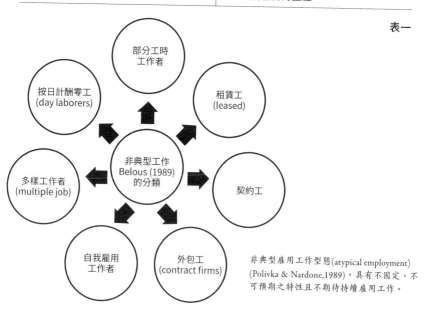

非典型雇用工作型態(atypical employment)
(Polivka & Nardone,1989)，具有不固定、不可預期之特性且不期待持續雇用工作。

是目前可以找到的歌本，就是心理學。但好像這歌本裡面引導我們去做的事情，是別的方向，又不是我說的傳唱。

心理師：那這心理學歌本裡面引導的事情，會是什麼？

來訪者：那是，好像小房間裡的自耕農。

敘事開箱：敘事治療是共寫渴望故事的過程

這裡出現「忽略感覺 vs 不放棄的共同創造」：「描繪渴望故事」，心理師沒有去「處理」來訪者的問題故事——「怕自己回不到心理師的承諾」的害怕，轉而去開啟渴望故事——「那個對自己相信的你，會怎麼跟這個進到異世界大門的你，說些什麼？」的相信，以調動來訪者自身的在地知識力量。

共同創造讓我（本文心理師）這個後現代取向的心理師，心中常懷想著我的老師席拉·邁可納米（Shila McNamee, 1991）[6] 提倡的「關係中的倫理」中所說的：「我們一起在創造什麼？」、「我們是如何創造的？」、「我們怎麼一起，讓它更好？」那像是，有一點的新的擴展，到王子也許心中有、但還沒去過得地方，在我們的旅途中，共同看到了這個新地標，我很幸運也見證著這樣的他和新的里程碑。

旅途後，我（心理師）曾有過一段不安心的時光，感受

到沒有妥善接住王子的害怕和擔心的情緒，然而，這部分的反思和不安，在素菲老師後續團體中，有了一個解套的機會。素菲老師提到，敘事不會只聚焦在感受，比較更會著重經驗。那個經驗的言說，是主角所熟悉的；以及，未曾言說，而在邀請中有機會碰觸的另外一面。

（六）使命

　　來訪者對於一般心理師侷限於傳統的一對一專業諮商的生涯路徑，不感興趣，又覺人微言輕，不敢造次，既擔心離經叛道，又害怕遭受批判。其實，從後現代生涯的特徵，[7] 後工業社會發展階段、非典型雇用工作模式（atypical employment），多重潛能者工作型態，[8] 以及斜槓生涯（slash career）[9]、零工經濟（gig economy）[10]、生涯召喚（career calling）[11] 和烏卡（VUCA）[12]、多變化生涯（portean career）[13] 時代的來臨等等，都說明了傳統的「標準化生活模式」（standardize life model）[14] 已經式微，生涯模式已經步入後現代的多元化生涯面貌。換句話說，「使命」不再是背負歷史的「史命」，也不是無法逃脫的「宿命」；「使命」應該是「使人的生命發光的行動」，或是「轉化心理能量使你完成今生召喚」。

心理師：好像心理師待在小房間，耕耘著我們自己才理解的美好，外界並不知道。我好奇，當你把小房間裡的自耕

農，跟你的王國放在一塊，會是怎樣的景象？

來訪者：覺得好可惜，這也是王國中美好一部分，爲什麼不流傳出去？忽然覺得我好像是牧師，要去傳唱、宣教……

心理師：我內在很多聲音。有一個聲音會說，好像小房間自耕農農法也可以傳唱出去，只是要遵守某些規範。或是，把改良的農耕法推廣出去？所以好奇，你會怎樣讓自耕農和傳唱可以接軌，擴展嗎？

來訪者：我好想要把農產品拿出去賣，告訴別人這東西的美好之處。剛才有感覺，如果沒有把東西傳出去，即便美好，也沒有流動出去、沒人得福。

心理師：讓我感覺到你……內在好像有一個渴望、使命、熱忱嗎？

來訪者：剛才你講到使命，我心情有點複雜，老師以前說靈性目標，好像是呼召之類的……我永遠沒搞懂這事情！此刻，覺得搞不好眞的有使命這件事情！

心理師：你以前懷疑它，有怪怪的感覺，剛才再聽到，你覺得有什麼不一樣？

來訪者：好像這個東西是有可能的，以前把它否定掉了，但好像它有可能出現的……是，有可能出現的。

心理師：如果用你自己的話，如果流出去，那是什麼？有一種熱力？很想聽你說那是什麼？

來訪者：我突然找不到形容。

心理師：你找到好的農產品，讓它流出去，讓更多人……

來訪者：流出去感覺，真的不知道怎麼形容。

心理師：你找到好多的農產品，你不讓它侷限在這個王國裡，讓它流出去，讓更多世界可以看到這些農產品。去散佈美好音符、美好的旋律，真的很像傳教士。

來訪者：但把它們流出去感覺，一下不知道怎麼形容。去散佈美好音符，現在覺得自己真的很像傳教士，把美好旋律散出去、帶出去。突然我現在覺得心情有點複雜。我對宗教存疑，現在卻形容自己是傳教士，感覺有點複雜……

心理師：我好奇你跟他們不一樣的地方在哪裡？你認同的是什麼？不認同的地方在哪裡？什麼是跟他們不一樣的地方？

來訪者：不一樣的地方，就是「你不吃也罷！」沒有強迫別人要怎樣！

心理師：那個不吃也罷！我先體會到一種豪氣，然後感受到一種允許，是那種帶著豪氣的空間。

敘事開箱：後現代的共同創造

　　這段對話是以「隱而未現的問話」來發揮心理師的「影響力」。在心理師聆聽中感受到來訪者「隱而未現」的一種流動的渴望和某種神聖的力量——是使命，於是很希望能多聽聽關於渴望和使命的一切。運用「好像」作為一種

輕柔的「影響力」，帶出了心理師不確定是否存在的「使命」，卻很幸運和來訪者內在的「呼召、使命」接軌上。

心理師試著貼近來訪者而不跳躍太快，例如：「你以前懷疑它，有怪怪的感覺，剛才再聽到，你覺得有什麼不一樣？」持續聆聽來訪者言語、聲調或心中有的亮點，如「熱力」、「農產品」；放大跟主流故事的差異性，例如：「好像有些什麼不太一樣了」、「你不讓它受限在這個王國裡」。最終當來訪者說出「去散佈美好音符，現在覺得自己真的很像傳教士，把美好旋律散出去、帶出去」時，心理師也感受到故事中無比的雀躍。感覺使命所帶有的神聖力量，再次出現！

三、尾聲：真正的動機

來訪者在前面五分之四的過程，都太過於含蓄、迂迴，讓他沒有辦法清楚表達自己的害怕。來訪者一方面花費很大的勇氣，決定要說出他的擔心和焦慮；另一方面他自己在阻撓著自己說話。才體會到原來身為一個來訪者，要表達自己長久被壓抑的焦慮、害怕，是這麼困難的事情。

這是「忽略感覺 vs 不放棄的共同創造」之二：「豐厚替代故事」。心理師暫時沒有迎接來訪者的感受，而去接壤後現代強調完整的現象經驗場，以便重構故事。心理師不只要聆聽

來訪者說出的經驗，還要去好奇沒有說的，也要探索經驗的反面，一起去荒疏的那一面、沒去過的地方。隱而未現的問話：「如果有一個相反，那是什麼？那會是……？」心理師在對話中試著挑出一種內在相反的力量。

心理師： 剛才你說到某一段，你說把好的農產品流出去時，我心裡有 born free、生而自由的意象，有點感動。但我告訴自己，這是「我的」；我要先聽「你的」，我聽到的你是完全不一樣的傳教士，會眾可以自由選擇買不買單。我的分享可能不是你內在有的，可是我還是覺得我想要跟你公開或透明。我也好奇，你聽了有任何想法？想回應或就把它丟了？記得不用照顧我。這談話是因為有你，我很開心。

來訪者： 只是還是有點擔心，我本來應該照著聖經，就當個自耕農。有一種打破，破戒嗎？好像沒有照著原有的走，變成好像自己沒有遵循聖經，或是十誡之類。

心理師： 當你不遵循十誡，那會是怎樣的景象？

來訪者： 好像就是會擔心，這樣離經叛道，會不會變成過街老鼠？

心理師： 最糟狀況會怎樣？你覺得？

來訪者： 每個人都拿石頭砸過街老鼠。

心理師： 這麼多人都拿石頭砸，那過街老鼠會如何？

來訪者： 就被壓得扁扁，踢得滿身是傷，摔到陰溝裡，了殘餘生。

心理師：若真的有可能發生，王國會有什麼樣不一樣的力量或支持？也許有，也許沒有？傳教士就此被打死，或這個王國就被滅亡？人們內在再也追尋不到這個傳唱的王國，就此滅絕？

來訪者：好像也不會滅絕。就在那邊，只是不被人們意識到它的存在。

心理師：而你會在哪裡？會在陰溝裡？

來訪者：就準備去喝孟婆湯。

心理師：我不知道會有點像或不像？其實我把自己定位成另類心理師。我做一拖拉庫怪力亂神，我最該擔心證照被吊銷，永久被踢出心理師圈子。今年有一刻，類似逼近死亡經驗裡，如果我真的被踢出心理師圈外，那我這個人是什麼？開始面對這樣的事情，對我來說，完全不是滅絕，是一個新的經驗，好像有一種置之死地而後生的感覺。當你說到喝孟婆湯，我其實也會很好奇，摔到陰溝裡，對你來說是什麼？我想，也許任何你想說的，也許我們談話停在你想說的說完之後。但我感覺那個對話，也許在我心中，也在你心中，會持續下去。

來訪者：剛才聽完那段，覺得好像你也要變成過街老鼠？剛才聽到置之死地而後生——後生！所以，感覺也還是會再活過來。

敘事開箱：語言有顯露性，也有遮蔽性

海德格的「說出」有三個意義，[15] 其中之一是「賦予謂詞」。例如：「這張桌子是長方形的。」句子中的「長方形」是「桌子」的謂詞。一旦說出，整體會隨著所指出的意義而窄化了。也就是說，語言既有顯露性，也同時具有遮蔽性。敘事治療的「隱而未顯」的問話，其實是啟迪於海德格，要讓所指的東西從自身被看見。

海德格也強調「在於溝通共同境遇感和共同理解」，在人與他人的共在中，透過溝通使別人達到對彼此的共同境域感與共同理解的掌握。就此，心理師作為進入來訪者經驗世界的共同建構者，也要保有「境遇感」。[16] 那就是說：心理師對於來訪者經驗世界的現象，不僅要排除任何價值判斷，同時也要撤去預設的原因、背景有關的常識認定。現象之最曖昧的成分會以極豐富多樣的方式顯現，而且也會顯現出更細緻的明暗和濃淡。最終，該現象在以往未受注意的紋理也會變得更為明顯。

四、反思與迴響

| 心理師 |

我之前沒有告訴過來訪者，我是一個內在感官會自動啟動心電感應的人。我的心電感應最常運用的管道就是內在的

歌曲，其他會出現的心電感應管道，還包括了身體感受、情緒、內在的話語、影像、以及一種直接的知曉。來訪者回應我〈古老甜歌〉之後的「花精靈」畫面，讓我覺得驚喜。而在撰寫的這個當下，則是一種感動。有一種「我何其有幸，可以有你的敞開心胸的參與」的悸動。

在素菲老師「後現代」諮商場子的氛圍之下，我採用的方式是把來自直覺的訊息，用像是後現代取向的「迴響團隊」一般的方式說出來，也可以說是一種內在感官做見證。這種內在感官，來自彼此心靈之間的連結而存在，但也可能是治療師沒覺察的投射。為了減少失真甚至謬誤，因此，心理師依據迴響團隊方式，留下空間讓來訪者的回應，來共同決定下一步的方向。

在打出逐字稿後，我都會有種擔心，我是否忽略了來訪者的感覺：害怕、擔心，不去多貼近這些負向感受，貌似溫和卻強力想把他帶入到另外的方向？

訪問後的討論，來訪者和我重新寫幾個改寫，其中我最喜歡下面這個改寫，既能跟來訪者國度的內容相合，而又帶出來訪者內在的力量，這會是更好的嘗試啊！

來訪者：還是有點擔心，本來應該照著聖經當自耕農，有一種破戒嗎？好像沒有照著原有路線走，好像自己沒有在遵循聖經、十誡之類。

心理師：如果你的王國壯大到有一本像聖經、或比聖經還吸引人們的歌本，我好奇，那時候聖經的十誡，

你會怎麼看待呢？

來訪者：那時候，兵強馬壯，我就沒什麼好怕的了。

| 來訪者 |

這場對話讓我看到使命這件事。我覺得有機會看到「使命」，對我是非常特別的事情。我常常在摸索我的生命裡到底都在遭遇些什麼，我常常覺得自己好像遇見了很多很多光怪陸離的事情，這些光怪陸離的事情，後來好像全部又匯集在一起。

冥冥之中我被召喚著，那就是使命嗎？傳唱真的就是我的使命嗎？生命就會帶著我成為傳唱的歌頌者嗎？

即便是事隔多月之後再看這一段，我還是覺得我依然受著使命這件事情影響。我仍然是個熱情的歌頌者，我仍然不停地四處傳唱我手中的聖經，而且更加放肆地投入其中。

五、兩人的事後再相會

　　距離晤談相隔數月，心理師和來訪者再度有機會討論當初的各種歷程。他們只有當初那短短的一次對話機會，後續再沒有針對當初的談話裡的事件做更深入的探討，而只是多針對那時的所作所為所思進行思考與反芻。有趣的是，即便如此，這些事情卻好像各自發酵，各自長出了一些不一樣的事物。

1. 傳唱者的後路

距離談話已半年有餘,我就開始把當初在晤談裡對於王國的信念與堅持,看得更重,但也同時抓得更輕。這好似兩件聽來矛盾的事,明明看得更重,怎麼會反而抓得更輕呢?但這說來有趣,當我越發地重視心理學對我的啟發與引導,我就越感覺心理學控制不了我。那時晤談裡,曾經談及那些對於這本「聖經」的那些忠誠與背叛,已經不會深深地困著我,而是我知道那是我最信賴的依靠,我可以把它好好地放在我的書桌上,在我每天晨昏定省的時候去閱讀它、歌頌它,但其他時候我仍然享受著我的生活,讓它成為我的靠山,而不是限制我行動的枷鎖。

特別是時至今日,即便心理學仍是我的心中首選,但我也很清楚,我的未來也不一定非要賴著它蹭飯吃不可。會想成為心理師,卻也沒有非要心理師不可。心理學於我,是我生命裡面重要的一環,但不會是全部。

如今的當下,我正在最重要的實習階段,我一邊享受著對心理學的鑽研與學習,但一邊又嘗試著行銷宣傳的新大陸。當然也是各種契合下,我來到一間很需要思考宣傳跟行銷的機構,這裡有許多的活動跟課程都是靠著創意與挑戰來向人們宣傳,就好像我之前心心念念的傳唱,這裡有著很多很多的機會讓我再重視心理學給我的醍醐灌頂,同時,又有機會練習我傳唱的功夫。

2. 生命的指引

在跟這位心理師認識之前，我的人生是不太相信什麼命運或是使命之類的事物，好像就是一個認分的人，我知道的只有理性世界的光輝，也就是我就乖乖地做事，好好地依循著前輩們的指導，就可以獲得一個平穩的人生。

然而這一次對話，很奇妙的感受是，漸漸好像理解到一件很特別的事情：如果開始接受自己各種樣貌之後，生命會開始活用各方面的長處，讓自己被導向更多可以運用自身能耐的所在。

自從那次談話之後，我漸漸地開始把一度想要扼殺的創意等等拿出來好好檢視，給它們一點可以發揮的空間。那些我其實很熟悉的創造本能，會很主動地找到適合的地方，展現屬於它們的本能。在我跟自己生命交流的道路上，我很明顯地感受到自己因為這樣的機緣，開始跟自己的生命有著更多的接觸，從原本的緊繃、焦慮，會越來越自在地接觸各種生命的樣貌，也跟自己的害怕、擔心更自在地相處，不會再閃躲自己的情緒感受。

對我而言，各種隱喻的創造、情境的體悟仍然是生命裡充滿著啟發與力量的一部分；但更開心的是，我不再需要用隱喻，隱藏我的緊張跟害怕，而是更加展現自己的生命與豐沛的感官體驗。

｜心理師｜

半年之後，我發現從逐字稿看到自己訪問來訪者的每句問

話後面的意圖和呈現的清晰，超過過去對自身諮商專業的評估，是有著欣喜的，像是居然自動化地落實一些後現代的理念；也因為有逐字稿的存在，而能對自身反思。後續透過素菲老師督導，以及撰寫跟來訪者的討論，更有一種發酵之後的清楚和更深入的看到，例如：心理師如何發揮影響力？又如：後現代不只重視感覺，也重視現象場的經驗。

我也自問：清楚是如何出來的？

是因為書寫出來逐字稿，讓對話成為「他者」，而能更清晰地看著這些對話？或是，兩人相逢，討論後的再次激盪？因後續時間空間的醞釀，而有了更多的發展帶來的理解？

我們兩人都同意的是：當兩人一起討論，功效比獨自一人大很多。我們雙方的特質都影響著後續的發酵。或許這樣的重逢，還會讓對話又開啟新的未來性，繼續在彼此的生活和專業上，愈陳愈香，愈清晰。

1　Michael White 與 David Epston 最初、也是最重要的一本書，原始書名為《Literate Mean To Therapeutic End》（1989），後來改為《Narrative Mean To Therapeutic End》（1990），可直譯為《以敘事理路通達治療目的》或《以敘事方法達到治療結果》，台灣譯本書名為《故事‧知識‧權力：敘事治療的力量》（廖世德譯，2001，台北：心靈工坊），可惜失去原書名的巧趣。心靈工坊在 2018 年 White 逝世十周年發行全新修訂版，更加趨近敘事治療核心思維。

2　高達美在《真理與方法》中以「交談」作為範式，他認為人在讀歷史作品之時，與作品最適當的關係是對話，因此他以「交談」作為討論意義的範式。海德格以存在解析作為詮釋的範式，高達美以交談作為浮顯真理的範式，呂格爾以文本詮釋作為開顯存有的範式，也就是經由書寫的符號而固定言說為其範式。陳榮華（2011），《高達美詮釋學：真理與方法導讀》。三民書局。

　　Gadame., H.G. (1975). Wahrheit und Methode: Grundzüge einer philosophischen Hermeneutik, 5th edn, Weinsheimer, J. and Marshall, D.G. (1989.) Truth and Method, 2nd rev. edn. New York: Crossroad. (1st English edn, 1975, trans. by W, Glen-Doepel, ed. by John Cumming and Garret Barden).

3　呂格爾說：「吾人可能意指言說些『什麼』（what），或言說之『關於什麼』（about what），此中『什麼』為其涵意，『關於什麼』即其指涉。」「交談」具有當下臨在性，而「文本」則是符號固定化的結果，會產生距離。文本已成文字，意義已經因著書寫而異化，有些東西無法完全付諸交談，文本成為固定符號之後的沉澱，會抵抗讀者把它還原為一種交談關係。呂格爾的詮釋學的任務就在於還原文本為交談，並捕獲親臨感與臨在性。

4　Paul Ricoeur (1913-2005 年) 是法國哲學家，以結合現象描述與詮釋學而知名。因此，他的思想與其他主要的詮釋現象學家海德格（Martin Heidegger）、伽達默爾（Hans-Georg Gadamer）和馬塞爾（Gabriel Marcel）屬於同一傳統。

5　黃素菲（2018），《敘事治療的精神與實踐》。台北：心靈工坊。摘述於第二章，第 110-118 頁。

6　McNamee. S, and Gergen, K.J. (1991). Therapy As Social Construction. Thousand Oaks, California: Sage. 宋文里譯（2017），《翻轉與重建：心理治療與社會建構》。台北：心靈工坊。

7　黃素菲（2016），〈後現代的幸福生涯觀：變與不變的生涯理論與生涯諮商之整合模型〉。教育實踐與研究，第 29 卷第 2 期：頁 137-172。其中論及後現代生涯呈現三個特徵：1. 二十一世紀社會的生涯是應變之學，風險社會的不確定性，引發新興成人群的春季危機，年輕人延後進入成人階段；2. 多元生涯類型與風貌的時代，已取代過去集體敘事的生涯路徑；3. 幸福生涯注重獲致主觀的滿意感，而非追求成功。

8　多重潛能者工作型態，有四種類型：1. 集體擁抱模式（Group Hug Approach）：在同一份工作上，切換不同領域，整合多種長才，研發、行銷、人資等；2. 斜槓模式（Slash Approach）：從事兩份不同領域有收入之專業工作；3. 愛因斯坦模式（Einstein Approach）：Holland 碼六碼都高，Gardner 九種智慧分數皆高者。收入來自主職，其他領域事業無償；4. 浴火鳳凰模式（Phoenix Approach）：經歷多次不同領域的全新生涯轉換，有強烈次序性。

9　紐約時報專欄作家 Marci Alboher（2007）是第一個使用斜槓（slash）的人，2017 年 Susan Kuang 出版了《斜槓青年：全球職涯新趨勢，迎接更有價值的多職人生》（*One Person / Multiple Career: A New Model for Work / Life Success*），使得「斜槓」更成為當紅炸子雞。斜槓生涯是一種對於工作生涯的反思與重新理解，擺脫傳統生涯思維、體制化束縛，從而回歸個人自我整合的過程。

10　零工經濟（gig economy）不是打零工，已經從藍領勞工族群轉為知識經濟族群，零工經濟依賴網路系統與技術，進行資訊分發與流程組織。從經濟學的發展來看，零工經濟是一種新型的雇傭關係：平台代替企業，成為用工的接體。以時間短、靈活工作，取代傳統的朝九晚五工作。如諮商顧問、承接協議、兼職工作、臨時工作、自由工作、個體經濟、副業，以及透過自由職業平台找到的短期工作。

11　Dik 與 Duffy 對生涯召喚作以下的定義：「是一種超然的召喚，經驗到超越自我，以特定的生活角色來促進或產生目的感或意義感，此動機的根源是來自於抱持助人導向價值與目標。」

12　烏卡（VUCA）是指多變（Volatility）、不確定（Uncertainty）、複雜（Complexity）且混沌（Ambiguity）的時代環境特徵。烏卡亦可是「無卡」，隨著 VUCA(烏卡) 時代的來臨，以往大家熟悉與適應的規則、秩序正在或者已經被解構，同時襲面而來的是不斷的失序感與失控感。解構亦可以成為重構的前奏。在個體面臨更多生存與發展危機時，也擁有了更多展現自我、發展自我的機會與空間。

13 多變化生涯注重自我管理與自我價值，以價值驅動（value driven）和自我
　導向（self directed）為軸心，重視個人在職業生涯的參與權，以整體的生
　命發展歷程來調整方向，看重心理上的成功，而非薪資、職銜、權力等等
　外在聲望。

14 標準化生涯模式是指大學生畢業之後，大多進入公、私立，或國、內外的
　機構工作，極少數回家種田或自己開創事業，這形成了都市聚落的生活型
　態。我們都生活在其中，朝九晚五的規律生活，從基層幹部生到低階主
　管，再晉升成為中高階主管，買車、換房、度假、加薪、分紅、挖角等
　等，這種標準化生涯模式的軌道，工作與生活角色讓我們認識彼此，也讓
　我們完成自我認同，而這些自我認同很大比例是由社會所建構。

15 海德格的「說出」有三個意義：1.「說出」的意義是「指出」。「指出」
　是讓所指的東西從自身被看見（letting an entity be seen from itself）。所謂
　「現象」就是能夠以自己的方式自行開顯者。換言之，「存有」也就是一
　個能自行開顯的動力。2.「說出」是「賦謂」（prediction），亦即「賦予謂
　詞」。例如：「這張桌子是長方形的。」句子中的「長方形」是「桌子」
　的謂詞。一旦說出，整個體會隨著所指出的意義而窄化了，語言既有顯露
　性，也同時具有遮蔽性。3.「說出」意指「溝通」，讓別人看出我們所指
　的那件東西有我們所講的那個性質。海德格強調「在於溝通共同境遇感和
　共同理解」，在人與他人的共在中，透過溝通使別人達到對彼此的共同境
　域感與共同理解的掌握。改寫自沈清松（2000）：《海德格》。台北：三
　民。第 79-82 頁。

16 海德格對於人的本真的存在性結構，基本上是從人的境遇感、理解、表詮
　三者來立論，也就是從「已是」、「能是」、「正是」三個時式，發展出
　「是」或「存在」：1.「境遇感」代表人對自己的「已是」有所感知，「過
　去」是建立在的「已是」之上，同樣，有「能是」才有「未來」。2.「理解」
　對應「能是」。「理解」就是人自身存在的可能性，而不只是懂得某一作
　者、說者的主觀意向而已。3.「表詮」針對「現在」，「表詮」是用言或
　默來表達出意義。改寫自同註 15。

第三章

女性的英雄之旅
成年早期重構生涯自我認同

中學六年，大學加研究所八年，

讀書、考試，提升、晉階，心理師執業五年，進修始終沒停，

人生成為一座又一座必須無止境攻頂的山頭。

結婚、生子，成為妻子、母親，

一個美好的未來等候著我。

而我，好想停下來，

青春抓住夢想的尾巴，

搭上另一班車，去一個只有自己的地方。

鄭硯文、龔毓雯、黃素菲

我是一位執業五年以上的心理師，專業生涯的耕耘是我畢業後生活中重要的重心。隨著時間推進，我也進入家庭。心理專業在工作場域中面臨許多挑戰，新興的治療技術、固定時間的進修要求，使得專業工作不僅是工作，更是一門永不停歇的學問。

面對每日專業工作的進展，我興起改變的念頭，我想利用半年時間，暫別目前的專業工作，隻身前往國外圓夢。但面對這個決定，我的心情既期待又害怕，擔心回國後中斷的生涯發展及其對伴侶關係的衝擊。我的已婚身分，以及在家庭中孕育下一代的角色任務，回國後更需要再一次深思工作生涯的方向。在面對一個看似具體清晰的生涯決定，卻是有一種「見山不是山」的複雜心境。

一、兩人的起點

我內在有強烈的改變的驅力，促使我想要做出不同的生涯抉擇，然而，這個改變勢必中斷我在專業職場上已占有的一席之地。求學、工作以來，我未曾按下暫停鍵。另外還有家庭角色被賦予的身分，妻子、女兒、媳婦，以及自許有一天會成為母親的身分。

新決定也許可以帶給我不同的經驗與自我實現，但也造成

我必須面對巨大的生涯挑戰。離開職場後的再次回歸，是不確定的未知數。我不知道是要重回熟悉的助人專業場域，或是另外開創新的職涯路線。這也使我對於新決定的變數及不可控制，焦慮感倍增。

───│ 心理師 │───────────────

我是領照五年的執業心理師，我跟來訪者是熟識多年的朋友。晤談的主題是我們日常兩人私下曾聊過的話題。訪談前我也知道這件事情對來訪者而言，是一個很重要的生涯事件，也因此我有很多已知的資訊。在正式對話的時候會使我一開始有點不安，面對對話的未知及可能的發現，加上即便談論此主題，我們向來認真，卻未曾與來訪者有這般「正式」談話的經驗，對我來說是嶄新的經驗與全然的現場，可能會創造很多新的交流與經驗。當下更也期待身為朋友，若能幫助來訪者促成其面對生涯的準備甚至決定，那將會更凸顯這個對話經驗的價值。

二、對話開展

（一）隻身出國、自我放飛

　　來訪者為自己做了一個重大決定，她想要隻身出國，並且已經著手規劃具體目標與行動。她想要放飛自我，有一種放開自己、追尋夢想、讓心找到方向，迸發出它全部力量的姿態；

也就是，離開熟悉的軌道、拋棄已經確定的生活、背向大家的理所當然，轉向某種久藏的夢想，或是未知的征途，放下牽掛、自由飛翔。

　　來訪者正在經歷一個未知的冒險，充滿焦慮、猶豫，日子越靠近，越覺得自己卡住。雖然說放飛自我，需要心靈的放鬆，只有心變鬆了，才能真正地放飛自己。可是，對於未知，誰不會焦慮呢？

心理師：我們今天從哪裡開始？

來訪者：那我就直接切入正題好了，明年下半年我對我自己的人生，有一個重大的決定——我想要一個人出國半年。這事情我也還沒跟很多人分享，因為覺得自己也有一點害怕，因為要做這件事情，可能這半年必須中斷我現在做的這個專業工作。對我來說，算滿不容易的。從以前到現在，就算念書也沒有離家很遠，只是稍微離開又定期回家。加上我現在已經結婚了，從來沒有這樣子自己隻身出去過，所以會有點猶豫吧！

心理師：確實是個重大計畫，妳怎麼會想要一個人出國半年？

來訪者：我就是有個念頭，或許在生小孩之前，圓個年輕時的夢想！

心理師：好像是進入妳人生下一個階段，一種自我放飛嗎？妳說有點猶豫，是指什麼？

來訪者：時間越近就想愈多，其實我也不太確定做這件事情，到底對未來（笑）有多大的幫助？很多東西都卡在一

起，一方面卡在生育年齡、生小孩這件事，一方面我
現在轉換的新工作，也才一年多。有一種不知道是預
感還是直覺，回來了可能不會很想（笑）做跟現在工
作有關的事情，就有點很害怕……

心理師：好像本來明年的出國計畫，本來只是一個妳自己的計
畫，可是不曉得為什麼聽妳講完了之後，覺得它好像
突然變得有點複雜，還涉及妳回來之後的工作，還有
各種人生角色，妻子、母親、媳婦？

來訪者：就會覺得好像一個牽扯一個吧！而且我又年紀有點大
了，就實在有點……一個扣著一個，到底要不要去？
才去短短的半年時間，去了有什麼不一樣嗎？

心理師：好像這是妳的一個願望，是嗎？一個人隻身出國，妳
想要擁有一段獨自在國外生活的經驗？

來訪者：或許我是想要有一個人生活的經驗。身邊一直有很多
人在關心我，我幾乎不曾一個人生活！對，要暫時放
掉目前的一切東西，是很重大的決定，嗯，但是不去
又很怕會後悔！

心理師：感覺妳好像都很清晰，但是又有一點衝突，就是很希
望、跟很想要，但是也覺得害怕、也不安，是這樣嗎？

來訪者：幾個月前開始計畫出國時，一切都很明確、篤定，那
個念頭很強烈！考量若是生了小孩很難在短時間出
去，那就現在去！不去真的會後悔。可是現在距離原
定出發日期不到一年的時間，就會覺得時間越靠近，
腦袋裡開始會有不同的聲音跑出來，會講說「那就不

要去了，其實現在也可以啊！」、「不行、不去會後悔，一定要去」（笑），有兩個聲音拉扯。

心理師：嗯，好像最近的聲音滿大聲的，比較大聲的那個聲音，都在說些什麼？

來訪者：（笑）開始是「要去」的聲音比較大，可是過了兩、三個月，到了現在，就會有那種要「放棄」的念頭很常出現，是不是不要去了？因為我很膽小，我的生命過程中，可能都是比較保守吧！都是走一個比較安全的路。

敘事開箱：女英雄之旅程

受到心理學家榮格（Jung）[1] 的影響，神話學家約瑟夫·坎伯（Joseph Campbell）提出了英雄旅程公式，他在《千面英雄》[2] 中描述了基本敘事模式：「**一個英雄從平凡世界冒險進入一個非常世界──得到了神話般的力量，並取得了決定性的勝利──英雄帶著某種能力從這個神祕的冒險中回來，和他的同胞共享利益。**」

古今中外不同文明與文化之間，存在著一種極其驚人的相似精神，想成為戰勝自我宿命的「英雄」，都要歷經一段「啟程→啟蒙→回歸」的旅程，在過程中實現並超越自我。所謂「英雄」，當然也包括「女英雄」，是那些能夠瞭解、接受挑戰，進而克服挑戰的人。他們離開安定的日

常生活，遠行、尋找、深入、歷險，在那裡找到原來的世界所欠缺之物，並在過程中得到啟發，最後帶著更成熟的身心回到原來的世界，展開新的人生。有如我們的人生縮影，一種揭示我們可以度過生命或生活的變動、面對自己的失敗後再繼續往前進的模型。

「英雄的旅程」不只關於攀登高山、前往異國或森林歷險這些「向外」的旅程，更可能是一場「內心之旅」，深入探索個人的內在心靈，在旅程中成長、蛻變，由絕望轉為希望，從脆弱變為堅強。這些心理轉變、情緒轉折，就是本文來訪者渴望的「心理旅程」，在其中展現出「個人」或「角色」的某個層面的死亡，與再次重生為「全新之人」的蛻變。但是，同時來訪者也擔心「去了會不會也沒怎樣？」很怕出國這個巨大的時間、金錢的雙重投資，沒有獲得應有的回報，或是只是一個沒有回收的無用決定，更害怕缺少坎伯說的「取得了決定性的勝利——英雄帶著某種能力從這個神祕的冒險中回來」，可能是這種種的「後果論」牽扯著來訪者的焦慮神經。

（二）對生涯決定的猶豫與確認

有些人知道自己的樣子，也喜歡自己的樣子，也有些人卻想突破自己的樣子。「自我認同」並不是一種「靜止」的特質，雖然發展心理學家艾瑞克森（Eric Erickson）[3] 說自我認同

是青春期階段的主要發展任務，從後現代立場來說「自我認同」是被社會建構的，「自我認同」並不是只是發生在狂飆的青春期，而是終其一生人們都在重新形塑不同的自我認同。

　　就艾瑞克森的觀點，他認為 25 至 35 歲的成年早期，主要發展任務是「親密與孤立」，雖然整體來說，發展順利的特徵是「與人相處有親密感」，在臨床實務面還是存在著許多個別差異。如果像來訪者是個一直擁有足夠親密、足夠被愛的人，此時可能更多的心理需求反而是渴望獨處與自主。

心理師：我看到這個想出國的妳，跟以前的妳，很不一樣，這個不一樣的妳，想要帶著妳做什麼？

來訪者：踏出舒適圈吧！我想要自己去冒險。

心理師：「膽小、保守」的妳，會阻止想「出國、冒險」的那個妳嗎？會跟妳說過這條路不安全嗎？

來訪者：應該會吧！好像是沒有把握，很多猶豫……

心理師：「膽小、保守」的那個妳，會想到什麼是覺得不安全嗎？

來訪者：呵呵，可能就是她會自己想像吧！有點自己嚇自己，因為從來也沒有走過，不確定那條路會去到哪裡？路途會是長什麼樣子？可能是擔心回來之後，走不回原來的路？可是，她有一個想像，回來之後會知道「心願已了」，走那趟路，也會比較甘心一點（笑）。

心理師：聽妳說「心願已了」，好像是一種「朝聖」的感覺，是嗎？還是……

來訪者：我沒有想過……不過妳說「朝聖」，我想到的是《我出去一下》這部電影的男主角在朝聖路程中，他不斷檢視自己、與內心對話、與自己連結。

心理師：好像是妳出國是想要去了卻心願？可以多說一些關於「了卻心願」嗎？

來訪者：就是，大概是一種離開目前的生活，出發去尋找自己要的答案吧！可是，就還是有點擔心會不會空手而回？

心理師：我也會想到，那個「出國的念頭」好像是一個養了很久的小孩，在今年六、七月的時候，突然進入了一個青少年階段，變成很有幹勁地想「堅定去追夢」，又過了兩、三個月到了現在，突然好像轉變成「懷疑的狀態」，妳覺得如果那個念頭是一個人，他在想什麼？

來訪者：（思考沉默）我也不太知道耶！就是只會覺得說一直走到現在，在學習專業跟工作的那條路上，有一種好像要燃燒殆盡，就是精力快要沒有了。我發現專業生涯實際上的狀況，跟我想的差距非常的大，從一開始碩二、碩三，然後開始做第一份工作……對，就那個精力、體力，已經燃燒到一個不行，無法支撐了。

心理師：妳覺得要燃燒殆盡而且體力、精力都快沒有了，所以妳的出國不只是去朝聖，更像是要休息、充電？

來訪者：對啊！我覺得好像目前靠任何一個方式想要去充電，好像電也充不回來，電池好像壞掉了，電都進不來，就是一個漏電的狀態。總會覺得說這個機會，因為也

沒試過，或許可以讓整個狀態再重新充飽電。但也不
知道，所以就還是會覺得很害怕。

心理師：我好像發現至少有兩條路線。路線一：出國的期待，
對於暫停目前的工作與生活模式的擔心與考慮；路線
二：沒有電又充不飽電的狀態，現階段生涯的停滯及
心理上的倦怠。還是妳還有想到其他路線？

來訪者：我覺得兩個是互相關連的，先是因為路線二的停滯、
倦怠感，才想到路線一的出國充電，可是又沒有把握。

心理師：這個「想出國充電」的妳，身上具備了怎樣的特徵？
如果妳生命中有一個認識妳，妳也信任的人，會是
誰？他聽到妳的出國充電的決定，他會怎麼說？他會
看見怎樣的妳？

來訪者：我想到素菲老師，哈哈！其實上個禮拜本來想要偷偷
來找老師講一下，但是（笑）……剛好遇到颱風天，
就錯過了。

敘事開箱：自我認同

　　社會建構論認為個人的自我、知識與認同都是由社會所
建構的。自我認同經常在我們的社會文化脈絡中，經由各
種意見和與別人交流而交織出來，我們的自我認同也是被
社會所建構的。當有足夠的正當性時，制度就成為眾人所
擁有的真實經驗，個人會把這種真實當作是外在強勢的真

實，甚至以此形成自我認同或自我批判。[4]

從社會建構論的角度來看，「自我」不僅是個人意識的顯露，也揭露了其所存活的社會環境。沙賓（Sarbin, 1986）[5] 強調敘說不只使人們為生活現狀帶來秩序和意義，也反過來提供人們自我概念的架構；人們也在對自己和別人訴說自己的生命故事時創造了敘說認同，使其在所說的關於自己的故事中，同時認識自我。隨著時間推移且不斷複製，社會上強勢的主流論述變得愈來愈僵化和堅硬，諷刺的是說故事的人也將自己侷限在自己創造的故事裡。

敘事治療是要幫助個案離開被侷限的故事，敘事心理師的責任是尋找個案自我認同裡的特殊細節、殊相事實，也就是，協助個案從「被社會建構」的自我認同重新建構為「自我建構」的敘說認同。更重要的是，心理師既要關心論述如何影響個案的自我認同，也要察覺論述會如何影響心理師自身的立場。

（三）聆聽心中的召喚

來訪者並不是不重視心理師身分，就像我（黃素菲）並沒有不喜歡成為大學教授，我也很喜歡教學、其實教得也還可以。但是，我始終很難肯認這個「大學教授」的身分。這個不想「肯認」，其實在表達我內在的一種狀態，可能我更為認同

自己是個「學者」多過「教授」。

　　也許來訪者也有她自己想成為的樣子，她害怕一旦成為「心理師」，就失去了其他可能性。好像一種「職業頭銜」就表達出一整套的生活方式、思維方式、行動風格、穿著舉止等等，甚至型塑出職業性格，我們不總是說這個人是典型的「律師性格」或「教師性格」等等。我們也總是好奇著我們還有哪些「其他模樣」的可能性？

心理師：如果那天和老師說了，妳覺得她會怎麼說？妳覺得現在會有什麼不一樣？

來訪者：她應該會說我很勇敢吧！至少跟老師說出來，就是一種「公開」，會強化我的決心吧！就很像減肥的人跟大家公開，會加強減肥的決心啊！我現在跟妳講，也算是公開吧！

心理師：對！「公開」計畫會加強決心。妳正在完成一件生命中前所未有的事情，到目前為止，我看到的妳，妳並不是依賴、保守的人。

來訪者：其實我都不敢跟很熟朋友講這件事情，因為（笑）很像講了就是宣告我要去做某件事情，好像就必須有那個力量去行動。

心理師：那我們此刻在此進行這個「公開宣告」的見證儀式，這個「公開告訴大家」與「心中自己做決定」，有什麼差異？

來訪者：會有一個力量要推動我，或許我是想要透過這個過

程，可以更看得清楚我在擔心害怕什麼？其實我心中已經有所決定，只是想藉由這個「宣告」的儀式，更確立自己的決心。

心理師：現在對妳來說妳需要一股推妳的力量，那個力量除了在這裡公開宣告之外，還可以從哪裡來？

來訪者：應該還是要來自我自己的內在力量吧！

心理師：哇！妳自己的內在力量，聽起來很棒啊！

來訪者：好像就像之前講的一樣，沒有跟家人分開過這麼久，對，一直覺得自己也不是很獨立的個性吧！

心理師：妳的意思是說，妳的內在力量想要有獨立的個性？

來訪者：對啊！因為我結婚前比較依賴爸爸媽媽，結婚後就比較依賴老公，好像一直都是這個樣子，比較不獨立。

心理師：那妳的這個「決定出國」，算是一種獨立個性的展現嗎？

來訪者：應該算是！我也不是說出去了就不回來，我想我是很希望自己可以完成這件事情。我是有一種想像，覺得這個「出國決定」可以更肯定自己，或許我心裡有一個很小的聲音告訴自己說「我可以證明自己可以做到」。

心理師：所以，這對妳來說，是一個好重要的決定，證明了之後會感覺怎麼樣？

來訪者：就是整個人生可能會感覺比較有自信一點。

心理師：嗯，感覺那個依賴父母或老公的部分是自己的一部分，但是也想去證明自己可以獨立，所以聽起來完成這部分之後，妳就更完整了，既能「依賴」也能「獨

立」了。那這個完整的妳，會怎麼看妳的專業發展呢？

敘事開箱：生涯召喚（career calling）

　　最早關於召喚大多來自宗教的體驗，後來轉為生涯召喚與靈性召喚。侯爾（Hall）與錢德勒（Chandler）認為生涯召喚是指工作有目的感和意義感，迪克（Dik）與杜飛（Duffy）對生涯召喚的定義是：「**是經驗到超越自我，以特定的生活角色來促進或產生目的感或意義感，此動機的根源是來自於抱持助人導向價值與目標。**」[6]生涯召喚並不只是一種神祕的天啟，或抽象的暗示，而是一種靈感或動力，使人想要選擇、追求或開闢出一段不同經驗或新的旅程，並且會伴隨著行動計畫與實踐歷程。

　　來訪者想要離開原來的生涯現場，隻身出國展開一段嶄新的旅程，並想要藉此探索新的生涯可能性，企圖另闢符合自己意義感的生涯路徑。顯然是「藉著出國中斷上半場，合理地轉向另一種新的可能性」，她以具體的行動實踐來回應她的召喚。

（四）放飛之後，降落何處？

　　工作讓我們感受到侷限感與疲憊感，總想鬆綁、總想假期不要結束，最好週一永遠不要來。可是，真的完全放空、無所事事，卻又會掉入無名的恐慌，因為我們並不想要一片空白、一事無成，更害怕自己一無是處。因此才會有「偷閒」之說，在忙碌中「偷」來的空檔才有「留白」的意義，全都一片空白就失去「閒」的價值。

　　那種想要又怕受傷害、想不要又害怕踩空，使得我們不得不去思考在「放飛」之後，要降落何處？就是這種兩難，逼我們去凝視自己的終極處境：我面臨死亡的時候，怎樣活著才不辜負自己？什麼是自己的終極願望？

來訪者：其實，我有點在想，什麼是「好工作」？我的意思是說，我的生涯疲憊感，似乎是我在面對主流架構時的一種反彈。人生一定要在工作上成就自己嗎？

心理師：所以，難怪妳要隻身出國，好像也是要給自己空間去思考這個重大議題？

來訪者：對啊！可是就很擔心，自己這樣想是不是很奇怪。

心理師：我覺得面對主流價值，經過反思，決定自己的生涯路線，絕對不是容易的事情，我更多看到的是妳的勇敢。可是勇敢並不是不害怕，勇敢是「雖然害怕還是願意去嘗試」。身為一個執業的心理師的妳，對於工作部分曾經想過什麼？

來訪者：對欸，勇敢也不必沒有害怕！其實我不是說一定要做

心理師或不做心理師，不是這種非黑即白的感覺，就是有一個想像是，或許可以走一個灰色地帶（笑），就是除了心理師，我還可以做一些其他想要做的事情。

心理師：所以那個灰色，又有白色又有黑色，是怎樣的情況？

來訪者：就是有一點心理專業，又帶點其他別的。

心理師：感覺很像乳牛的顏色，有黑有白，它們又沒有被混在一起。

來訪者：對對，可以同時一起存在，因為現在我感覺全部都是同一個顏色。

心理師：所以到這裡，我們兩人好像在講的事情是，妳想要有時候可以當白色，有時候當黑色，有時候可以當乳牛的顏色，或是灰色，想要多加一個顏色。那妳明年要不要出國的決定，加了這個顏色，妳覺得有什麼不同嗎？

來訪者：我回顧過去讀書到工作，真的很疲憊，很倦怠。我常常想人一定要這樣工作嗎？好像沒完沒了。

心理師：我好像也聽到妳在質問，妳一定要跟別人、跟其他心理師過一樣的生活嗎？妳在想妳想要過怎樣的人生？

敘事開箱：後現代的生涯觀[7]

非典型雇用（Non-standard Employment）是後現代生涯的趨勢，具有不固定、不可預期之特性，且不期待持續雇

用的工作。零工經濟（gig economy）並不是打零工。由於資方欲減少人事成本的負擔，以及數位化時代取代人工技術，零工經濟從藍領勞工族群轉為知識經濟族群，也因此出現各種「斜槓人生」。

烏卡（VUCA）是指多變（Volatility）、不確定（Uncertainty）、複雜（Complexity）且混沌（Ambiguity）的環境時代環境特徵。隨著烏卡時代的來臨，以往大家熟悉與適應的規則、秩序正在或已經被解構，同時襲面而來的是不斷的失序感與失控感。可喜的是，解構亦可以成為重構的前奏。在我們面臨生存與發展危機時，也擁有了更多展現自我、發展自我的機會與空間。

由於產業結構變遷，網路科技發展，職涯概念解構，傳統職場生涯式微，多重潛能者工作型態日增，至少有下列四種模式：

1. 集體擁抱模式（Group Hug Approach）：在同一份工作上，切換不同領域，整合多種長才，研發、行銷、人資等。

2. 斜槓模式（Slash Approach）：從事兩份不同領域有收入之專業工作。

3. 愛因斯坦模式（Einstein Approach）：何倫（Holland）碼六碼都高，高登（Gardner）九種智慧分數皆高者。收入來自主職，其他領域事業無償。

4. 浴火鳳凰模式（Phoenix Approach）：經歷多次不同領域的全新生涯轉換，有強烈次序性。

（五）自由就是負責：不確定與控制感的掙扎

自由就是「擔任生命設計師」，也就是做自己生命的作者。因此我們每一個人都是自己的生活方案的設計師，如果我們只是從眾地跟從熱門的、流行的、當道的、已經設計好的架構之中，有可能就是放棄自己的人生責任。

談到「存在自由」就必須觸及「生命責任」，因為是人自己創造自我、命運、生活的困境、感受和苦難，不接受這種責任的人就會成為受害者。事實上人們必得設計自己的人生，注定「擁有自由」放棄不了自由，沙特說：「責任是一件事物無可爭辯的創始者。」也就是責任是一種存在關懷。他還說：「我們的決定，決定了我們自己。」（we are our choices.），意思是說「人們如何做選擇，即決定其人生樣貌」。

亞隆說：「**我們必須擁有按照自己意願營生的自由。**」重點在於「擁有……自由」，我們必須「擁有」，也就是「拿回來」，拿回「按照自己意願過日子」的自由。自由意味著離開外在架構，離開社會既存的既定框架；擁抱自由就是為自己的生命負起籌劃的責任。一旦擁抱自由，則在我們之下毫無依據，什麼也沒有，只有虛無與深淵。擁抱「自由」意味著「無依無靠」，因此擁抱自由總是連結著另一個存在議題：「孤獨」。[8] 來訪者正在經歷一種「人必須為自己生命負責而產生一種孤獨感」。

來訪者：其實我不太能接受太多的刺激，因為我怕刺激太多，會陷入失去控制的感覺，怕失去掌握感。

心理師：如果妳做什麼，這件事情就有可能比較是在妳的控制
　　　　之下？

來訪者：如果我可以看得更清楚的話，或許就可以比較有控制
　　　　感在。

心理師：那妳覺得妳要怎樣可以看得更清楚？

來訪者：可是偏偏又有點弔詭的是，好像就真的很難看到，你
　　　　懂我講的感覺嗎？

心理師：妳如果看到什麼？就會覺得清楚？

來訪者：就是未來那個孩子的樣子。

心理師：妳的意思是說，如果看到出國之後，回來的生涯的樣
　　　　貌嗎？

來訪者：對啊！可是，那就是看不清楚的未來，無法確定回來
　　　　之後會怎樣？

心理師：也就是說，妳覺得還不是很清楚未來那個「孩子」長
　　　　什麼樣子，就要把它生出來是一件風險很大的事情。

來訪者：嗯，嗯。

心理師：所以如果可以做個……？

來訪者：超音波嗎？（笑）基因檢測嗎？

心理師：類似，妳有想過要做什麼來獲得控制感？

來訪者：我不知道可以做測驗嗎？不過好像是一個方法，可以
　　　　讓我比較清楚「未來」的樣貌，雖然做測驗也可能看
　　　　不到，但至少可以稍微比現在更確定一些，會比現在
　　　　都一直在想像猜測要來得好一點。

心理師：那個測驗的選項可能會有什麼？妳想要測什麼？

來訪者： （思考一陣子）有一個感覺就是我不管測什麼，都會希望說期待不要落空。我會怕去了會不會也沒怎樣？很怕出國的巨大投資，沒有應有的回報，或是怕出國只是個沒有回收的無用決定。

心理師： 好像是要確定出國這一趟回來，有個確定的結果，不要落空、不要失望？比方說確定是健康的孩子才生下來？

來訪者： 好像是這樣子。

心理師： 那這個擔心，剛才說是妳覺得自己太依賴不夠獨立，現在看起是擔心什麼？

來訪者： 聊到這裡，我發現好像我最害怕的不是專業這條路以後會怎麼樣，好像更擔心的是萬一出去回來的話，我沒有讓自己覺得滿意？

心理師： 最擔心的是，以前妳都是順順地走，這是妳第一次做這麼重大的決定，擔心自己做錯決定？

來訪者： 我雖然很確定想出國，但是對這個決定的結果，我還是有點沒有把握。其實是一種對自己所做的決定，我沒有把握去對「結果」負責。

心理師： 或是因為沒有把握而擔心無法負責？

來訪者： 真的，我體會到對於做決定，好像難的不只是「決定去做」什麼，真正難的是為這個決定的「後果負責」！

敘事開箱：積極的不確定（positive uncertainty）

不確定（uncertainty）指稱事物所呈顯的模糊、偶發、意外、難以預測等性質，涉及事物的存在本質或狀態。不確定包含著：

1. 危機風險，難以預測未來的凶吉。

2. 模糊不明，偶發、意外事件無法掌握來龍去脈。

3. 模擬兩可，事情好壞無法定論。

後現代取向鼓勵個人以積極正向、開放彈性的態度面對生涯不確定性。[9] 同時，「計畫性機緣理論」（planned happenstance theory）[10] 是指**「你可以透過你的好奇心和偶發事件，採取行動創造機會」**的看法。「計畫性機緣」包括你持有的態度和擬採取的行動，不只是運氣，或在正確的時間正確的地點；它是一種有意識、有目的、而持續的過程，這將有助於你建立一個更滿意和充實的職業生涯。

三、尾聲

來訪者：其實我的老公，也很支持我出國的決定。

心理師：嗯，妳很被支持。

來訪者：我的家人不知道是不是還搞不太清楚狀況，也都還好。我爸好像還不知道吧！我婆家那邊，阿公知道了，阿公好像也沒有說什麼。目前知道的人，對於我

的這個決定，都是滿正面的。

心理師：對，妳身邊知道的人的反應都滿正面的，但是好像最重要的那個人，還沒有發出通行許可？

來訪者：妳說我自己嗎？

心理師：對啊！好像是這個很認真蒐集資訊的「決策者」，她還沒有點頭同意。

來訪者：（思考沉默）……

心理師：當然也不是一定要現在做一個決定，只是會有點好奇，妳剛剛想到什麼？

來訪者：就覺得有點好笑。

心理師：哪裡好笑？

來訪者：妳剛剛這樣問我，好像比較多的問題，都是我自己在擔憂，嗯，關於那個出國之後的期待感，好像我太小心翼翼了吧！就是會很怕自己過於樂觀，沒有辦法保證自己，就沒辦法讓自己過關。

心理師：我們在這裡暫停？妳可以做一下今晚談話的結論嗎？

來訪者：嗯……我想知道面對未來生涯，我還有哪些可能性。

敘事開箱：追溯自身身世的公主

河合隼雄說「追溯自身身世」一詞出自源氏物語開頭出現的和歌：「**欲想方設法，釐清己身世，只因宿世緣，使我煩且憂。**」這位公主和尼僧一起住在音羽山麓，不知道

自己的父母是誰，因此她詠了這樣一首和歌，她背負了一個沉重的疑惑——「我到底是誰？」

「我是誰？」、「我可以成為什麼？」這是一個古今共通、你我皆然的共同提問。[11]

嚴格說來，不只是這位公主，不只是來訪者，而是我們每一個人，可能都面對著「追溯自身身世的宿世因緣」這個議題。河合隼雄用現代風格的話來說，認為「追溯自身」就是「探求自身主體性」。從後現代視角來看，他在這本書中的立場與敘事治療立場大致相和，只是敘事治療更強調自我的多元面向。所謂「主體」總是在與「他者」相遇時，才顯現出其某種「主體面貌」，也就是說「主體」總是浮沉在各種關係中閃爍顯現。

四、重讀省思

| 來訪者 |

我知道「洞人心菲」讀書會有這樣的一個對話機會，也想趁這機會藉由這個對話做一個宣示，就像在閱讀麥克・懷特《敘事治療的工作地圖》中局外見證人的參與，雖然還是有別於諮商中的實操，也不同於同一本書第四章局外見證人的作法，然而對話後的反映團隊成員的歷程討論，對我來說，這種自身實驗是個難能可貴的經歷，確實有見證

的「肯認」效果。

這種非結構式一次性的對話歷程，對我而言，理性層面認為是輕鬆的。就我本身個性，這種投入符合我的自我掌控感，並且藉由在眾人面前的公開宣示，我能再次強化自我監督與叮嚀。跨出自我揭露這一步，說出醞釀已久的想法，即便我尚未開始真正行動，已經完成了自我挑戰。

我跟心理師間有好幾次的討論、以及重讀逐字稿，大多是在經歷宣示後，關於「出走」的再討論，雖然有些想法已是事後諸葛、或多或少會戴上「以結果論前因」的眼鏡去回顧這次的歷程，然而細想其中也經歷了八個階段變化：做功課、醞釀離開、出走、新嘗試、充電完後何去何從、沉潛、新的一步、未完待續等。

我在經歷了讀書會團體後，其實內心是很不安，尤其事後反映團隊的回應讓我覺得不被同理支持，比較多被拿著放大鏡批判的感受，也很佩服心理師在當時要承擔這麼多隻眼光觀看，彷彿像在動物園中隔著玻璃被遊客們觀看的感受。尤其我們是第一組首先出場，還不太清楚要做些什麼，也兼具著示範的功效，壓力很大。

然而結束了讀書會團體，我透過了這宣示性的儀式，渡過了做功課、醞釀離開、出走、新嘗試、充電完後何去何從、沉潛、新的一步、未完待續的這些歷程後，算是我為自己豐沛了生命故事，也再去反思自己的生涯應如何定奪。身處在人與人頻繁交集的社群網絡中，每個人在行為處事上或多或少會在意他人的眼光；對我而言在讀書會陌

生的環境中，要宣告「出走」這件事情，又是格外的困難，而心理師與老師在一旁的支持，讓我深刻體驗到不用開口說話，陪伴即是療效的感受。這是用逐字稿、文字等都難以描繪出來的情境，僅能心領神會，也再次回應了我感同身受個案在諮商室中的體會。

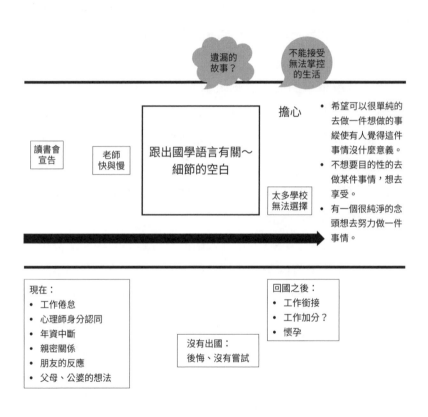

圖 4　對話進行的概念圖

我在本次來談的介入方式，欲使用敘事治療的精神與技術，協助來訪者藉由敘說的歷程得到部分幫助。訪談結束後，我與來訪者共同討論訪談中的故事內容及對話歷程，產生新的故事軸線，並藉由敘說實踐本身，為問題故事創造新的支線故事和新的觀點，我們也經由改寫對話句子，嘗試創造出多元的故事，進而描繪出來訪者偏好的故事方向。

我嘗試邀請來訪者談談對於暫別工作、迎向新決定的念頭，將其比喻成一個待養的未來小孩，討論這個念頭會如何被來訪者餵養，以及之後會如何變化；也討論了來訪者對於職涯的不確定感，我們最後發現並不是決定本身帶來的失控感，而是新決定的不確定性、無法預知結果，使得決定後的責任，變得難以負荷。

我身處心理師的角色，在眾人面前進行對話的經驗雖然不至於陌生，但真的是一件壓力很大的事情。雖然我很清楚當下這段對話的意義及希望趨近的意圖，仍在某些時刻緊張不安，也擔心自己有沒有做到、做好而掙扎著。第一組進行對話的意義在於，有很多嘗試及不被設限的空間，也意味著也許會少一些檢視或比較。在決定第一組執行後，內心還是惴惴不安。對話中充分感受到自身對於來訪者的在乎與關切，從朋友私下瞭解的轉換到使用敘事問話的訪談位置，那個內心的移動，使我漸漸地投入，似乎也需要時間醞釀。

五、幕後花絮

|來訪者|

未完待續——謝謝在路上的自己

五年之後重溫我與心理師的對話，我有感人生過程歷經階段有如書中故事一個章節、一個章節地接著下去。回想當年出國前焦慮的心情，如今已不太記得當日的糾結情緒，反而是很想感謝當年的自己。

若是能跟五年前的自己說說話，我會謝謝當時願意勇於嘗試的自己，也提醒著現在的自己，面對未知雖然會有擔憂，現在更擁有相信自己的勇氣。如同電影《派特的幸福劇本》中主角們面對生活中的困境、外界異樣的眼光，兩位主角除了堅持做一些讓自己會進步的事之外，也相信著會看到雲後那道美麗的銀色光圈（Every cloud has siliver lining）。我想這也就好比敘事治療看待每位來訪者的心情一樣，透過陪伴來訪者移動位置、跳出框架，然後來訪者對於現在所處，或對於接下來要走的路、去的方向能更安然於心，我想這便是敘事諮商奧妙之所在了！

|心理師|

回首來時路——欣賞與珍惜

我在五年後看到這份資料的整理與重現，除了再次驚嘆我們兩人的勇氣及素菲老師的梳理與協助，我更珍惜當時的境遇，尤其這幾年也很榮幸參與了來訪者的生活，不論是

在那些國外學習的日子，以及回國後的生涯改變，看見了肩負多重角色的女性力量，那些當年擔心的，都被一一整理並晉升成更精采的故事篇章。

對我來說不只站在心理師的角色，更是站在一個人的位子，深刻地見證了那些對話中，我們彼此被安放後而產出的生命力量。敘事的博大精深與美妙，值得一輩子去體會瞭解，對我來說，就是好好地被理解安放，然後就足以在想要的時候繼續前行。

註：

1　Hall, J. A. (1983). *Jungian Dream Interpretation: A Handbook of Theory and Practice*. Toronto, Canada, Inner City Books. 廖婉如譯（2006），《榮格解夢書：夢的理論與解析》。台北：心靈工坊。本書中榮格用「集體潛意識」（collective unconscious）這個詞來指稱客體心靈，他特別強調人類心靈的深度一如外在、真實的世界，集體意識的世界一樣的客觀真實。個體化（individuation）是榮格理論的核心概念，它是指人在真實生活中努力去認識和發展他／她心靈與生俱來的潛能。個體化歷程就是一段生命旅程的蛻變，而「英雄的旅程」起源自人心深處，是人類較深層的集體無意識。

2　Campbell, J. (1949/2004). *The Hero with A Thousand Faces*. Princeton University Press. 朱侃如譯（2020），《千面英雄》。台北：漫遊者文化。約瑟夫・坎伯從《芬尼根的守靈夜》中引用了術語「單一神話」，這個單數形式意味著英雄旅程是終極的敘事原型。而《千面英雄》對個人、創作者、藝術家

都有著強大的影響力。《星際大戰》的導演兼編劇喬治‧盧卡斯，多次在不同公開場合承認，如果沒有閱讀過《千面英雄》，就不可能有這部電影。盧卡斯對坎伯感謝道：「我寫作劇本全部的時間已經好幾年，正如我前面提到的，我一直在兜圈子⋯⋯不過，在讀過只有大約區區五百頁的《千面英雄》以後，我發現我要的故事就在那裡面。我的終點就在那裡面，焦點就在那裡面⋯⋯如果不是跟喬（坎伯）的偶遇，很有可能時至今日我還在苦思《星際大戰》的劇本該怎麼寫。」（引自中譯本第 123 頁）

3　Friedman, L. J. (1999). *Identity's Architect: A Biography of Erik H. Erikson*. New York: Scribners. 廣梅芳譯（2001），《艾瑞克森》。台北：張老師文化。

4　黃素菲主編（2021），《諮商理論與技術》。台中：華格那。本段摘自第 4 章〈社會建構論〉。

5　Sarbin, T. ed. (1986). *Narrative Psychology: The Storied nature of Human Conduct*. London: Praeger Press.

6　王玉珍（2020），〈靈性取向與優勢中心生涯諮商〉，金樹人、黃素菲主編《華人生涯理論與實踐：本土化與多元性視野》，第三章。台北：心理。第 89 頁。

7　黃素菲（2021），《名家四講：後現代生涯變遷》。台北：張老師文化。摘自第三講〈變成什麼？非典型雇用〉。

8　黃素菲主編（2021），《諮商理論與技術》。台中：華格那。本段改寫自第六章〈存在主義心治療〉，第 28-29 頁。

9　Gelatt, H.B. and Gelatt, C.(2003).*Creative decision making using positive uncertainty: Revised edition (a fifty-minute series)*.Boston, MA:Thomson.

10　Krumboltz, J.D.(2009).The happenstance learning theory. *Journal of Career Assessment*,17(2): 135-154.

11　河合隼雄（2016），物語を生きる――今は昔、昔は今，岩波現代文庫。洪逸慧譯（2019），《活在故事裡：現在即過去，過去即現在》。台北：心靈工坊。本段摘自中譯本中第 248-249 頁。河合隼雄在這本書中的立場，認為心理治療是一門無法以科學方法進行觀察、診斷的工作，它重視「人際關係」是在關係的進展中，幫助人們「創造他們的故事」。

第四章

我不在社群照片裡，
而在夢想的路上
聆聽內在聲音、安頓自我認同

面對不確定的時代，

都說別貪圖享受，要積極佈局！

全力以赴如期達標，是不甘心現在淒寂？還是不願意未來遺憾？

都說有夢最美，築夢踏實！

追逐理想目標實現，會換來功成名就，成為某人？

還是會一身厚繭，滿身傷痕？

投入與抽身，究竟會獲得什麼？又失去什麼？

白駒過隙不如大夥及時行樂，或是，冷心遠走何妨孤身步入荒原。

老天爺設的局，這種靈肉交換的人間遊戲，會不會得要賭上一把？

最後，要到最後，才能知道誰是真正的贏家？

黃兆菱、簡昱琪、黃素菲

最近幾個比較煩惱的事情，但不確定應該從哪裡開始說起。首先，先談最近都在忙著寫論文，平常沒事靠滑手機打發時間，因為寫論文實在是太無聊了，忍不住就會停下來想放空一下。接著，發現在滑手機時，有一種隱微的情緒漸漸地浮現，起初這樣的情緒並不是那麼的明顯，或者說那樣的情緒很快就能過去或調適，可是最近卻頻繁出現，彷彿不斷地想召喚我，透露一些潛意識的訊號。

一、開始：未知的冒險

| 來訪者 |

這是一個濕冷的 12 月，我在抵達山腳下的聚會前，每個人總要先挑戰一段長長的山坡，氣喘吁吁地向上前行，經過轉彎處，順著迴旋樓梯往上爬，才會抵達那擁有暖色木造的溫馨地方——山腰上的家。

進入對話時，我想先輕鬆敍述近期的狀態，我是一名即將要完成碩士論文的研究生，現下最大的焦慮就是一週後即將到來的 Final 論文口試。今晚看似單純的分享，好像又引出另一件令人煩惱的事。我有一個壞毛病，就是我太重視已經安排好的事情，我認為既然安排好了、既然允諾了，就必須做到。或許也是因為這個「必須」，時常讓我忙得團團轉，就像是轉不停的陀螺，期待自己可以完成很

多的目標和事情。

週二夜晚到山腰上的家參加洞人心菲敍事私塾聚會，我
心中總會燃起一種未知的冒險和期待。第一次來這裡是
2011 年，我還是心輔所碩士班實習生的身份，每週一次
到山腰上的家和素菲老師進行個別督導，就像一幅 3D 立
體的藏寶圖，用多元面向的探照燈指引，總能挖到無價的
寶藏，也慢慢練功形塑出敍事治療心理師的風格。

時隔 6 年後的 2017 年，今晚下班後搭乘捷運到石牌站，
進到校園緩步爬坡往上再次重返山腰，心中五味雜陳，想
起學生時期的認真，以及工作幾年後的歷練。此時的重返
特別有意義，回首自己在諮商專業學習的來時路，見證成
長蛻變的自己。在聆聽故事前我與來訪者席地而坐，門外
餘音繞樑，是大提琴練習的樂音，悠揚沉穩的樂曲，心裡
泛起陣陣漣漪，迎接今晚來訪者的故事。

二、對話開展

（一）「心頭酸酸」和「全力以赴」

「好想也像他們一樣」是來訪者的心酸和失落，她述說著
看到朋友出去玩自己無法參與「心頭酸酸」的故事。原來這些
心酸的背後，是因為「全力以赴」在作祟。來訪者感覺到失

去了什麼東西，內心酸酸的感受，逐漸浮上檯面、分離出來，「酸酸的」被關注到了，開始有了它的樣態。來訪者面對「這酸酸的感受跟著我多久了？我看見它時的想法？如何應對此感受？以及與感受互動的歷程？」這些提問，她幾乎沒有察覺過這些感受，隱微的情緒第一次正式浮上意識，不再躲在暗處。她這一層暗處即將被掀開，似乎所有的感受都即將鮮活起來。

來訪者：我正在煩惱下周即將面臨的論文口試，生活就是寫論文和滑手機，也發覺會有些情緒。在滑社群的時候看到朋友出遊聚會的照片時，會有種失落感。

心理師：就要口考了，妳必須忙論文，但是，看到朋友社群上聚會的動態，使妳有些失落感？

來訪者：最近有觀察到自己很容易有一些情緒，當我在滑社群的時候，看到其他的同學、社團的朋友，他們一起出去玩，看到拍照打卡時，就會有一種失落感，就會覺得⋯⋯好想也像他們一樣。這是我覺得比較難受的事情。

心理師：妳察覺到最近的心情，要不要多講一些妳察覺到哪些情緒？

來訪者：好像心裡酸酸的，有一點落寞的心情。我是個全力以赴的人，當我有個明確的目標之後，就會排除萬難、盡我所能、不斷地想努力地去完成它，這也意味著我得要犧牲掉某些東西。像是來到這裡，我也會當作是安排好的事情，晚上這個時間，我就是要在這裡。

心理師：當妳對事情有所承諾時，就會全力以赴，那個「全力

以赴」的妳，在什麼事情比較容易出現？什麼事情比較不容易出現？

來訪者：那個我喔！如果有個明確目標的時候就會很明顯出現，像是要寫論文，或是要在某個時間點完成某個重要事情，類似這種時候特別會出現，對！

心理師：有明確目標、重要事情時，「全力以赴」會很明顯出現，那什麼時候「全力以赴」比較不會出現？

來訪者：放鬆的時候、放假的時候，就比較不會出現。

心理師：那個「放鬆、放假」的妳，和「全力以赴」的妳，最大的不同是什麼？

來訪者：放鬆、放假的我，會跟同學、朋友聯絡，會一起聊天，像我在他們社群上看到的那些……我發現那些，就剛好是……在全力以赴的過程當中，會失去掉一些東西。

心理師：妳願不願意分享一下那個「失去」是一個怎樣的狀態？或是妳會怎樣去形容那個「失去」的妳？

來訪者：嗯，用什麼樣的方式去形容失去……嗯，我覺得就真的是會有一種失落感，然後就像是剛剛一開始講的酸酸的。

心理師：嗯，好像有一直提到「酸酸的」，「酸酸的」在妳的心裡面，它多久啦？

來訪者：好像是念了研究所之後，特別有這種感覺。

心理師：那個「酸酸的」會跟妳說什麼？

來訪者：我……「酸酸的」會說，妳想要去完成一些目標，妳

就勢必要失去一些東西，那個失落感，就是妳得要學習去承擔的孤單。

心理師：妳得要去學習承擔自己的孤單。即使「酸酸的」感覺出現，妳卻能不受它影響，而學習承擔自己的孤單，妳是怎麼做到的？

來訪者：我在當下的那一刻，我好像覺得有點接不住，可是我轉而專注做跟目標有關事情的時候，我比較能……釋懷吧？嗯……

心理師：所以，妳「專注」做跟目標有關的事情，好像就能夠去承擔這個孤單、失落，妳就可以釋懷。

來訪者：對，就是這樣。

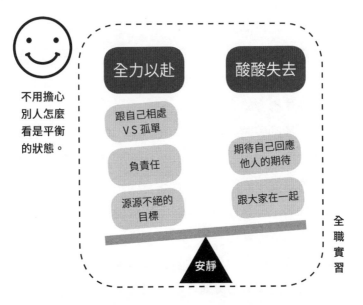

圖 5　不擔心別人怎麼看，就是平衡的狀態

敘事開箱：從不同的角度來審視「問題」

聚焦感受時，心理師會問：「這『酸酸的感受』讓妳覺得怎樣？看見它時，妳感覺如何？妳是如何回應這種感受？妳都怎樣與這種感受互動、或是會跟它說什麼？」

聚焦意義時，心理師可能問：「『酸酸的』跟著妳多久了？妳是怎麼發現它的？妳看見『酸酸的』時，會有什麼想法？妳如何應對『酸酸的』？妳想要跟『酸酸的』保持怎樣的關係？妳認為『酸酸的』想要表達什麼？」

前者是聚焦感受，後者是聚焦意義，兩者還是很不一樣。心理師「聚焦感受」時，會關心來訪者被問題故事影響而產生的情緒或感受；當心理師「聚焦意義」時，會邀請來訪者立足於問題故事外面（外化），與問題保持一段空間距離去反思問題故事對自身的作用，決定自己想要哪些影響、不要哪些影響。以邀請來訪者成為主導者，對問題故事產生影響的「能動性」。

敘事治療師聆聽來訪者的問題故事，但是不會浸泡在問題故事之中，也就是不去引導來訪者繼續描述充滿問題的故事，而是從不同的角度來審視「問題」，並好奇對於提升對「問題」的掌控力，來訪者還知道些什麼？轉而詢問來訪者：

1.我很好奇即使「問題」橫阻在妳面前，妳好像有方法能夠減輕它迫害妳的力道？在「問題」面前繼續有所作為

的妳，具備了什麼？例如：即使「酸酸的」感覺出現，妳卻能不受它影響，而學習承擔自己的孤單，妳是怎麼做到的？

2. 妳發現「問題」如何運作？跟什麼有關？妳認為在什麼情境最容易由「問題」獲得主導地位？以至於「問題」能支配妳的生活？例如：那個「酸酸的」會跟妳說什麼？或是，那個「酸酸的」會要妳做什麼？

3. 妳如何提升對「問題」的掌控力？「問題」如何可以降低影響力？也就是「問題」怎樣會變弱？或在什麼情況下會變強？例如：那個會「全力以赴」的妳，對於什麼事情比較容易出現？什麼事情比較不容易出現？或是，那個「放鬆、放假」的妳，和「全力以赴」的妳，最大的不同是什麼？

（二）挖掘來訪者生命故事中的在地知識

在來訪者的「心頭酸酸」及「全力以赴」兩條故事線中，心理師選擇先去探詢「心頭酸酸」的故事線。她聽著來訪者說著「失落感是妳得自己要學習去承擔的孤單」。使得心理師對於來訪者能夠「承擔孤單」有更多好奇，想知道來訪者是如何與這些失落感共處，還有學習「承擔」的內在知識如何支持來訪者的生活。心理師想邀請來訪者從多元觀點切入，好奇著會出現什麼樣新的火花。

然而，來訪者被她自己強勢的主流故事壟斷，而淹沒於焦慮之中，並沒有看到「酸酸的感受」對於她下週的口試可能帶來什麼意義或能量。來訪者心想：「意義、能量？妳在說什麼啊？妳沒看到後面還有更多源源不絕的事情在等著我嗎？」心理師看見她的人生有數不清需要去達成的生涯項目，就像是一份願望清單，來訪者不斷在完成後一一打勾，再緊追著下一個願望的實現。雖然是身陷在這樣的焦慮思考中，來訪者內心仍有個微弱的聲音在掙扎著吶喊，希望自己能停下來，享受生命裡其他美好的事物。

心理師：現在好像是妳在研究所過程當中很重要的時刻，妳覺得妳由「酸酸的」帶出來的「專注做跟目標有關的事情」，會給妳什麼意義或能量，陪伴著妳度過下個禮拜？

來訪者：我覺得它會一直持續下去耶！就算我過完這個禮拜……其實我沒有覺得可以停下來耶！我覺得最大的困擾是，就算下禮拜口試結束之後，還有心理師考試啊！心理師考試之後，還要找工作啊！就是人生永遠有不斷、不斷、不斷的目標，要去前進，要去達到。在這過程中，我會問我自己說，是不是太看重目標了？然後……導致其實可能……會錯過一些生命中應該滿值得去經營、或是一些美好的事情。

心理師：我看到妳好像在追求一件事情、一個目標的時候，那個失去讓妳會覺得有一些可惜，或是在過程當中有一

些美好的事情被妳自己忽略了。如果可以，妳會想要看見它嗎？

來訪者：被忽略的嗎？（沉默）我不知道耶！我認為就算看見了，好像也不能怎麼樣啊！但，就是我感受到在當下我自己的感覺，而不是壓抑，看見了好像也只能安慰自己說：「嘿！妳應該打起精神來面對妳當初的選擇。」對！繼續專注做跟目標有關的事情。

心理師：當妳看見那個被妳忽略的自己的時候，好像也有一個聲音在告訴妳，要繼續往前了。

來訪者：就好像是告訴妳說……就是……妳就要對妳當初的選擇負責任，妳就是要把它做好啊！

心理師：那不往前的話，會發生什麼事嗎？

來訪者：會擔心浪費時間吧！

心理師：所以，那個聲音會出來告訴自己說「欸！妳該趕快完成妳手邊的事情，繼續專注在目標上，要打起精神來。」常常這個聲音都在嗎？都在妳的耳邊告訴妳這些話？

來訪者：對。

心理師：我看到有一個「被妳聽到的」要專注完成目標的聲音，同時有另一個「被妳忽略的」想要享受生命美好事物的聲音，妳會怎麼去看這兩種聲音？

來訪者：嗯，怎麼去看……應該還是會專注完成目標、繼續努力往前吧！（笑）

心理師：所以，妳只會聽到一種聲音——驅使妳、叫妳「專注

完成目標」的聲音？都聽不到「被忽略的」聲音？

來訪者：對，就是這樣子。

心理師：「被忽略的」享受生命美好事物的聲音和「被聽到的」專注完成目標的聲音，這兩種聲音妳覺得它們之間相處得好嗎？

來訪者：（停頓幾秒）看結果是還滿好的，對！我的意思是說，如果我為自己設定的目標，我每次總是會達到，就是什麼時間、要去做什麼事情、然後達到那個結果，我覺得滿好的。

心理師：妳喜歡這樣子的自己，妳喜歡達成結果、達成目標的自己。

敘事開箱：在地知識─我們是自己生命故事的作者

懷特（White, 1990／廖世德，2001）[1]引用傅柯（Foucault）的想法應用在心理治療中，他認為人類無法得知本質上的真實，而是根據強勢故事來進行生活行動，據以形成自我認同並對自己做出單薄的結論，因而限制了自身的知識、能力的能動性。敘事治療致力於協助來訪者擺脫強勢故事之壓迫，外化問話（externalizing conversation）就是要將人與問題隔開，鬆綁、降低強勢故事的作用力。懷特[2]認為外化的問話本質上是一種「人與問題關係的修正」，只有當人與問題綁在一起，把「有問題的人」視為「問題人物」

才使人成為問題；把人和問題分開，才能開啟空間進行反思。佛瑞德門和康姆斯（Freedman & Combs, 1996／易之新譯，2000）[3] 也強調人不等於問題，問題就只是問題，問題會運作、衝擊或滲透人的生活，而外化就是「人不等於問題」這個信念的實踐。

來訪者的強勢故事是「全力以赴完成自己計畫中要完成的事情」，這個強勢故事支配來訪者的時間安排，也支配來訪者對事情重要性的排序，但是曾經的「重要」如今被新冒出來的強勢故事擠壓變成當下「無法重視」的事情，導致來訪者若有所失，整個會談歷程圍繞在來訪者如何看見並重新取得平衡。

敘事治療認為人是自己問題的專家，看重來訪者本身對問題故事的在地知識（local knowledge），也就是重視每一個人生命實踐歷程所累積的內在知識（insider knowledge）。敘事治療強調每個人都是自己生命故事的作者，在重新詮釋故事時，致力於探詢各種獨特的行動細節、遺忘的情節、多元故事線、特殊意義經驗，以發展出可能的替代性故事（alternative story）。敘事治療師讓來訪者編織自身在地知識，成為自己生命故事的作者，在故事中創造個人意義。

在對話過程中，雖然心理師一直著眼在「心頭酸酸」，企圖引領來訪者看見強勢故事對來訪者的作用力與影響力，但是心理師仍然問：「妳喜歡這樣子的自己，妳喜歡

達成結果、達成目標的自己。」獲得來訪者斬釘截鐵地回答：「對，不要懷疑，我還滿喜歡這樣的自己的。」心理師釋放權力尊重來訪者主觀意義，放手讓來訪者自己決定自己。

（三）衝刺型的短跑選手

來訪者最常在心裡對自己吶喊「打起精神來！」，再做一下下，一下下就好了。她像是一名短跑選手，一直以來，她都知道自己既沒有耐性也沒毅力，她把求學、工作中的挑戰視為一場又一場的短跑比賽，只要往前衝刺一段，就可以達標休息了！也是這個嚴厲的聲音，驅使她完成既定的目標並享受成功的果實，同時也得到了許多的正向肯定，所以「被忽略的」享受生命美好事物的聲音，就像是短跑路上的風，呼嘯過去，別停留！

心理師聽見來訪者內在有兩股聲音：「被聽到」和「被忽略」的聲音。「被聽到的」專注目標的聲音，充滿使命感並催促來訪者去完成目標，以至於她總是「漠視」渴求美好生活、享受生命的聲音。其實，來訪者在吶喊：「我是不是太看重目標了，這導致我忽略掉一些值得去經營的美好事情。」這裡顯現出來訪者在達成目標的過程中，內心的掙扎。心理師邀請來訪者反思「酸酸的」感受，如何有助於她達成許多目標，來訪者的回應是對於「設定目標並達成目標」頗為滿意，繼續籠

罩在許多待辦事項及人生目標。似乎來訪者看不見支撐她前進所需的能量,也讓她付出不少的代價。然而,心理師似乎操之過急,因此也難以讓來訪者發展出支線故事。心理師決定慢下來,決定更加貼近來訪者,尋找來訪者的在地知識。

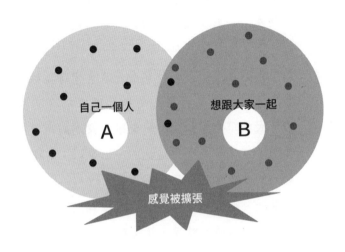

圖6 來訪者對諮商歷程的心象圖

來訪者:對,但是⋯⋯我覺得「被聽到」跟「被忽略」兩種聲
　　　　音,它們並沒有相處得很愉快。因為「被忽略」這一
　　　　方始終是被壓榨的狀態。

心理師:有一方始終是被壓榨的狀態,能不能請妳多形容那個
　　　　被壓榨的狀態呢?

來訪者:應該是說它會被忽略,可是也不全然被忽略,而
　　　　是⋯⋯我還是需要放鬆的時間,但是那放鬆的時間可

能就是跟自己啊、跟男朋友啊！或是跟一、兩個朋友……就比較不會是跟一群朋友。

心理師：看起來它雖然是被壓抑的，也有被傾聽的時候？

來訪者：對，它有被傾聽的時候。

心理師：妳認為「跟男朋友，一、兩位朋友」一起，和「跟一群朋友」一起，這兩種狀況是不一樣的？妳會願意多說一下，怎樣不同？

來訪者：只跟男朋友，一、兩位朋友，我會覺得這樣子好孤僻喔（笑），因為我實在是很喜歡跟一群朋友在一起的。太少跟大家相處時，會跟大家漸漸地遠離，我不喜歡變這樣。我覺得這樣有一點貪心，好像什麼都想要，然後就會把自己弄得很煩，嗯……

心理師：只跟一、兩位朋友時，妳會用孤僻來形容自己，可是當妳說完孤僻的時候，妳又發現到自己好貪心？

來訪者：因為那不像是我熟悉的我自己，以前的我很喜歡和大家在一起啊！可是我自從念了研究所之後，我非常需要安排自己的時間。我擔心跟大家在一起時，會延誤我本來的安排。

心理師：所以，妳心裡面很忙喔？妳知道研究所的課業，妳得要犧牲本來很喜歡跟大家在一起的時間。是犧牲嗎？我可以用「犧牲」這個字嗎？

來訪者：「犧牲」嗎？對，它是犧牲。

心理師：所以妳好像上了研究所這四年當中，犧牲了不少？

來訪者：是啊！而且，我覺得讓我更忙的是，我不只是想要花

時間跟研究所的同學相處，我還想要花時間跟社團的朋友們相處，然後，還有以前大學的朋友，還有高中同學……諸如此類的，就是會有各式各樣的朋友。我就會覺得，天啊！如果我每個月都跟他們見一次面的話，我可能這個月就沒有自己的時間了耶！無法選擇的時候，我想那就算了都不要好了。就都不要花時間，我就選擇跟自己相處……對。

心理師： 所以妳其實是有選擇的，當妳在時間有限的狀態下，妳選擇犧牲一下，先完成眼前最重要的事。

來訪者： 對，可是……我又會想，我爲什麼不能像以前那樣呢？

心理師： 妳有找到答案嗎？是什麼使妳現在妳無法像以前一樣跟高中朋友、社團朋友見面聚會？

來訪者： 我，有……我變了。不知曾幾何時，我不再是急著吃掉棉花糖的孩子。

（四）延宕滿足的代價

　　當來訪者發現能吃棉花糖，[4] 又能獲得他人的讚美時，這棉花糖的味道又更加甜美了。所以她願意等、願意犧牲，且說服自己，在僅有的選擇裡，已經選了最好的了。來訪者仍會感受到參與聚會或活動對她的重要性，不論是各階段的同學、親密的對象，她都期待能維持關係中的連結，尋求在一起的渴望，可又不能太近，她也想保留自己。

　　心理師依循來訪者的故事線，並協助來訪者浮現其主觀意

義：犧牲關係需求、催促自己前進；同時也釐清來訪者的犧牲
是自主的選擇。重整來訪者的兩個故事支線「心頭酸酸」及
「全力以赴」的故事線，更能協助來訪者去捕捉在兩條故事線
之間來回擺盪的最後偏好。

心理師：所以這些都是妳可以自己選擇的嗎？

來訪者：都是我自己選擇的。

心理師：所以犧牲的同時，妳其實是有選擇的。

來訪者：是。

心理師：面臨選擇的時候，妳常常升起一種孤單的感受。妳會
　　　　怎麼樣跟自己的孤單相處呀？

來訪者：比較多的時候，是看一本無關緊要但是感興趣的書，
　　　　然後聽音樂之類的……對。

心理師：那個會去看一本無關緊要但感興趣的書和聽音樂的
　　　　妳，想要給自己一個怎麼樣的狀態？

來訪者：安靜下來的感覺吧！

心理師：妳想要為自己創造一個安靜的空間。

來訪者：對。

心理師：是什麼讓妳需要安靜，靜下來的空間？或是說那個
　　　　「靜下來的時空」何以對妳來說很重要？

來訪者：因為平常真的太忙了！嗯……對啊！

心理師：這個珍貴的安靜時空可以給妳什麼？

來訪者：可以讓我放鬆一點。

心理師：妳撥出專屬於自己的時空，任意地享受放鬆，是這樣

的狀態嗎？

來訪者： 嗯……對。

心理師： 走到這邊，我們似乎看到兩條故事線：「心頭酸酸」及「全力以赴」。同時妳也說到那個犧牲是妳選擇的，妳也不再急著吃掉棉花糖，我很好奇，那個處於「靜下來的時空」的妳，會跟「心頭酸酸」及「全力以赴」這兩個妳，說些什麼？

來訪者： 對……那個「靜下來」的我，會說「這就是長大的代價」。

敘事開箱：反常合道

薩伊德[5]可說是全盤否定艾瑞克森的第八階段說「自我完善、反省並接受人生並對一生感到滿意」。薩伊德認為晚年並非成熟與圓融，反而更孤僻、更不守常規，展現了精神上的自我放逐，一種刻意的不具建設性、逆行的創造。他的晚期風格強調「反常合道」，他透過討論貝多芬、湯瑪斯曼、理查史特勞斯、惹內、莫札特的晚年作品，勾勒了一條全然不合世俗、不合發展階段理論的晚期風格論述：不僅不是和諧與解決，而是冥頑與難解，更是未解決的矛盾。他雖看似「反常」卻更符合其生命之道。

所謂的「常」可視之為大多數人屬之，對於「反常」者可能是不在常模中的少數人，需要找到其各自合適之

「道」。敘事治療是去專家、去診斷、去標籤、去病理的學派，心理師面對來訪者時，持著「不知道」的態度，也就是不預設立場，釋放更多空間給來訪者。如果專家理論與病理診斷是所謂的「常」，在來訪者「反常」之際，正是心理師需要鬆動主流論述的對錯好壞，與個人的好惡立場，並回到來訪者位置去擷取其在地知識之時。就此「不知道」也可說是「不知」來訪者之「道」，敘事治療師要與來訪者共構其「道」。

（五）任性、任意之必要

　　話題從追求目標走到人際失落，又走到安頓內心的狀態。來訪者很少告訴其他人，她需要一個人的時間，因為她怕說了就沒有人願意再約了、怕說了就沒朋友了、怕說了大家都跑光了。除了人際關係的互動需要外，來訪者內心還有獨處的渴求。她很同意心理師說的「任意地享受」，她和自己相處的時候，是任性的、最舒服的、最無拘無束的！

　　心理師好奇來訪者，如何既安頓好自己又能經營關係或達成目標？來訪者創造出一個內在空間安靜獨處，聆聽內在真實的聲音，來安放那些混雜的思緒並重整自己。敘事治療師看重來訪者對生命經驗的意義構成。敘說轉向敘說者的內在秩序和意義，敘說捕捉生命經驗並為這些生命經驗命名。來訪者在敘說自己的生命故事所使用的語言，有如熨斗一般，將來訪者漂

浮著的經驗燙貼在生命的平台上。語言也有如經驗的凝固劑，經由語言而將難以捉摸的、遊離不定的經驗塑型。

心理師：當妳跟自己相處的時候，那些聲音都被妳放在什麼地方？

來訪者：被我放在門外吧！呵……啊！我全職實習選擇去宜蘭實習沒有留在台北……我是台北人，硬要去宜蘭實習，很多人會有疑問，但我就是很清楚這是我想要的。我就是……我知道我想要那個孤單的、安靜下來的自己。在台北有太多事物讓我分心，包含和朋友聚會、聊天之類，可是到外地實習，不容易跟大家聚一起，我反而有更多的時間去跟自己相處，又不用擔心要拒絕他人的邀約。也不用擔心看到別人社群上貼聚會時，我會覺得酸酸的。因為我就……不能去啊！

心理師：好像去宜蘭實習，妳就可以為那個「酸酸的」找到一個合宜的放置位置。妳也可以經由物理空間區隔出不被侵擾的安靜空間，可以盡情地享受孤單。很合理地被大家接受、被自己接受。

來訪者：而且會讓我覺得……那個孤單就不會那麼怪了。

心理師：這個孤單就不會那麼怪了，像是不用擔心別人怎麼看，也不用擔心怎麼去回應別人！我很好奇這個切割，何以對妳這麼重要？可以為妳帶來怎樣的生活？

來訪者：雖然說實習學校沒有活動的話，我每個禮拜都會回台北。可是去宜蘭實習的這個切割對我來講有一個好

處，就是禮拜一到禮拜五就是我自己的時間，這期間我可以專心地看書、專心做要做的事，我就覺得很自在。到了禮拜六、日回到台北可以和大家約，可以去參加聚會。這種時間劃分對我來說是很自由的，可以同時達到我想要「跟大家靠近一起」，又可以「自己一個人」的目標。

心理師： 這個可以在週間專心做妳想要做的事，又可以在週六、日和妳的朋友聚會，妳會說這個妳表達出怎樣的想法或信念？

來訪者： 我會說我找到平衡，而且也做到平衡了！可是現在實習結束回到台北，這些平衡又被破壞了。

心理師： 所以全職實習的妳，在這個平衡達到最好的狀態。妳可以多說一下，現在平衡破壞了，是怎樣的情況？

來訪者： 好像我又得花時間去想，我現在要做什麼事啊！我要怎麼安排時間啊！我要怎麼去回應跟其他人的邀約。

心理師： 好像失去了那些物理時空位置的區隔之後，又都得要全部由自己去想辦法。

來訪者： 對。

敘事開箱：從線性時間隱入流轉時間

敘事的時間不是線性的時間，我們在此刻說的過去不等於過去，所有的經驗都是以「現在」在此刻、當下被敘

說。巴赫汀（Bakhtin, 1994）[6]提出敘事時間從「絕對過去」（absolutely past）到「未定當下」（inconclusive present）往「開放未來」（open future），「過去」是對未定「現在」的準備，「現在」成為對假設性「未來」的預告或籌劃。存在時間是源於諮商對話使得過去與當下接軌，據此產生觀點移動、繼之與未來靠近，開啟隱藏故事並連結貼近渴望的偏好故事。巴赫汀所說的「未定當下」，其中inconclusive（未定／現前）指稱著當下是穿流不息、未曾停歇。自我的當下在於把握／定格（include），使得自我在「當下」把握兩頭呈現為存在時，瞬間塌陷，當來訪者自問「這是誰的期待？」自我的場所隨之崩解，進入內在時空的流轉。

李維倫（2022）[7]也說：「**自我的場所性的崩解，個人只能獨自經驗失序與失效的話語、意念與動作，以及無限流轉的時間樣態。**」現實生活中的日常空間，是以前因後果的線性時間的形式為基礎；而場所的消解也就是線性時間的消解，自我也就消融在無限「流轉／時間」的內在體驗之中。這種無限／流轉時間，是一種越渡的空間，當流轉時間經驗突現並轉入日常的線性因果時間，有如在川流不息的時間流中橫切一刀，造成空隙所掙出來的空間，自我得以在此生成。這是生成領域的集合體，它不能如自我認同那樣的結構，反而必須是開放待變的生發過程，不僅需包括未決的實踐、表達領域，也需包括他者性。[8]

（六）如何接收「他人的聲音」

　　當初來訪者爸媽也都不理解她跑去宜蘭自我放逐的理由，其實是來訪者想要一個人，想要有自己躲起來的山洞（小天堂），舒服又安全！這是個成功經驗。當她面對兩個渴望需要去抉擇時，她選擇了自己。她聰明地想到了這個拉開現實空間距離的方法，以降低人際壓力和自己期待之間的矛盾，幫她自己找了一個合理的平衡。

　　心理師好奇來訪者在面臨衝突、無法安靜時會怎麼做，她問來訪者：「那些聲音都在什麼地方？被妳放在什麼地方？」來訪者說：「被我放在門外吧！」她看見來訪者創造出空間去處理衝突，她也看見了來訪者既想維繫關係也渴望獨處。關於「我不確定是它們的期待還是我的期待」是來訪者新的故事線。

心理師：妳剛有說妳是暫時放到門外，妳覺得舒服嗎？或是妳
　　　　　覺得那是妳想要的嗎？

來訪者：我沒有覺得很舒服，因為門外很吵，我是聽得到那些
　　　　　聲音的，但是……是我想要的嗎？嗯……

心理師：我好像看到一個畫面，就是它們都在門外，它們嘰嘰
　　　　　喳喳的，甚至還會在門外不斷地呼喊，妳覺得它們最
　　　　　大的呼喊都是在說什麼？

來訪者：我最常聽到的是「欸！妳這大忙人到底什麼時候有
　　　　　空？到底什麼時候可以約？」

心理師：那妳通常都怎麼回應？

來訪者： 我就常常説「唉呦！我就很忙咩！」被擋在「門外的喧鬧聲」，真是一個很貼切的形容，彷彿可以聽到被關在門外面的夥伴，此起彼落興奮著更新周遭朋友的八卦消息，重複回味著可以講一輩子的笑話，還有熱情的夥伴正開心地敲打著門片呢！

心理師： 那個快步向前進的自己，能夠帶領妳完成許多任務及目標，然而，棄之於門外、缺席朋友活動也讓妳心有不甘。這門裡門外，妳現在有什麼想法？或是有看到什麼？

來訪者： 我覺得很複雜耶！一來妳就是會覺得説有人在意妳啊！有人喜歡跟妳互動、相處，他們才會想要約妳嘛！被別人喜歡的感覺很好；二來是我的手上就正好有這麼多事情要做啊！妳們可不可以不要那麼的煩！不要一直吵。

心理師： 所以同時都有兩個聲音來跟妳説，妳大多時候是聽哪一個聲音？

來訪者： 第二個。

心理師： 妳們不要一直吵？

來訪者： 對！我必須留下來把事情完成，好好面對！但心有不甘。

心理師： 嗯……妳有機會跟這些留在門外的、被妳暫時拋下的、放置的那些聲音，好好跟它們説説話嗎？

來訪者： 我好像沒辦法跟門外的聲音説「請先稍微等待一下，我忙完再去跟妳們會合」，我的事情會接踵而來！好

像不是下禮拜口試 Final 結束後，我就真的有時間了。

心理師：妳的朋友們知道妳的狀況嗎？

來訪者：大家都知道我的狀況，我是會說狀況的人。

心理師：看起來朋友們是可以接受妳現在正面對著急迫的事情，那妳自己呢？妳怎麼看自己的這種狀況？

來訪者：我就是會覺得老是有一些急迫的事情，我就得要在這些急迫的事情中去做選擇，好像沒有辦法不去回應……它們的期待。我不確定是它們的期待，還是我的期待。

心理師：妳不確定是急迫事情期待妳去回應，還是妳期待自己要去回應急迫的事？

來訪者：因為我也期待跟朋友一起玩啊！一起相處啊！所以，我想……應該是我自己期待我要去回應它們的期待。

心理師：所以好像從剛才到現在，妳心裡有一股聲音說，妳有一份責任感、一份自我要求、或是一份自我期待。不管是對課業、對朋友、對人跟人互動、或是對眼前急迫的事，好像都有一個共通點，都想要把它做到完好、面面俱到之外，還要讓自己也滿意。

來訪者：對！功課、目標、友情、親情、親密關係，都有責任、都要經營。對！很忙，非常忙。

敘事開箱：關鍵時刻[9]

關鍵時刻在晤談時，大多只是隱而未顯、尚未成形的狀態，是在互為主體之間交流的對話中產生，是透過對話來反思治療晤談內或晤談外的言行而產生的結果。這些時刻被形容為「關鍵」，因為來訪者在這歷程中，獲得了有意義的轉變。使來訪者能夠換個角度看待他們自己、他人或他們的處境，一系列全新的可能的選項便於此展開。

關鍵時刻帶來呼喚，邀請來訪者重新建構替代故事，它挪出一個空間給來訪者，讓他們在此述說自己的新故事，並且是來訪者主觀的、內在經驗、生命意識流的語言。在這段時間裡，他們變得更能夠接觸與感知自己——那個也許已經丟失或者被遺落在陰暗角落的自己。來訪者可能會經驗到個人熟悉感與親近感，使得來訪者能夠與他人互動更加親密。關鍵時刻浮現於治療對話的當下，也許就是來訪者獲得改變最有利的時機。關鍵時刻為他們帶來能夠產生共鳴的重要意義，和向前邁進的潛在動力。

來訪者說：「我感覺到自己的小心翼翼，彷彿說這句話，就像要暴露出了什麼！」來訪者不確定是急迫事情期待她去回應，還是她期待自己要去回應急迫的事。也就是說，當來訪者自問「這是誰的期待」，更加暴露出這終究是「我的期待與渴望」，與他人無涉。這個認回來是關鍵時刻。

三、諮商的尾聲

心理師： 我看到妳身上有好多的角色、好多期待，妳也嘗試著去拿捏比例的分量……

來訪者： 我發現其實是我自己把責任感套用在每一件事、每一個目標、每一段關係中，這些責任的枷鎖督促著我向前走。

心理師： 好像妳需要給自己一些涵容的空間，去多聽聽妳心裡面不同的聲音。那我們就先到這裡。

來訪者： 好，謝謝。

四、幕後花絮，以及心理師的新故事

| 心理師 |

生命就像是條長長的河流，在生命之河中，我搭乘寫著自己名字的船隻隨著河流前行，沿途的風景和際遇，增添各種生命的風采。我們成為船隻的掌舵手，迎來生命裡的精彩與考驗，成就不同凡響的旅程。

在這場對話結束之後，我見證一場場洞人心菲敘事私塾裡的生命故事，也在我心裡種下了一顆冒險的種子，領會到生命故事會影響生命。2017 年，我也踏上一條冒險未知的旅途。決定離開求學業及工作待了 14 年的臺北，前往臺中工作，開啟生命故事新的篇章，轉換環境及道別熟悉

的人事物，一切都需要重新打造。勇氣讓自己前往看見不同的生命風景，再次練習讓自己身心安頓下來，播下的種子慢慢發芽澆灌耕耘，逐步成為自己喜歡的樣子。

五年後（2022 年），重新回顧與來訪者的對話歷程，見證成長蛻變必經的孤獨與美麗。當時與來訪者的對話、回饋就像是靈魂的養分，那是一種真誠貼近與不斷修正的過程。心理師與來訪者的對話，就像是雙人舞，我需要不斷地調整步伐及節奏，才能更加貼近來訪者的語言。語言的魔力在於越說越清楚，越說越具體，認同才得以浮出檯面，被自己「認回來」。

｜來訪者｜

我已經走到了下一個人生階段，不再是那個對生涯目標感到焦慮不安，同時又渴望人際關係中親密與認同的自己。現階段我擁有了新的社會角色，是心理師、是太太，也是媽媽，品嚐著過去努力堅持不懈，所帶來甜美的果實。

如今我不再苦苦追求生涯的成就上，反而更加安心自在的滿足於當下，如同我過去曾說，總是都會有新的目標，做完了這個，還有下一個，源源不絕，這個事實沒有改變，卻已非我人生的全部。這些曾經的努力和捨棄，讓我更明白追隨「強勢故事」之流，使我承受著酸酸不舒服的感受，也陷入不斷更新目標的狀態。這段經歷很可貴，讓我知曉在全力以赴的同時，必須誠實面對內在真實的聲音，並有所回應與調整，才能獲得真正的安心自在。更重要的

是，成長並非只是全力以赴、有所捨棄，成長在於明白了可以選擇全力以赴，同時也能選擇平衡內在的需求和渴望。

故事中提到，我運用去宜蘭全職實習的物理空間區隔出自己的小天堂，當時我對自己需要「個人時間、空間」的理解，認為那只是一個直覺的渴望，僅止於想脫離喧嘩的外在世界。而此刻的我，在工作與家庭的拉扯中發現，對我來說這種「個人時間與空間」，就是安定與平衡內在自我最好的方式。這個時間能讓我真正靜下來陪伴與安頓自己，讓我有更多的能量投入工作、享受家庭關係和發展新的自我。

多年後，我更加確信敘事治療見證了來訪者是自己問題的專家，而「答案」盡在故事中。

註：

1 　White, M., & Epston, D.（1990）. *Narrative Means to Therapeutic Ends. Publisher*. NY: W. W. Norton & Company. 廖世德譯（2001），《故事‧知識‧權力：敘事治療的力量》。台北：心靈工坊。

2 　Ibid. p.71.

3 　Freedman, J., & Combs, G.(1996). *Narrative Therapy: The Social Construction of Preferred Realities*. New York: W. W. Norton & Company. 易之新譯（2000），《敘事治療：解構並重寫生命的故事》。台北：張老師文化。

4 　Mischel, W., & Ebbesen, E. B. (1970). Attention in delay of gratification. *Journal of Personality and Social Psychology*, 16(2), 329–337. Watts, T., Duncan, G., & Quen, H. (2018). Revisiting the Marshmallow test: A conceptual replication investigating links between early delay of gratification and later outcomes. *Psychological Science*. 29(7): 1159–1177.

　　「延宕滿足」（delayed gratification）是指個體為了達成特定目標、獲取渴望的結果，而願意克制衝動，放棄立即的滿足，以換得未來更大滿足的心理特質。這個心理特質是由美國史丹福大學心理學教授沃爾特‧米歇爾（Walter Mischel）與其研究團隊，在 1970 年代所設計的著名的「棉花糖實驗」（marshmallow test）所發現。在此實驗中，實驗者給一群年約四歲的幼兒每人一個棉花糖，告訴他們「如果 15 分鐘後我回來，你還沒吃掉第一個棉花糖，便會再多給妳一顆」。實驗結果發現，能夠「延宕滿足」的孩子，也就是能克服欲望、自制力較高的孩子，成年後獲得成功的機率會較高。但是，美國加州大學爾灣分校的研究人員（Tyler Watts 等人）在 2018 年又重複這個實驗，找來更多樣背景的九百多位受試者，結果顯示兒童日後成功與否，更受到兒童的家庭的社經地位，而非「延宕滿足」的心理特質。貧困家庭孩子，不確定後來是否還可以吃到，傾向追求立即滿足；而家境優渥的孩子，想吃隨時都可以吃，有沒有第二顆對他們來說一點都不重要。

5 　Said, E. W. (2006). *On Late Style*： *Music and Literature Against the Grain*. New York : Pantheon Books. 彭淮棟譯（2010），《論晚期風格：反常合道的音樂與文學》。台北：麥田。

6 　Bakhtin, M. M. (1994). *The Bakhtin Reader: Selected Writings of Bakhtin*, Medvedev, and Voloshinov. ED. By P. Morris. London: Edward Arnold.

7 　李維倫（2022），《存在催眠治療》。台北：心靈工坊。第三章，第 68 頁。

8   余德慧（2007），〈現象學取徑的文化心理學：以「自我」為論述核心的省思〉，《應用心理研究》，34: 45-73。文中指出：倫理／心性的轉圜問題就必須是「讓空間融入時間」與「讓時間轉向空間」的雙向循流的問題，空間的結構消融必須不完全，時間的空間結構化也不能完全，而必須是此在當下開顯，那麼這樣的主體不能是「同一性」的自我（self-identity），反而是諸多生成領域的集合體。它不能如自我認同那樣的結構，反而必須是開放待變的生發過程，不僅需包括未決的實踐、表達領域，也需包括他者性，因為這個主體需要空間的距離來操作，並造就現實條件中主體的誕生，但它需要此在地揭露存有的時間性，歸返自身而非踰出。（第 66 頁）

9   黃素菲譯（2016），《敘事治療三幕劇》。台北：心靈工坊。關鍵時刻的內容在第 190-211 頁。

第 2 部

結合又跨越高峰與低谷，
才能看到波浪的形貌

主流與邊緣

第五章

靜待開啟的潘朵拉之盒
奪回性別身分認同的故事

挑戰社會文化建構的親密觀框架，
忠誠並不是親密唯一的樣子，
開放也未必就不親密。

楊政銘、王威中、黃素菲

我爸媽發現我是男同志時非常反對，至今他們已經反對七年了。後來他們就跟我表示說⋯⋯你未來的人生就是你自己的，我們也不會干涉，但他們說你不要交到「壞朋友」，那我心裡就想「什麼是壞朋友？」雖然會很開心好像爸媽已經慢慢接受自己的同志身分，但是卻有另一層擔心，我不確定我男友是不是我爸媽說的「壞朋友」。我跟我男友是開放式關係，可能不易被社會所接受。很多人質疑過為什麼我要進入這種關係，他們覺得這種關係是一種假象，不可能持久。我一方面覺得別理他們，一方面又覺得這種關係真的沒辦法跟很多人講，我必須要隱藏起來，就像以前我要把我喜歡男生這件事藏起來一樣。如果我真的要把它打開的話，我要處理好多問題，我不知道我有沒有辦法承受。我與男友會進入開放式關係，是因為男友不斷偷吃且被我發現，直到我覺得這樣下去也不是辦法，我才主動與男友討論開放式關係的可能性，但在討論過程中也經歷許多困難。

一、對望著開始的到來：未知的冒險

對於眼前的這人，我並不熟悉，對於對方可能揭露的尺度、談論議題的方向與步調，我的第一個想法是「打安全

牌，讓對方帶領吧！」

我應該有勇氣毫無保留地講述自己的經驗和故事，我相信
大家能夠接納我、並接受我，這裡安全與信任的氣氛促使
我變得有自信，我選擇了我目前最困擾的開放式關係議
題。要講自己的同志身分已經夠嗆了，還要加上一般人無
法接受的開放式關係議題，真的超緊張的。

我們兩人對坐看著彼此，感受著被大家圍繞目光匯聚的氛
圍。如同拉斐爾的雅典學院一般，眾人圍坐在知識的殿
堂，探究著生命的本質。也在眾「諮商人」的環繞之下，
以探索幽微心思苦惱為契機，逐步開啟，於是如同畫中的
亞里斯多德與柏拉圖一般，來到眾人中央，眾人起身調整
了舒服的位置，圍繞著我們兩人，靜待著對話的開始。伴
隨著時間流動，兩人故事開啟的是擺放在眼前的「潘朵拉
之盒」。

二、對話開展

（一）諮商開啟：安全與冒險的試探

　　在試探性的氛圍中，雙方建構出「可稍微冒險的試探」氛
圍，對話逐漸開啟。晤談初始，心理師無法確定來訪者要談情
感關係還是家庭關係的議題，因此決定讓來訪者對自己的步調

有更多掌控感與安全感，並試圖以隱喻來象徵出櫃，探索「隱藏」的背後的種種擔憂。來訪者則感受到心理師能接受同志的身分，比較放心地繼續敘說。

心理師：你所說的關係是指？

來訪者：就是我跟我另一半……就是……男朋友，不然就是跟我家人那部分，就不知道該怎麼起這個頭。

心理師：那你可以從你比較舒服、好說的、或者是你比較想講的開始。

來訪者：應該是說其實最近我跟家人發生一件事……我跟我男友已經交往六年多，當時我爸媽發現我是男同志的時候，一開始非常反對，到現在他們反對七年了，最近他們就跟我表示說……你未來的人生就是你自己的，我們也不會干涉。但他們說你不要交到「壞朋友」，我心裡就想「什麼是壞朋友？」雖然會很開心好像爸媽已經慢慢接受自己的同志身分，但是卻有另一層擔心，就是不確定我男友是不是我爸媽說的那個「壞朋友」。

心理師：好像父母在同志這一方面的態度有一些轉變，從不接受到接受了。

來訪者：對啊！

心理師：聽起來好像是一直以來都不能打開的寶箱，但是突然有一天，好像這個蓋子是可以打開的。

來訪者：我不知道要不要打開。

心理師：好像在猶豫要不要把這個東西打開看看，讓別人看看裡面的東西。

來訪者：大概是這樣的感覺，而且我覺得我打開不一定每個人都會同意，因為我跟我男友的關係比較不像是……怎麼講，不像是被社會所接受的關係，就是我們是開放式關係……你知道什麼是開放式關係嗎？

心理師：我不太清楚那是怎樣的關係，但可以感覺得到的是，好像每一次要打開蓋子，都需要掙扎、思考和很多勇氣。你要多說一些「開放式關係」嗎？

來訪者：就是我們雖然是一對戀人，可是都允許彼此再去各自去發展關係……就是各自還會去約炮……

心理師：你會擔心別人怎麼看你們的開放關係？還是會擔心什麼？

來訪者：很多人質疑過為什麼我要進入這種關係，他們覺得這是一種假象，而且不可能長久，我一方面覺得別理他們，一方面又覺得這種關係真的沒辦法跟很多人講，我要藏起來，就像以前我要把我喜歡男生這件事藏起來一樣。然後我爸媽說不能交到「壞朋友」，不知道我男朋友算是「壞朋友」嗎？就變成這樣子的感覺。

心理師：假如這個你想公開的東西是第二個蓋子，第二個蓋子是怎麼出現的？我的意思是說，第二個蓋子要蓋住什麼？

敘事開箱：浮現故事細節

　　心理師與來訪者置身在當時的情境脈絡中，探索隱而未現的支線故事，來訪者將能有更多的空間豐厚自身的故事。對於來訪者才剛剛起頭的故事，若能先開展故事的厚度再做隱喻，使來訪者鋪陳更多經驗的細節，不致以概念抽象描述而造成故事只有骨架，導致缺乏深刻的情感內容。心理師針對具體的事件，有如親臨現場，[1] 以臨在、好奇的態度提問，更能浮現故事細節，例如：

- 你說的開放關係是指怎樣的狀況？
- 你在這樣的關係中，你需要對父母藏起來什麼？或是對別人也需要藏起來？是嗎？
- 是怎樣的情況，以至於使你要蓋起來？

來訪者：應該說我把這個東西蓋起來放在那邊不管時，就只是蓋起來，但一直藏著，也沒辦法跟我爸媽有更親密的感覺吧！因為以前我跟爸媽算很親密，但自從第一個蓋子被他們打開後，我開始覺得我和爸媽都沒辦法像以前那麼親密。現在我父母比較接受我是同志，卻剛好面臨我跟我男友的開放式關係，也就是你說的蓋著的第二個蓋子，所以，我不確定要不要講出來。我希望跟我爸媽之間沒有祕密、能更親近一點。可是，如果我真的

要把它打開的話，我要處理好多東西，我不知道
我有沒有辦法承受。

心理師：你是說蓋起來藏著，會妨礙你與父母的親密感？

來訪者：對啊！但是開蓋子，滿可怕的，尤其是開放關
係，打開來的話……

心理師：我滿好奇第一個蓋子是被發現，不是自己打開
的……我想瞭解的是蓋子被發現之後，你所經歷
的歷程，好像對你來說是滿重要的。是如何從一
個一開始不被接受，到現在被接受？而這段歷程
你又是怎麼走過來的？

來訪者：好長喔（笑），有七年的時間，我想一下喔……

　　來訪者開始長話短說地敘說了自己出櫃的歷程，包括：被
父母發現是因為他與前男友在家裡床上抱著睡覺時，接著被父
母帶去看精神科、去廟宇化災、沒收手機及網路，母親對他下
跪希望他變回「正常」，以及他因為擔心別人眼光而無法對
朋友和老師述說自己的痛苦經驗。這段經驗經歷了一年後遇到
了現任男友，生活才慢慢好轉，但他依舊沒有告知父母他目前
正與男性交往。他也表示這段經驗是很可怕，他擔心會重蹈覆
轍，對他來說，光自己是同志就已經鬧了家庭革命，若被父母
知道他與男友是開放式關係，不曉得會有什麼恐怖的下場，而
這成為了矛盾的狀態，他想透過自我揭露與父母更親近，卻又
擔心父母再次無法接受自己。

敘事開箱：打開心理空間

當我們在說故事的時候，彷彿進入時光隧道，整個意識籠罩在一種昏瞑的狀態中，偏偏這個無限寬廣的意識之海，只能透過語言這個有如小瓢子一般的工具，取大海之一瓢作為故事的呈現。為了回到原初的意識之海洋，我們必須穿透語言回到經驗的現場。我們在對話時，總是一面看著一瓢子水，又一面要觀照著整個海洋，這個時候「外在敘事」（External Narrative the objective story）可以稍稍幫上一點忙，我說「稍稍」，是因為回到經驗現場是一種態度，不是一種技術。因此在運用外在敘事去探究當時的人、事、時、地、物，當時的前後狀態，當時發生了什麼事……這根本上只是一根繩子，我們是藉著這根繩子回到原初經驗的現場。

讓多元觀點浮現，有助於鬆動與解構來訪者的主流故事，繼而能夠在觀點移動中，找到自己的位置。心理師將「外在敘事」、「內在敘事」、「反思敘事」反覆交替運用，有助於聚焦在來訪者的故事細節、相關人事時地物（外在敘事）；感受、情緒、信念（內在敘事）；主觀意義、不同觀點（反思敘事）等，可能的問話是：

- 打開第一個蓋子時，有發生什麼重要的場景或事件嗎？在什麼地方？晚上嗎？那時候你有想到什麼？或是有哪些感受？

- 那天晚上你父母和你的情況，現在回顧當時的你們，你們現在與當時有何不同？這個不同說明了什麼？
- 這些經驗會影響到你打開第二個蓋子的行動嗎？
- 如果打開第二個蓋子，你父母知道你現在處於開放式關係，他們出現怎樣的態度，是你擔心的？他們出現怎樣的態度，是你期望的？
- 如果要去打開第二個蓋子，你要處理很多東西，你覺得最關鍵、最核心首要必須去做的是什麼？何以這很重要？
- 你有想到怎樣回應父母，比較能夠繼續保有你跟他們之間的親密？

（二）諮商平行線：兩路出發、各說各話

　　諮商歷程開始進入轉折，來訪者更加地開放與前進，從表面的問題「是否向父母表露自己的狀態」轉向「自己進入開放式關係的原因可能不被父母（或社會）接受」。心理師則因為敏感到自己是否也會成為他所說的「社會眼光」，因此有點想要將諮商方向朝往「他想和父母出櫃」的擔心，而非討論「他在開放式關係中受到的委屈」。

心理師：好像有兩個東西在拉扯，就是一個是很希望跟自己的父母有一種接近，有一種被瞭解，自己樣子被父母看

見、接受，但是又有一個部分，會擔心自己表達出來之後，父母沒有辦法接受自己真實的樣子。渴望跟父母更加接近，又害怕因為這樣子行動，造成彼此距離拉遠。

來訪者： 我爸媽也可能沒有辦法接受我現在的男朋友吧！

心理師： 怎麼說？

來訪者： 因為可能我的男友是比較……（沉默五秒）應該說我們會變成開放式關係，很大一部分是因為我男友，其實一開始我也算是被迫開放，你知道被……你不懂的話可以問我（笑）。

心理師： 我不是很懂得被迫開放，因為（笑）……你可以講一下。

來訪者： 主要是我男友之前好幾次偷吃都被我發現，後來我覺得這樣下去也不是辦法，才主動和男友討論進入開放式關係……我就跟他說如果你要出去約的話，那我也要，結果他就說只有他可以，我不行，當時我就覺得怎麼那麼不公平啊！這樣的關係太不公平了，之後發生很多事情，我們才比較能光明正大談這件事，他也慢慢接受我有其他性關係。但現在我們的關係有慢慢越來越平衡，不過當我們變成這種關係的時候，很多人都會問我說「為什麼不要分手？」或是我也擔心我爸媽會這樣問，就是「你為什麼還要繼續待在這個關係？你就知道他不好，為什麼還要繼續待在這個關係？」但我好像也沒辦法跟他們解釋說我為什麼還要

繼續跟他交往，就雖然……我們現在關係還不錯，但還是會有這樣的擔心。

心理師：好像不知道該怎麼跟父母解釋這樣的關係？別人也很難瞭解這樣的關係？

來訪者：對，有可能是父母或朋友，反正是一些其他人，對呀！其實現在是其他人（對我的開放式關係）的反應，讓我更加掙扎，畢竟父母目前還不知道我現在關係的眞實情況。

心理師：雖然你被父母發現同志身分之後，經歷許多波折，我滿想知道的是，如果你試著去跟爸媽講講看的話，你會怎樣去跟別人解釋你爲什麼會願意、或你選擇待在這個關係裡面？

來訪者：主要只是因爲……我覺得我已經和他交往很久了（笑）……就覺得說我們都交往六年了，那這六年的感情也不是假的，我有感受到他滿眞的，所以我才想努力，看能不能維持這樣的關係，雖然當時感覺是只有我在努力啦！他就是擺爛，但我不跟他分手也有很大的原因是覺得……其實我也不太確定，哈哈哈（笑）

心理師：感情的事，好像總是很難說得清楚，你也還在思考自己怎麼一直跟他在一起？還是你其實……你已經想清楚了？

來訪者：我覺得他都沒有看到我的努力，但我覺得我的努力好像也跟我一個議題有關——我怕找不到伴侶。因爲我

是一個同志，所以我之前很多時候不想分手，會擔心跟他分手後，我會不會找不到下一個對象？所以我會想要一直努力維持在這段關係。

敘事開箱：隱而未現

生活世界是一條說不清楚的大江大河，日常生活其實是複雜多元、詭譎多變、難以描繪，我們就在生活世界中打滾，你得在其中做事，或從事了某事，才知道怎麼回事，等到你知道是這麼回事，之後，又總說不清是怎麼回事！生活世界從來都不是容易說清楚。以「隱而未現」[2]問句，透過將來訪者的「努力」外化，並探索在伴侶「擺爛」的經驗之下，是否還有其他的隱藏的支線故事。

例如，心理師可以提問：

- 聽起來你們的感情很真實，但你的「努力」卻沒有被他看到，那對你來說，你在這段關係裡面，你的「努力」想要得到什麼？
- 即使對方擺爛，你還繼續留在這段關係裡，這表達了你在這段關係中的什麼立場、價值、或是……？
- 你的「擔心」似乎說明了某些你的信念，是嗎？同志伴侶得之不易？還是，是別的？
- 還有什麼是你那麼努力留在這個關係裡，他卻一直沒有收到的心意？他一直忽視、漠視了你的什麼心意？

來訪者：可能我覺得我是真的滿愛他的，就覺得我可以再多做些什麼挽回他，但真的很多人跟我說「爲什麼不分手？」這也是我擔心的，就是只要我跟別人講我的故事的時候，有的人就說「你爲什麼不離開他？你說不定離開他會找到更好的人生啊！」

心理師：所以除了這個關係是開放式的關係，社會會有異樣眼光的部分，還有一個部分好像是在這個關係裡面，你好像是比較努力、比較付出的那一個，所以也會擔心父母在看到這個部分的時候，會覺得你可能應該去做一些行動，會讓你覺得又被……

來訪者：我覺得你剛剛說的也讓我想到一些事情，我覺得父母不是變成斥責我，是會變成……他們好像會替我覺得委屈嗎？還是什麼？因爲我媽曾經說過「你以後如果娶老婆（笑），但卻還要做家事」，他們可能無法接受。我就想說「爲什麼？有必要嗎？」他們好像不希望看到我受委屈，但是我的情感故事幾乎都是我在受委屈。

心理師：所以好像要讓他們知道自己的心肝寶貝被對待的方式，不太如他們所想像那麼被呵護或者是善待的感覺，也會有某種程度會讓他們感到有點難受，難以接受。

來訪者：嗯……嗯……嗯……對啊。

敘事開箱：讓經驗說話

描繪支線故事，邀請生命故事的一說再說，從粗到細、從表淺到深層、從主流故事到隱藏的替代故事，就打開問題的空間，提供了改變的可能性。好的提問引領出重要的經驗，比高明的答案更能啟發人心。我們經常不是知道了才說，而是說了才知道。心理師還可以嘗試的提問如下：

- 好像那六年的努力，對你是有特殊意義的，但似乎別人不是很能理解你？最希望被理解的是什麼？
- 如果你有機會跟你的朋友解釋，你會想要解釋什麼？
- 你選擇繼續留在這段關係中，你的理由是什麼？
- 你決定繼續留在這段關係裡的理由，跟其他戀情，有不一樣嗎？最大的差異是什麼？

（三）諮商交集線：讓經驗串成主觀意義的故事

來訪者想談的是開放關係中的難題，他心想：「你同理我『向父母揭露自己情感關係上的為難』，但這樣的同理與我實際的經驗故事相差甚遠，使我產生抗拒，無法回應。」心理師依舊停留在父母議題，導致兩人並沒有在相同的對話脈絡上。心理師發現在同理之後，以「不知道」（not knowing）的好奇，再進一步「提問」，才能與來訪者保持在同樣的對話脈絡。

來訪者：之前有發生一件事，我男友很開放，他在網路上 po 跟別人的親嘴照，是大家都看得到，但這給我帶來了困擾，有些知道我和他在交往的朋友，就一直跑來問我：「你跟他現在到底是什麼關係？你怎麼可以容許他跟別人親嘴？」但我就想說：「這是他的事，關我屁事？」我覺得這還好、沒差，但他們會說：「你怎麼那麼笨、那麼蠢？怎麼可以讓男友做這件事？」我想說：「為什麼是跑來問我？我還要被你們說教？」這會讓我不太確定我選擇這樣的關係，到底是好還是不好？明明跟我男友在這段關係，我們兩個也已經溝通很多次，找到彼此舒適的位置了，卻被大家這樣逼問，使我有一種不知道未來在哪的感覺……如果我再繼續下去，我們兩個的關係到底是什麼？我已經不太確定……

心理師：你認為對你們來說，兩個人的感情是兩個人的關係，但是好像把這個蓋子打開就變成好多人的關係，而且這個蓋子打開又不能再收回去，就變成有很多很複雜的因素涉入，不論是社會、父母，還有各方各面的人，都會來檢視你的關係，甚至他們也不需要經過你的同意，就能對你加以評論或是給你建議。好像這個蓋子某種程度也保護了你的某種隱私，某種這個關係可以維持在兩個人裡面的感覺。

來訪者：我覺得你剛剛說的蓋子打開就沒有辦法蓋回去很好，真的是沒辦法，就會變成我們只能自爽，只能內心暗

自去抗爭，或是別人講我們的時候，就不要在意就
好。可能用比較消極的方式因應吧！但沒辦法做太多
解釋，因為只要一解釋，他們就會說「我不相信你們
講的啦！」（笑）只要這樣就會沒什麼好說的。

敘事開箱：發展多元的支線故事

心理師可以透過「發展故事的問話」，將來訪者男友的
聲音拉入故事中，例如：「你的伴侶將他跟別的男友親
嘴的照片 po 網，你認為這透露出他對你們關係的什麼態
度？這對於你看待你們兩人的關係有何影響？朋友們看到
po 出來的親嘴的照片而跑來質問你，對你來說最不公平、
最被冒犯的是什麼？」以便發展新的支線故事，用以擴增
原本孤身面對他人評價既有的主線故事。

心理師：所以這個蓋子是很複雜的，有各種各樣的……不是輕
易開就能開的，甚至也不是說蓋著就永遠幸福快樂
了，好像……

來訪者（插話）：蓋著還是有可能被別人發現（大笑）。

心理師（跟著一起笑）：似乎一直是你一個人孤身在應對他人
的反駁，不過我剛剛有聽到你說到，你和你男友溝通
很多次，彼此也找到舒適的位置。那我好奇的是，為

了找到你們都覺得舒適的位置，你跟你男友的溝通，你的感受是……你學到什麼？

來訪者：我們真的溝通很多次，以前我都會悶住不表達我的情緒，他之前也提醒我要把我的情緒講出來，他才知道我在想什麼。我覺得我現在能慢慢地把我的情緒講出來，很多是受到他的影響。

心理師：在這個溝通過程裡，你做了哪些努力？

來訪者：我們溝通的方式很常是他先不斷問我到底怎麼了，我才會開始提出了我的情緒和看法，他才知道我真的很生氣。以他公開和別人親嘴照的那件事情來說，我開始學著直接和他說，你不能這樣不告訴我就公開在網路上，這會帶給我很多困擾。我說：「如果我沒經過你的同意，就發布和別人的親嘴照，那你會開心嗎？」我這樣問他才理解，也跟我說對不起，我們之後才和好。

心理師：你學到更主動地表達你的感受？

來訪者：嗯……

心理師：這樣主動表達的你，有影響他的作為嗎？

來訪者：當他知道事情的嚴重性，他才能理解我的想法，也比較能注意到我怎麼了。但很多人不知道我們有這段溝通和和好的歷程，他們就會跑來抨擊我們的關係，而不是看到我們其實也溝通了很久。

心理師：在你們的關係裡，你付出比較多？是什麼讓你願意付出比他多？

來訪者：我覺得可能是我和我男友交往過程中，他也有帶給我很多開心的時刻，例如我們有聊不完的話題，興趣也相同，所以我不想因為他和別人做愛這件事情，就否認我跟他個性很合的狀況吧！但很多人就會覺得「會一直偷吃就是不好的，要趕快分開」，但我就會覺得我可能很難再找到個性這麼合的人了。

（四）打開潘朵拉的盒子：故事共寫之美

肯尼斯‧格根（Kennith Gergen, 2009／宋文里譯，2016）[3] 說我們不是個人主義式的自我存在，而都是關係中的存有。所有的關係都必須回到「關係脈絡」中，師生關係、親子關係、同事關係等等，開放關係也都得放回去那個所屬的關係脈絡中，才能真正理解。對來訪者來說開放關係本身已經很麻煩了，更麻煩的是身邊的人怎麼看開放關係。

來訪者：其實我會覺得……別人來問我這件事情，別人發現我跟我男友的關係好像怪怪的這件事，很大部分是會怪我男友吧！

心理師：哈哈哈！你朋友都很挺你喔！

來訪者：對呀！可能我也不知道怎麼跟他們解釋吧！有時候我講到我的一些故事，他們就會很激動，我覺得可能他們也是為我好吧！可能對他們來說，看到我在這段關係裡，真的很累。

心理師：你男朋友做了什麼，讓你的朋友都看不過去？

來訪者： 因為他曾經說過他想要塑造一個他沒有伴侶的 FB，不過他 FB 的貼文我都可以看得到，所以那個經驗很奇怪，就變成他在經營一個網路紅人的形象，所以就要塑造出他是一個單身的人，然後跟別人都可以抱抱親親的形象……因為兩人是住在一起，因此我一開始對於男友的行為會感到不解，但看到男友對我的互動也並未因此改變，我們一樣對彼此的情感還是會盡心盡力，因此面對外人對我們情感關係的質疑，我會有一套理由反駁對方。

心理師： 朋友們比較挺你，會去責怪你的男友，這似乎跟你們兩人的關係的真實樣貌並不一致，這使你面對了怎樣的難題？

來訪者： 我覺得比較困擾的還是別人怎麼看我跟我男友的關係，很多人都問說：「為什麼你跟他在一起，但他的 FB 都沒你的蹤影？」我想說：「這是他的事呀！你幹麼管人家？我 FB 上有他的蹤影就好了，你也有我的 FB，你看我的 FB 就好了啊！」因為我也是會 po 一些我跟我男友去哪裡幹麼的一些事，那知道的人就知道，很多人問我說：「對他來說我到底算什麼，我到底是不是另一個他玩玩的對象？」我會說：「其實還好。」他們就會說：「但我覺得他在玩你耶！」我就想說：「但我們交往六年了耶！」我覺得好像沒有什麼玩不玩，這六年或許可能他有少愛我一點，但我覺得我們這六年過得滿真實的，畢竟我是他唯一一任

交往這麼久的，他也常跟我說：「我現在最重視的就是你。」所以我就覺得我們兩個人的關係不用受到外人質疑，但外人就會一直質疑，然後我要不斷解釋，很麻煩。

心理師：在剛剛你說別人怎麼看你跟你男友的關係種種，你認為他們還需要你去解釋，你有看到這個「還需要去解釋」是如何造成的嗎？

來訪者：我覺得好像他們認為「我必須要管住他」，我覺得他們說的「管」，對我來說不太合理。現在我們說好是開放式關係，如果我去管他，那就不是開放式關係呀！況且，我要怎麼管？難道我要監控嗎？還是說我要看他到底什麼時候跟別人做什麼、或說什麼？我什麼都要管嗎？

心理師：你在這個開放關係中，有哪些你的體會是你身邊的朋友不知道的？不理解的？

來訪者：嗯……一方面我會覺得我滿累的，因為朋友也會跑過來跟我說：「你都不管管你男朋友嗎？」我就跟他說：「那是他跟別人的關係，我不想介入，那是他的事情，如果我去介入會很麻煩。」他們就會說：「但這樣大家就會怪你。」我知道他們是替我擔心，但這樣大家就都會怪我：「你身為他男友，卻不管他跟別人，這樣很不好。」其實真的滿累的。另一方面的話，我想我應該體會到……愛情不只是我朋友所想像中的那一種樣子吧！

敘事開箱：忠誠作為關係中的主流論述

作為敘事治療的心理師，必須經常敏覺於：「來訪者敘說的故事，是經由社會建構出來的嗎？有哪些社會論述形塑了來訪者的問題？是否有主流的敘事或集體故事在壓迫或限制來訪者的生活？」心理師才可能去將來訪者的單薄故事轉變成豐厚的故事。

關係中的存有，在此至為明顯。當有人說「你應該管管他」，是在說「他是你的責任」，而這前提來自異性戀主流論述：「你們兩個是一對，既然是一對，他就不應該跟別人鬼混。」、「他跟別人鬼混，就有責任管管他。」可是來訪者兩人是協議好成為開放關係。而他人「理所當然」地說「你要去管他」，這個「理所當然」是帶著異性戀親密關係的主流價值，表明了發言者是處在朋友關係脈絡裡，在朋友的關係位置，看來訪者受委屈，想幫忙出氣，而朋友卻不是直接去罵來訪者的伴侶，而是跟來訪者說「你要去管他」。這個「跟你說你應該……」恰好說了「我關心你，你不該受委屈」。關鍵是來訪者不僅不會因為朋友說「我關心你，你不該受委屈」，甚至更多了一層生氣：「關我屁事！」

我們總是在說話的時候給出了自己的立場和位置，來訪者生氣地說：「關我屁事！」給出了他所面對的社會規則，而這個社會規則是經由朋友說「你應該管管他」而顯

露出來。而這個社會規則很大程度地反映出「忠誠與責任」的情感論述的主流架構，而「開放關係」恰恰是一個相對的位置，是一個既流動（相對於忠誠）又開放（相對於責任）的位置。

心理師： 好像大家都用了異性戀主流所謂「忠誠」的愛情觀來說你們的開放關係，還有別的類似的情況嗎？我是說異性戀主流的愛情觀，對你的壓迫……

來訪者： 我覺得他要去玩弄別人的心，不關我的事呀！那是他自己要去承擔的責任！有一次就是有個人很真心誠意地要和他交往，但最後對方發現原來我男友早就有男友了，他就崩潰大哭，那我就像是站在旁觀者位置，心裡暗說「加油！」也就是說我不會以所謂的「第三者」去看這個人。這是我男友要自己去處理的事。但別人看到這件事，卻反而問我：「為什麼不跟你男友說這樣不行？怎麼不早點勸你男友和對方講實話？」他們都把責任推到我身上，就覺得我應該要去管教我男友，我想說：「這關我屁事！」但就是因為這樣，我在這段關係有時會覺得滿累的，別人也不一定會懂。

心理師： 好像過去一直被要求承擔不是你自己的責任，但在剛剛的表達中，你可以很有力量地釐清責任，我很好奇這樣的力量從哪來的？

來訪者： 哈哈！這種力量是怎麼來的嗎？嗯……這有點難回

答，我想想⋯⋯我覺得⋯⋯可能我是想讓我男友知道他自己惹出來的事情，總有一天要自己面對吧！總不能都是我在面對，或是幫他擦屁股。或許這種力量可能是報復的力量也說不定，哈哈哈！

心理師：在這段很難被外人理解的「開放關係」的寶貴經驗，你最想要跟我們這些局外人說些什麼，讓我們稍微懂一點？

來訪者：開放關係，就是我們兩人擁有親密關係，同時又各自開放去發展其他關係，各自為各自的其他的——就是我們兩個人之外的——關係負責任。不要再來跟我說我要去管教他不可以，他自己要去管自己，不關我的事！

敘事開箱：相對影響問話

透過浮現、看見主流論述，去探究在這樣關係中來訪者對抗主流論述的力量，用以解構「開放式關係」就是不好、就是傻、就是被騙的「主流觀點」。除了關心「問題」對來訪者的影響，也關心來訪者對「問題」的影響，總是好奇著在「問題」面前，來訪者身上還有哪些方法能使他自己不被「問題」困住？像是：

好像過去一直被要求承擔不是你自己的責任，但在剛剛的表達中，你可以很有力量地釐清責任，我很好奇這樣的力量從哪來的？

三、諮商的結束：燙手的潘朵拉盒子

　　很少生命事件發生「與君一席談、勝讀十年書」的事，就算當下那一刹那有「勝讀十年書」之喜，也很快地就會被接踵而來的「生命過程中的無數下一個片刻」所淹沒。作為活著的人，總是等待著，隨時接住生活中每一個刹那丟過來的球。

心理師：瞭解，好那，還有什麼……

來訪者：我也不知道，呵呵呵，我也突然有一點……

心理師：還有什麼？還有兩分鐘的時間，還有什麼你覺得重要還沒有表達的？

來訪者：就只是覺得……現在有點不太確定要不要繼續這個關係，不知道繼續下去有什麼好處……就是不太確定我們的關係吧！

心理師：所有的關係都很不容易，處在開放關係，更加不容易！

來訪者：很困難，非常困難！

心理師：我們下次繼續對話。

四、對話旅程的歷程與回顧

（一）故事軸線

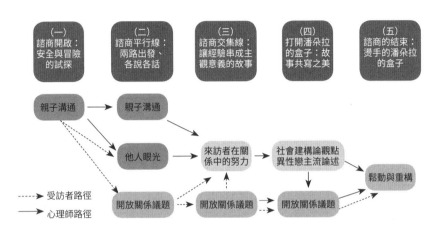

圖7　靜待開啟的潘朵拉之盒的故事軸線

　　這裡呈現心理師與來訪者在五個階段的路徑，六個主題分別為「親子溝通」、「他人眼光」、「開放關係議題」、「來訪者在關係中的努力」、「異性戀主流論述」與「鬆動與重構」。從圖1中可以發現，來訪者先從家人開始談起，而心理師則接著來訪者的方向進行諮商，到了階段二的時候，心理師與來訪者各有關注重點，兩人的短暫失之交臂。但到階段三的時候，來訪者開始將主題往情感關係方向深入，心理師與來訪者剛開始出現明顯不一致的狀態，後來終於在敘事治療強調「在地知識」，以來訪者在關係中的主觀經驗開啟對話，並圍

繞「社會建構論」的立場上，重新聚焦方向，而在第四、五階段兩人攜手一起共寫故事。

此動態歷程顯示出心理師與來訪者的諮商動力流動，從僵局到合拍的過程，心理師要相信來訪者是自己問題的專家，而不是以治療專家位置「掌控」方向，才能回到來訪者的故事，找到化解問題的開關。

（二）來訪者與心理師旅程：來到地球會談的外星人 vs 走岔了再回頭的「領路人」

┃ 來訪者 ┃

我像是一個外星人開心的準備好將自己的盒子打開給地球人看，但因為地球人沒看過盒子裡面的東西，地球人開始產生擔心、害怕、焦慮，以及無數的複雜感受。身為一位同志，還是一位開放式關係的實踐者，我以這兩個身分與心理師會談，深深感受到自己就像是這一位異世界的外星人。當我發現心理師聚焦在我到底要不要打開我那充滿祕密的「盒子」，一方面這對我來說是一種困擾，好像我想講的事情沒辦法講下去，但另一方面我似乎也知道自己的伴侶關係本來就很「奇怪」。這種「想分享自己的故事，卻又去體諒聽眾的矛盾心情」，伴隨著我前半段會談過程。後半段的對話使我發現，即便我的那些朋友本身也是同志，還是複製異性戀的觀點，叫我要去管管我的男友。這種異性戀主流的忠誠愛情觀，完全不接受開放關係。我發

現到，原來這已經對我造成一種壓迫。我整個感受到嶄新的視野，帶來不大一樣的角度。雖然還是很難決定要不要繼續留在這段開放關係裡，但是對別人看「外星人」的眼光，我明顯移動到不同位置了。因此，我們的會談也確實終於打開盒子，看到從盒子裡射出的光芒。

心理師

前段對話過程中，我遊走在「親子路徑」、「他人眼光」與「情感路徑」三者之間，而每當停頓或卡住的時候，我常不自覺地回到「他人眼光」抑或是「親子路徑」做探索，但卻因此迴避來訪者真正想談的核心議題——對「情感關係」的矛盾。這種不自覺的迴避，凸顯出自己跨文化諮商的焦慮。與其說是深怕誤開了「潘朵拉的盒子」會傷害了來訪者，不如說是我深怕打開盒子會嚇到自己。尤其當來訪者在提到擔心他人的眼光的部分，我就一直在擔憂自己會不會在過程中變成這樣的人。所以，用「比喻」取代直接針對來訪者「經驗」或「感受」的探問。

在後半段對話，我放掉自己，專注在對來訪者的好奇，當我聽到來訪者說「別人很大部分是會怪我男友吧？」、「我覺得我總不能一直管他吧？而且我要怎麼管？難道我要監控嗎？」我真的聽進去了，看見來訪者在關係中的真正處境和難題，好像我也在看那些 FB，我找到敘事治療所依循的社會建構論視角——社會論述是一種權力宰制的位置——才讓自己站穩腳步，後半段談話覺得比較順暢。本來

想不要用「領路人」這三個字，後來，覺得誠實來說，我最大的體驗就是敘事治療要讓來訪者做「領路人」，心理師只要帶著「不知道」去做好的提問人，就行！

（三）反映團隊小組的對話

／反映團隊：王堂熠、涂繼芳

繼芳： 來訪者在開放式關係的部分，對於父母與心理師，會不會引來異樣眼光，似乎有滿多小劇場，這好像是一個投射性認同的狀態。心理師小心翼翼避免坐在這個位置上，那坐上這個位置上會怎樣呢？也許根本沒有他想得這麼恐懼，心理師也會有自己的價值判斷，而本來兩個人就是不同的人，本身就會有不同的觀點。

繼芳： 在蓋子打開的部分，來訪者在談與朋友討論開放式關係時比較有力量，好像可以分得很清楚，例如：來訪者跟男友有自己的觀點，而朋友有跟朋友的觀點，跟父母時，來訪者比較會擔心父母的眼光。開放式關係就像是一個蓋子，和來訪者討論蓋子的特殊性意義為何？如果心理師把關係中那個「不一樣」進行透明化討論，會產生怎樣的狀況？

心理師： 我覺得自己維持中立的狀態很耗費心力，因為會擔心自己的情緒涉入來訪者，產生強加價值觀的狀況，所以選擇停在比較中立的層面。

繼芳： 主要是感覺來訪者有生氣，這樣的情感也可能是來自

於來訪者本身。

堂熠：我認為情緒並非不能談，情緒是很好使用的部分。另外想問來訪者對於出櫃的部分，來訪者平常就是公開出櫃的狀況嗎？還是這次其實是滿大的揭露？

來訪者：其實自己是還滿普遍公開，同志是公開。但是開放式關係，除了一些同溫層的朋友，自己很少公開。

堂熠：那這次與心理師的談話原本是想要談些什麼呢？

來訪者：這次的會談其實是想釐清跟男友的伴侶關係，而這也跟當時我爸媽談到「不要交壞朋友」的部分有關，我會將開放式關係與壞朋友產生連結，所以有一些焦慮。我其實滿矛盾的，我同時會對男友生氣，但同時又覺得開放式關係有帶來好處，結果就一直思考開放式關係到底是好還是不好。

繼芳：你有享受到開放式關係嗎？

來訪者：我過去對伴侶關係的想像也是一對一關係，當我進入開放式關係後其實滿衝突的，一方面是覺得「這樣真的好嗎？」但另一方面，我有確實在開放式關係中，有享受到開放過後的優點，包括我和我男友關係本質上的提升，也包括我有額外的其他曖昧關係，對我來說都是跟過去很不一樣的。

心理師：如果是你們會怎麼做？

堂熠：我自己對感情種類接受度高，對感情困擾的部分的主題，我會直接與來訪者工作，不會受困於價值不中立的問題。

繼芳：我有聯想到自己過去曾經接過恐同的經驗的來訪者，對方詢問我的立場，例如：你看到兩個男生親吻擁抱不會覺得很噁心嗎？而我就直接回答「不會」。重要的是去核對來訪者的經驗後，我才瞭解到對方會覺得被男生喜歡時有被侵犯的感覺。我的焦點不會擺在我跟他不一樣，心理師的重點是要關心來訪者的主觀經驗，怎麼樣讓他不舒服的。

堂熠：表態這件事有時是有點危險的事情，可能要信任關係到一定的程度才會做。而我覺得如果是我的話，我會對來訪者開放式關係做比較多同理，也就是來訪者對家人的擔心以及對男友生氣的部分。

繼芳：當來訪者的選擇跟家庭傾向不一樣時，這種狀況似乎是常出現，我們有必要要讓來訪者知道，來訪者其實是可以維持自己的選擇。而「蓋子」的比喻，也可能代表家庭的界線，對於被家庭接納，從客體關係位置來看，比較是嬰孩式的幻想，但這樣的內涵其實對於滿多人來說，又是十分的重要。

來訪者：我自己把開放式關係馬上連結到壞朋友的這個狀態，從後現代位置看來，是受社會價值觀對開放式關係的汙名所影響，讓我自動地將這兩者連結起來。

堂熠：感覺來訪者會聯想到壞朋友，也可能是一種主流論述的權力壓迫。

心理師：所以到底開放式關係，對你有沒有傷害？

來訪者：我會覺得有些傷害是自己給自己。以前的事件對當時

的自己是傷害，對現在的自己好像不是一個傷害，譬如當時我男友出去與他人約炮，但是是很臨時地跟我講，當時的我覺得這樣很不尊重，但對現在的我來說，因爲我知道我男友就是會出去，所以講或不講或臨時講好像不是這麼重要，所以就不會對我產生傷害。

繼芳：這讓我聯想到，家庭／社會價值對我們的影響是每分每秒的，有時父母、社會價值的眼鏡會不自覺地來到自己身上，但其實這是有一個歷程，爲何戴這個眼鏡？我自己其實是可以自己決定，甚至我可以打造新的眼鏡。當我戴上自己打造的眼鏡，也就是重新建構，看到的世界就可以有不一樣的顏色。

（四）來訪者與心理師兩人的再對話

三個月後，心理師與來訪者兩人再次回顧與對話。心理師覺得很少有機會可以跟自己會談的對象核對對方的感受，是一個還滿特殊的經驗，尤其這次的對象既是來訪者也是專業工作者，專業敏銳度高，而能夠進入後設思考——就是把原本的東西再拆解。來訪者也覺得滿有趣的，等於彼此重新再經歷一次，發現「這個問題是我沒想過的」，或者是「這個問題我會回答些什麼？」

來訪者：有時候我會很擔心，我在跟你討論，可能我講的話會傷害到你。我比較想要的是說，你其實可以再想想看怎樣問話，會邀請我會講更多事。但是我會很害怕

說，當我給你這些建議的時候，你會覺得說自己做得很爛，因為我的經歷真的太特別（笑）。

（一陣沉默。）

來訪者： 那對我的故事你有怎樣的感覺嗎？

心理師： 就是會擔心自己變成評價者的角色，但是又會好像……公平嗎？這個關係是對的嗎？是舒服的嗎？會覺得這不是會有種不公平嗎？

來訪者： 其實就是我是外星人，我來到地球跟你講這些事情，對你來說會有很多、很多擔心跟焦慮，就好像你在聽一個你從來沒聽過外星人的故事，很難想像。我覺得是在吸收到很多的知識，然後我開始比較理解到底什麼是情感。就是我覺得我是外星人，是因為好像我吸收的知識到達一個比較不同的位置。

心理師： 挑戰我對原本的價值觀的那種感覺……

來訪者： 我是在一個不同的脈絡，因為現在有些人還是在談這些關係，但是大部分的書還是停留在就是一對一的關係。對啊！可能或許我會有辛苦的地方，但是我也不會去怪你們好像都不理解我，我只是會覺得好像我們社群的知識、理論的方向是不一樣的。

心理師： 你有考慮在寫一本書針對這個方向經驗的揭露嗎？那些經驗的描述可能比較……

來訪者： 其實在《愛的開放式》當中就有很多經驗的東西，就是我覺得還好，我知道可能你很擔心變成評價者，不過這本來就是我所經歷的社會，所以大概就這樣。

心理師：好，那大概就這樣。

五、幕後花絮：來訪者的新故事

｜來訪者｜

歷經一年半的時間，我也經歷了許多變化，就先從心理師最想知道的第一個盒子開始講起吧！

1. 與父母的出櫃狀況

一年半前，我非常擔心與父母討論同志的事情，也擔心父母不接受自己目前與一位男生交往。但因為 2018 年反同與平權公投鬧得沸沸揚揚，我開始主動與父母討論同志議題，父母雖然聽得不情不願，但也願意接受簽署平權公投，這使我得到極大的勇氣。

我向父母表示，未來若有對同志的疑惑和相關的問題，都可以問我，因為我已經準備好了。不久，我母親開始詢問許多反同方言論的真實性，並與我討論怎麼回應反同方比較好，我透過回應母親的提問，也順便向母親表示自己已經有交往快八年的男友。雖然母親還是不希望我太高調，但對於母親願意與反同方溝通，且慢慢地支持同志，使我感到無比開心。

現在回頭看我一開始與心理師講述的擔心，似乎已經完全解決了，因為我認為自己與母親越來越親近。這也使我恍

然大悟，原來只要自己對自己充滿自信，母親也能感受到，甚至母親也能接收到我的勇氣，挺身而出支持同志。

2. 與男友的開放式關係近況

或許對心理師來說，開放式議題似乎是非常敏感的議題，但這對一年半前的我來說，早就不算是個敏感議題，單純就是親密關係。這一年半中，我發現自己身在開放式關係中得到許多好處。首先，我發現自己開始充滿自信。過去我對自己較為自卑，但透過嘗試與不同的人交流，我變得越來越自信。其次這對我男友也有一定的變化，當男友發現我也能吸引到許多人，反而開始重視我，而兩人也在這充滿情緒張力的開放式關係中，學習到如何相互溝通。我發現與男友溝通雖然累人，但反而更清楚自己是什麼樣的人、男友是什麼樣的人。更重要的是，自己更清楚自己處在開放式關係中的價值。

一般人可能很難想像，當伴侶和自己討論關係外的性對象或是曖昧對象，會是什麼樣的情景？但對我來說，這就像是稀鬆平常的談話，甚至也能透過互相分享的過程，理解雙方在外互動有什麼不同的個性，每天也有許多新鮮事能夠聊。我發現，當伴侶關係連「與他人的性愛」和「與他人的情感」都能誠實且坦然地分享，似乎就已經沒有什麼事情能難得倒雙方了！我也驚訝自己的人生在這一年半中改變如此之多，或許這些改變都是自我的塑造力吧！

註：

1　陳嘉映、王慶節譯（1988），《存在與時間》，台北：桂冠。M. HeideggerM.
(1927), Sein und Zeit。海德格說「理性就是語言，就是生活理路」，強調
語言就是存在的依靠，人的現身不是人的存在，而是語言讓人現身。人一
旦離開語言這個房子，就跌入深淵，頓失依靠。而當人處在這種沉默無聲
的深淵，這種人根本的存在處境，是語言尚未成形、曖昧不明的前語言狀
態，是前邏輯、語言沼澤地。創傷、意外、失序、違和等遭遇，使我們掉
入「陌生處境」的深淵中，此時語言的失散、逃離，反而使被遮蔽的存有
現身。語言是雙重性的，一方面是開顯的、有意義可進入的，同時又是遮
蔽的、靜默的、遠離的。人必須重新發出聲音，透過語言來進行敘說「行
動」，作為一種活著的語言，此時暫時失序、暫時失去理路，通常都是結
結巴巴、欲言又止、說不清楚、難以言說……或是邊說邊掉淚……也就是
史蒂芬‧喬治（Stefan George）的詩〈語詞〉裡說的「語言破碎處、無物存
有」。敘事治療其實是協助人，去除遮蔽，重新回到活著的語言，能繼續
說話，並表述意義。

2　黃素菲（2018）。《敘事治療的精神與實踐》。台北：心靈工坊。詳見第
六章，第 327 頁。貝特森（Bateson,2002）和德希達（Derrida, 1978）先提出
「隱而未現」的觀點，經由懷特（White, 2006）關注「經驗總是來自另一
段或是另一組經驗的對照，沒有任何單一經驗的意義是獨立於其他經驗而
存在的。在創造意義的過程中，我們總是說（或想、或感知）『這跟……不
一樣』」。這意味著任何單一經驗都是「雙重描述」（double description）
中顯現的一面。
　　問題故事總是對照於另一個比較貼近渴望或珍愛的故事，「隱而未現」可
說是問題的對比，問題的經驗對照於某種經驗，參照的經驗使他們發現自
己有問題，這也是發展渴望故事的入口。如果我們能夠運用「雙重提問」，
仔細傾聽來訪者的故事，我們將能夠聽見隱隱存在、用以與當下經驗進行
差異對照的過去經驗。

3　《關係中的存有：超越自我‧超越社群》（*Relational being: Beyond self and
community Gergen*, Kenneth J.2009. Oxford University Press.）宋文里譯（2016）。
台北：心靈工坊。
　　肯尼斯‧格根連續以社會建構論為題出版了幾本著作《醞釀中的變革：社
會建構的邀請與實踐》（*An Invitation to Social Construction*）、《翻轉與重建：
心理治療與社會建構》（*Therapy as Social Construction*）、《關係中的存有》。
整體來說，他強調知識不是一種客觀真理，而是一種社會建構的結果。他
也強調關係的歷程先於個體，他對啟蒙時代以降的個人主義傳統提出異

議，認爲我們必須超越將「個體」視爲知識起點的理論傳統。他帶領我們重新認識「關係」的優先性，從本質上來說，關係才是知識建構的場所，主體的知識、推理、情感和道德是在以關係爲中心的情景中產生的。他認爲知識的發展是一種社會現象，並且只有在溝通中產生意義。

第六章

疾病的未來
健康是生活沒有被疾病吞沒

生病的變故，如果不是意外，而是一種常態，

罹病就是生活日常，也就不掉入受苦之中，

企圖去除意外的掌控感，就不再是追求的方向了。

「罹病就是生活日常」的這種觀念，

有助於我們在暗黑的陰影中理解存在的多元面向。

如果只是把意外當作意外，控制就會來控制；

如果把意外當作日常，日常就會是尋常。

意外的裂口，切割出嶄新的空間，讓我們從外域走進存有。

在暗黑中久站一下，才能看見幽幽的冥光，

不在的「在」得以閃現。

吳書耘、張言文、黃素菲

面對生病的變故，我們不免掉入受苦的困局。我們在遭逢意外或變故之後，過去片段的記憶、斷裂的經驗，卻又會重複地、鬼魅般地縈繞著我們，揮之不去。我們在線性時間中，繼續前行與生活著，而心理時間卻凍結在一個被確診的記憶冰庫中，因病受苦的記憶經常凝固在一個私人的時空裡，既熟悉又孤寂。

雖然生病變故的「記憶」使我們受苦，但有時生活麟光的「記憶」是一種縫補，讓幸福感完整。重點是如何讓受苦的「記憶」也成為幸福？關鍵在於記憶不是壓縮過往經驗的大腦圖像，也不是化約過去事件的檔案夾。「記憶」是一把鑰匙，一次又一次開啟未知的門，帶領我們去到新的記憶空間，獲得新的理解。

那轉個彎唄！既然受苦的「記憶」捆綁心靈，那麼就「遺忘」吧！布朗肖（Maurice Blanchot）提到，災難是站在遺忘的這一邊，那種不留一絲記憶的遺忘。看起來，遺忘似乎成為一種掩飾焦慮的機轉，也可視為我們對暗黑的藏匿／在暗黑中藏匿。然而，暗黑其實不全然是黑暗。

一、進場前的獨白

| 來訪者 |

我是因為罹癌開始學習心理的人，本來想要幫助人，其實最先幫助到的是自己。當然很多事都跟想的不同，就像心

理師不一定自帶同理心，每個人都有自己的議題要去處理。

│心理師│

我是一名新手心理師，對助人這條路感到茫然。對於這個世界好像接觸得更多，困惑也變得更多。在自助助人的旅途上，似乎還沒找到讓自己心中過得去的解答。一次次在有限時間內的晤談對話，該如何透過言語達到理解？面對身處苦境的人們，我究竟能做什麼？

二、對話開展

（一）刻版化印象造成刺傷

助人變成一種專業工作時，「助人」成為「工作」的工具或手段，很可能會「變味走調」。來訪者曾經遇到過完全缺乏「助人者」特質的心理師，使得來訪者對助人工作抱持著「溫暖、善良、親切」這種理想性的想像，受到嚴重衝擊。

來訪者：我想要分享我來念諮商所的心情。我朋友跟我聊到他的婚姻，他結婚了，最近很想要離婚，這很像是單身沒有結婚的人，看別人結婚心生嚮往。這讓我想到「諮商所」，還沒進來的想進來，進來了發現跟想像的很不一樣。朋友本身也是心理師，我很喜歡跟他說

話，跟他聊天過程很舒服，於是對心理師就有了憧憬跟想像。直到來學習諮商後，發現學諮商的人滿多都有病。

心理師：你發現學諮商的人，很多都生病？

來訪者：就是多數的人都心理有病，心理其實健康狀態不是很好。對，我就覺得有點衝擊。在學習的過程中發現，這個工作要求同理心，但學習的人似乎沒有同理心然後又⋯⋯

心理師：你說這些助人工作者，好像心理並不健康、或是沒有同理心，這違背了你對助人者的什麼想法或信念嗎？

來訪者：主要是我在找實習機構的過程中，遇到很不好的經驗，就覺得「天哪！心理師怎麼這麼沒有同理心，這麼尖銳」，感覺這不是我心中理想的助人工作者模樣，想像被打破了。當然我也有遇到不錯的心理師。我問我自己，我也會變成那個樣子嗎？有些事情不一定要做心理師才能做，如果要幫助別人，不一定需要心理師證照，我為了它付出好多代價，要去找兼職實習、全職實習，得付出很多時間、面對很多事，我不斷去想「這是我要的嗎？」

心理師：你遇到沒有同理心、尖銳的心理師，這個人打破了你心中理想的助人工作者。你為了考心理師，付出這麼大的代價，使你開始思考，這是你要的嗎？

來訪者：對啊！我很擔心我付出這麼多，值得嗎？去年的我，瘋狂投入學習，考了各種證照，但是我一樣都沒有去

用。我覺得學習是開心的，但是如果心理師的時間成本拉高到這麼多的話，我覺得對我來講我要承擔滿多風險，過程中遭遇衝擊的失落感也很沉重。我自己學習，運用在我自己身上，學會更多傾聽自己，我覺得我有成長，滿開心的。但是我對在這個領域工作的人，有一點存疑，並不是每一個人都處於很理想的狀態，這件事讓我覺得很驚訝！

心理師：我聽到的是你還處在破滅的震盪之中，我想瞭解的是，哪一個部分對你是最大衝擊？這個「衝擊」怎麼影響到你？是你原本助人者的想像破滅了？還是你對於自己往這條路前進的想法改變了？

來訪者：在還沒進入這個場域前，我認為助人工作者就是幫助人，傾聽他人。我想得很單純。對我的衝擊是，成為合格「心理師」這件事，反而讓很多事情變得困難了。你要幫助人，卻有很多的設限。

心理師：你是說成為合格「心理師」的報考、領照的規定，一定要碩二兼職實習、碩三全職實習時數、督導時數等等，是嗎？

來訪者：對啊！我去找兼職實習的時候，第一個找的就是，網路包裝很好的諮商所。我覺得理念寫得很好，我也想得很理想，我以為就是它了。這是我喜歡的風格，我就去面試。過程中所長問我「你是癌友，你可以做行政嗎？你會不會做櫃檯接待？你會不會一下子就很累？」這些問題，我罹癌以來從來沒有被質疑過，

沒有人會因為我生病，去質疑我的能力。我之前從事的工作還是有薪水的欸！我去實習是當免費勞工，我就想「天哪！這個場域怎麼會這個樣子？」那個衝擊是，我抱著期待的心去申請實習，可是他的回應好傷人，他對我有刻板化印象，因為我生病就替我貼上標籤。

心理師：好像是說他是一個助人工作者，應該是更可以理解，更可以設身處地，可是沒有想到這個助人工作者竟然是個……

來訪者：加害人。

心理師：他變成加害人，你在過程中受到了迫害？

來訪者：對。

心理師：他對你做了什麼，使你感到被迫害？

來訪者：他質疑我能不能做行政櫃檯這件事！我覺得就這麼簡單的事情，他都不暸解我怎麼就……他都還沒暸解別人，怎麼就認定別人很脆弱……他的問話方式很尖銳。

心理師：他很尖銳，他那個「尖銳」刺傷了你的什麼？什麼被「尖銳」刺傷了？

來訪者：我就覺得生病並不至於什麼事都不能做啊！我很認真，做櫃檯這麼簡單的事情，我怎麼可能不會？但我當下也沒有辦法去反駁他，因為他站在一個高位上，他可以決定要不要錄取你。但是他倒是讓我去思考，要不要去應徵這個實習機構？後來我回應他，我不去

了。考量到各方面，我還是先以課業爲重。

敘事開箱：什麼是專業？

　　社會建構論（social constructionism）[1] 是指社會所建構的事實（reality in social construction），社會建構論關心社會上各個團體的互動歷程，及這些團體互動結果所產生的真實。不同團體會使用共同建構知識的分法，並歸納出專業術語，建構出不同的理論知識，也建構了所屬領域的專業論述。舉凡醫學專業、法律專業、建築專業、心理專業……都是社會建構的產物，是由隸屬的專業人士與團體互動結果所產生的真實，不同團體會建構出不同的知識與真理，也建構了人們所知覺到的真實。

　　不同的人在同一個空間進行觀察，因為每個人背景不同、意圖不同，所注意的面向差異極大。例如：

　　「消防局人員」著重安全檢驗，會注意有沒有火災噴水口？緊急出口？

　　「室內設計師」著重美感或功能，會注意顏色、材質、燈光、動線等；

　　「清潔人員」會注意哪些地方髒汙？水槽、垃圾桶位置、窗戶高度等；

　　「大樓買主」會注意屋齡、地點、交通、價位等等。對於消防人員重視的緊急出口，大樓買主可能毫不在意，因

為跟房屋價值無關。

我們也可以從這個人關心的面向，來瞭解其身分背景。來自不同的觀點所描述的房間可能變成完全不同的房間。而每個人都可能認為自己看到的是對的，甚至是唯一的。如果不交談對話，這個房間會被單一定義。但是，如果不帶任何觀點，我們幾乎無話可說。每一個人的觀點都帶著價值、偏見、位置、權力等等，沒有所謂的「乾淨」的描述。

這會是怎樣的房間，取決於我們跟誰交談，交織出什麼？我們的交談決定了這是個什麼房間，是我們一起共同建構了這個物體。就算有所謂的「客觀」，也許那也只是大多數共同的交集。

就此，專業是指「一群人使用共識的術語、規則，所產生的知識與論述」，並藉此產生教育、訓練與證照制度，在社會上區分出專業與非專業。「心理師」專業亦然。

（二）什麼是助人工作者？

心理師很想多知道來訪者對「助人工作者的理想」破滅，最大的衝擊是什麼？應徵的實習機構所長成為加害者，來訪者被迫害的感受為何？這怎樣影響著來訪者對諮商領域的看法？和這些經驗對他自身生涯決定的影響？經由後續對話發現來訪者日常生活學習，著重在成長、養心的面向，當瞭解到「心理諮商專業」的面貌竟如此高度專業化、充滿競爭、培訓繁複、

曠日費時，他感到十分驚愕，並慎重思考未來生涯。

　　能活著本身就是一件幸運的事，能夠彼此幫助，互相依靠，是一件多麼幸福的事情。關於助人者，不如說是有緣相遇的「我們」！我們不必 24 小時都成為溫柔又同理的助人者，我們只需要在有緣相遇的時候，不吝嗇分享我們的友善。這個世界不需要輕視、批判、尖銳、標籤、排擠……需要更多和善以待，彼此相愛、互相擁抱。世上這麼多人，竟然此刻與你相遇，是多麼美好而神奇的事啊！

心理師：那個跟你面試的人，他是一個諮商所的所長，聲名響亮，大家對他抱有良好形象，沒想到他會用這樣的態度來對你。所以，你好像會在想，這個領域到底和你以前想的一樣嗎？

來訪者：對，還有就是在同儕學習的過程中，我有遇到很好的人，但也會遇到不是那麼好的人。我想得比較單純，我覺得助人不就是應該在生活中樂於助人嗎？我發現更多的是，好像這個領域只是把助人當作一個工作。我平常比較喜歡分享，如果我本著這樣的信念，我是不是一定要付出這麼多代價，非得要拿到這個心理師執照？所以我就一直在思考，我要不要念完諮商所？但我也不可能很帥氣地說「管他的！」這樣我就錯失一個選擇機會，所以我還是又再去找一個適合的兼職實習機構。可是那個焦慮感很難消滅，我的時間這麼寶貴，我理想的助人者想像，有種幻滅的感覺。

心理師：我好奇的是，對你來說什麼是諮商？什麼是助人？你
念了心理研究所，你也接觸這個領域，你也看到不一
樣的助人工作者，你說到有些人就只是把它當作工
作。不可否認，他們在做的就是助人工作，你覺得什
麼是助人工作者？

來訪者：什麼是助人工作者？我覺得這也很難去定義耶！我覺
得助人工作者應該是比較善良的，但好像不應該只是
去適應這個專業，使得人跟人之間好像不是那麼的友
善。對！我就覺得滿震驚的！

心理師：你提到你過去也有工作經驗，你相信自己有能力，爲
什麼諮商領域的一個專業人員，連做個櫃檯都要質疑
你，可是你已經投入了這麼多的時間和精力，你未來
該如何往前呢？

來訪者：應該說，我覺得時間很寶貴，生病後的人對時間會感
覺更珍貴，譬如說我去年考很多證照，這些證照都是
可以去當老師、去開課，可是我根本沒有想去當老
師。我只是因爲我喜歡就去學習，我來讀心理所。如
果要配合心理師的期待，讓我變成有一個壓力。

心理師：你現在會怎麼看你的那些學習呢？

來訪者：我喜歡就去學啊！

心理師：那個「喜歡就學」，想要從中獲得什麼？還是沒有？

來訪者：我只是覺得有趣，我沒有要拿這些證照去當老師。

心理師：也就是說，你之前都是覺得有趣就去學習，你並沒有
拿這些證照成爲工作或職業，來讀心理所，也是喜歡

就去學？當初也沒有想到要拿這當成工作？

來訪者：就我還是很困惑。我發現心理諮商好像是個高度專業化的工作，它好像充滿了競爭，培訓過程很複雜、要求很多、要付出很多時間。我學到這個專業技能，可以幫助我自己和周遭的親友，但是我要不要去兼職或者全職這件事，我很困惑，甚至要不要畢業我都很困惑。我如果就只是把它當作學習，會比較快樂一點。

心理師：嗯……嗯，感受得到你的困惑。你剛才有說「助人不就是應該在生活中樂於助人」、「平常比較喜歡分享」，這是不是說，你認為的助人者有你自己的想像。我很想知道，你想像的助人工作者會是什麼樣子呢？

來訪者：對啊！至少要樂於助人、有同理心，自己要心理健康。

心理師：我還記得你有說到，在生活接觸過程分享心情產生共鳴，不尖銳，沒有刻板印象，對嗎？

來訪者：至少跟他們講話的時候，要覺得很舒服、很友善，不要刺傷別人。

心理師：心理師確實需要讓來求助的人覺得友善、不批判，你這樣說倒是提醒我，心理師在工作、生活之間的一致性，但是好像也提醒我，一天 24 小時都要有心理師的樣子，不能有閃失……

敘事開箱：從單薄的故事到豐厚的故事

充滿問題的故事所下的單薄的結論會削弱人的能力，因為它們都和脆弱、無能、失能或不足有關。單薄的描述沒什麼空間容納生命中種種的複雜和矛盾，無法讓人清楚說明自己行為的獨特意義，以及行為發生的脈絡。單薄的結論有時隱藏更大的權力關係，通常是他人（特定情況中有權力界定的人）創造出來的。

來訪者對於應徵兼職實習機構的經驗是單薄的故事，會削弱來訪者的自我認同，並限制來訪者的想像力，來訪者有必要移動視角，發展出豐富的描述，其中蘊含著對生活故事情節的細膩表達，這有助於來訪者活出新的自我形象、新關係的可能性和新的未來。生命故事寓居於更寬廣的社會脈絡中，但是人經常只透過單薄的描述瞭解自己的行為，有必要鬆動單薄的故事、突破單薄的結論，尋找替代的描述、朝向豐富的描述，來打開其他的可能性。

（三）「生命時光有限」框架下的人生

心理師想要梳理來訪者心中「助人工作者」的圖像，可是來訪者心中在乎的是有限的生命時光，如何分配時間才不會遺憾？我們都以為我們「知道」才能說出要說的，但是「好的提問」往往比高明的答案更能啟動故事，往往我們是「說了才知道」，在一面說一面想的過程，人才能才將混沌的經驗，網織

出自己的意義。

　　當心理師第一次問「對你來說什麼是助人工作者？」來訪者結結巴巴一邊想一邊說「我覺得助人工作者應該是……但好像不是，對對對，就要去適應……人跟人之間好像不是……對！我就覺得滿……」去捕捉自己對於「助人工作者」的概念，心理師第二次再問「什麼是助人工作者？」，來訪者陸續說出他的想法，也因此牽引出來訪者更多的旁枝故事，像是「要投入成為助人工作者，會耗損很多的時間」、「時間真的很有限，這讓我覺得會是一個壓力」、「我不想把時間浪費在太遠的、不可預期的事情上」、「我也沒有一定要去考證照，有需要這樣被困住嗎？」、「時間就是卡得死死的，我已經很久沒有這樣子了，這幾年都沒有長久困在一個地方」等等。

來訪者：也不是啦！我在思考那些應考資格要求，像是實習，是不是我要的？我對未知有點擔憂，就有見到不喜歡的部分，也有我喜歡的部分。我有點擔憂的是我付出那麼多，全職是一整年的投入，兼職要求每週兩天。兩天很重要，一個禮拜兩天，你看七分之二的時間……對，我覺得時間很重要、很寶貴，那兩天我拿來陪媽媽，不是很棒嗎？對啊！就我會覺得，我時間要用在很珍貴的地方，我不喜歡浪費時間。

心理師：所以，如果你要投入成為助人工作者，會耗損或浪費你很多的時間。我很好奇，是什麼讓你強調時間不能浪費，時間要用在珍貴的地方？

來訪者：如果時間浪費掉，我會變得……我真的可能會暴走，我付出之後會期待我要的收穫。如果實習的地方，因為之前面試經驗不是很好，會擔心，會不會又一樣啊！你又不想在這個場域隨便跟別人吵架，要忍耐住自己的脾氣。我自己脾氣不是那麼好，醫生跟我說我要盡量保持心裡平靜。就是帶有一種無奈和徬徨吧！

心理師：你擔心付出無法獲得回饋，你也提到你的時間是有限的，不想把時間虛度在沒有意義的事情上面。當你生病之後，時間對你來說何以變得如此珍貴？

來訪者：生病之後……可能癌症隨時會復發啊！隨時會掛掉啊！那你的時間就要花到更寶貴的事情上面啊！今年剛好又發生一件事，我朋友知道我來念心理所，他們就會幫我關注，幫我許願說偶爾當瑜伽師，偶爾當心理師。他就找類似的粉絲團叫我追蹤，我追蹤了一個女生，她既是瑜伽師又是心理師，她最近確診癌症末期，她把教室都關起來了。我聽到，天哪！人生好短喔！可能這一秒你的人生實現願望，下一秒就什麼沒有了耶！

心理師：別人的經驗，更印證了你覺得時間真的很有限，使你更認真思考，面對那個「人生這麼無常」的情況下，你是怎麼想的？

來訪者：一旦我這麼用力把時間都花在實習上面，如果是以前沒有生病的包袱，大概沒有關係，那時候覺得有很多時間可以浪費。現在就覺得，未來實習要花很多

時間，全職實習要整整一年，那好像，就是會想滿多的，上課是還好，上課可以自己控制、自己選擇。實習的部分是你想得到考證照的資格，才需要去做實習這件事，所以，我需要好好想一想！

心理師：我好像聽到「自己可以控制、選擇」，跟為了考證照「不得不的要求」，這兩者的不同，會影響你的決定？還是，你在想其他的事情？

來訪者：我不想把時間浪費在太遠的、不可預期的事情上，就是我也不知道我做了要幹什麼？可能遇到的好人還不夠多，如果遇到很多好人，力量會比較堅定。現在都一直處在一種曖昧不明的狀態裡。

心理師：對於「太遠、不可預期」你會想避開，是嗎？好像你也渴望有某種堅定，有嗎？

來訪者：就是很矛盾，有些時候我會跟自己講，要注意喔！就會更緊張。我想說，我一個好好的人，為什麼要去被傷害？為什麼要把自己放入一個危險的場域之中，我這樣過也滿好的啊！也是快樂過生活，我想去哪就去哪，那個實習好像就把我困在一個地方，對！

心理師：沒生病的你，可能並不在乎怎麼用時間；可是生病的你，卻十分在乎怎麼用時間，你慎重地在思考值得為了取得專業證照被困住、被評價、被要求，弄得很緊張，反而更威脅健康，值得嗎？

來訪者：對啊！如果我也沒有一定要去考證照，有需要這樣被困住嗎？其實，我也不確定未來想要成為什麼樣的

人……

心理師：當你意識到自己的人生有限，你都是怎麼跟這個部分相處？那個「人生有限」會跟你說什麼？或是會叫你做什麼嗎？

來訪者：就去做，就盡量去做我想做的事情，不要去想太久以後的事……

心理師：在當下做想做的事，不要想太久以後的事，這樣的你會是什麼樣子？

來訪者：我會保持彈性，我的生活就慢慢變得很有彈性，有假、有錢我就去玩。對！至少在外表的生活上看來還是不錯。我也會透過學習達到心理平衡，我本來就很喜歡上課，上課對我來講是快樂的。我也會想說當心理師好像也滿不錯的，比較彈性，我可能一個禮拜只要看一、兩位個案就好。如果物欲沒有很高，我可以降低接案量。

心理師：所以，你當初也是有想過，心理師這個工作可以符合你想要的彈性，可是沒想到實習、考照是要卡住這麼多時間？把時間卡在「不是當下而是很久以後的事」，是不是違背了你的什麼想法？

來訪者：對，就會覺得，天哪！要付出這個時間嗎？會讓我變得很緊張，因為那個時間就是卡得死死的。我已經很久沒有這樣子了，這幾年都沒有長久困在一個地方，這讓我覺得很有壓力。

心理師：面對實習讓你必須把時間卡得死死的，這讓你變得很

緊張、很有壓力。我可以說說看嗎？那個「把時間卡得死死的」，奪走了你自己決定時間運用的彈性，對嗎？

來訪者：對啊！我就不能隨興地去做想做的事情了……

心理師：那個「把時間卡得死死的」，還奪走了屬於你的什麼？

來訪者：奪走……癌症已經奪走我的主控權，我不能再讓其他事情奪走我的主控權了……

心理師：因為實習的規定，把你時間卡得死死的，這樣就奪走你的主控權、沒有了彈性，好像你的緊張、壓力都在提醒你，不能失去主控權。

敘事開箱：「外化」開啟能動性

「外化」問話把人和問題分開，人有許多技巧、能力、信念、價值觀、承諾和力量來協助降低問題對生活的影響。將問題擬人化，從人的內在轉移到外在，就有可能徹底檢視問題。心理師做「外化」問話有兩個重要原則：保持好奇、不預設的立場；並勇於提問不懂的。

來訪者談起問題的方式，往往認為問題是自己的一部分，或者問題是內在的，例如：「我是……」、「我如何……」、「我總是……」問題指向內在的對話，通常對人的生活有負面的影響，導致單薄的結論。

「外化」就是將「我是……」、「我總是……」，修正為「那個……」情緒、想法、關係、價值觀、信念……像是那個「人生有限」會跟你說什麼？或是，那個「把時間卡得死死的」使你對自己有什麼看法？它讓你相信什麼？它存在多久了？它使你做了什麼？它使你產生什麼看法是？它使你出現什麼行動？

心理師透過「外化」盡可能與來訪者一起發現問題的詭計、策略、操作的方式、講話的方式、意圖、信念與想法、計畫、喜歡與不喜歡、規則、目的、渴望、動機、技巧、夢想、盟友、欺騙或謊言。[2]

為問題命名是「外化」的方法。外化能削弱貼標籤、病理化和診斷的影響，並打開可能性。命名將來訪者的自我認同和所求助的問題區分出來。讓問題只是個問題，當問題與自我認同不再糾纏不清，人的能動性自然湧現。

（四）失去那個「規劃一年或更久以後生活」的自己

每一個人都會死，是不爭的事實，但是對於大多數人，總是像是會活得天長地久，規劃明年的義大利旅行、預計三年後換工作、繳二十年房貸、等孩子上大學要騎重機環島、退休的時候要回鄉下養老……可是生病，慢性病或是癌症，意外、天災或是人禍，像掃興的黑白無常，提醒著我們人算不如天算，使我們掉入齊克果說的「畏」[3]的深淵。「畏」（Dread）不同

於「怕」（fear），「怕」具有特定對象，「畏」是懼怖、顫慄，
讓人感到惶惶然，卻又不知道自己所畏的是什麼，於是陷入
「無家可歸」的狀態。那理所當然無限延伸下去的人生，恰恰好
掩蓋了我們的真實的處境。每一個「朝向未來」的意向，恰恰
給出了我們的背離真實處境，我們分分秒秒就都是如臨深淵。

　　人一出生就被拋入一個既定的世界，但人仍然擁有「置身
所在的自由」（situated freedom），在任何給定的處境之中人
都可以做選擇、都可以採取某種意圖行動（intentional act），
每個人對自己的自由程度有不同覺察與詮釋。敘事治療藉由現
象學關切「人在被決定／社會建構的處境中，能自由抉擇／移
動視角，由此發展出自己的生命意義／渴望故事」。敘事治療
認為我們都能夠自由地選擇如何詮釋我們的經驗，我們擁有選
擇的自由，因此所有人的所感所悟都具有多元的可能性。

心理師：你的生命遇到這麼重大的癌症生病的狀況，使你懂得
　　　　去珍惜生命的每個當下，要活得有意義。對你來說，
　　　　你看到諮商界像個什麼？

來訪者：一個籠子。對，一個籠子。

心理師：你要繼續過得很悠哉？還是，你要走進那個籠子裡？
　　　　對你來說，在那個籠子裡面和外面的最大差別是什
　　　　麼？

來訪者：我就是很為難、還滿衝突的，它也不只有負面的部
　　　　分，它也是有好的地方。對，自己的就會去想啊！也
　　　　不是不能進籠子，它就充滿著未知。老實說，生病

的人跟一般人的時間想法不太一樣，癌症病人每三個月就要回診追蹤檢查。那種行事曆不可異動的看診時間，我就會事先排好，因為醫生很難預約。如果去全職實習，就變成我的行事曆 365 天都要填滿這種不能動的時間，就好有壓力。

心理師：所以，聽起來關鍵不是要不要進籠子，而是你的時間會被卡死？

來訪者：對，就是我看醫生被制約了。就已經很討厭看醫生，但那是不得不配合。那現在一整年又要被卡死，又來一個不得不配合，會有種害怕的感覺。回診看醫生是三個月一次，天哪！要去承諾做一年，這麼長的事情，我已經很久沒有承諾一年的事情了。

心理師：對目前你的未來只限於三個月，一年是太遙遠的未來？

來訪者：沒有生病之前，我是可以的，就會想說我五年後要做些什麼，就會去夢想很多遙遠的未來，以後想要成為一個超級強人，還是別的什麼。我就去上管理課程，生病後就覺得放棄好了。那現在的未來會比較即時感，我現在的未來變成只有三個月內要做什麼，對！我好像失去了規劃一年的能力耶！所以有點害怕。

心理師：我可以說是罹癌跟回診的限制，使你失去那個「規劃一年或更久以後生活」的自己嗎？

來訪者：對，在下次看診期間，我每天的事情也很多，但是我是可以自己安排，我會把時間排好我要做什麼。對，剛剛我在講的過程中發現，我的生命好像只能規劃三

個月的事，以後的事情就不敢想了。我每次檢查完之後，就覺得我又可以活三個月了，我就會安排我的旅行，那我就很開心地去規劃。

心理師：聽起來每三個月回診檢查，像是回去聽醫師診斷的判決，拿到檢查結果，又可以活三個月了，你才可以得到通行權？

來訪者：對，我會通過醫生檢查，得到確定，才知道我是不是能夠做這件事。可是醫生的檢查，沒有辦法保證兩年這件事情，譬如我七月檢查看報告那一次，我就想說我繳了學費，九月、十月是沒有問題的。可是我沒有辦法想說那明年這個時候、後年這個時候，就是那個時間距離，有點遙遠。

心理師：你必須配合醫師回診，你也因此配合只做三個月的規劃，好像是一種特別的時間觀？對我來說真的很難想像，那是一個怎麼樣的時間觀呢？

來訪者：我跟一般人對時間的概念好像不太一樣，我的三個月可能是別人的五年、三年的時間。很多人會去計畫幾年後就要幹麼幹麼，我好像失去這個能力。我繳完這學期學費，就是希望這學期可以念完就好，我好像沒有辦法跟以前一樣去想像，我念研究所要幾年畢業。我覺得那「趕快」對我來講好難，我可能也不需要趕快。我曾跟朋友講，我也不一定要念完，剛剛在講的過程中，意識到這件事，就突然間有點難過，在那個生病的過程中，自己好像……可能我更大的擔憂是，

對時間的想像。

心理師： 我們整理一下，我們聊到你「可以自己安排」、「開心計畫三個月」，所以說，卡死三個月已經是一個「不得不」，以至於你更加難以面對全職實習又來一個「不得不」，生病奪走你時間運用的彈性，這是很可怕的剝奪……

敘事開箱：敘事醫學

敘事醫學的定義[4]是將臨床技巧或執業，靠著認知、吸收、代謝、詮釋遭受罹患疾病的故事而使人感動的敘事能力。其實要做到這種敘事能力的醫療執業，必須包含三個核心概念：

1. 權力觀的翻轉，醫院作為一種社會論述的場域，對這一社會論述的反思，重建醫病關係，也就是針對已內化的醫療模式的論述進行解構。

2. 病理觀的翻轉：從結構主義觀點的「病理診斷」，移轉到後結構主義觀點的「健康療癒」，敘事治療觀點主張與病共生，「健康不是沒有病，而是生活不被疾病吞沒」。

3. 關係觀的翻轉：從「病」為重心，移轉到「人」為重心，將更多主導權交還給病人，也就是人在受苦之際，不同的疾病敘說會造成巨大不同的結果。

> 如果將疾病當作「復甦敘事」（restitution），人只能忍受疾患，病人苦苦追求恢復身體原狀。如果將疾病視為「混亂敘事」（chaos），那就只有放不掉的忿怒和挫敗。如果把疾病當作是「追尋敘事」（request），人就有可能超越憂懼的通常定義，或可以在其中找出對生命和關係的更深刻理解，其結果甚至可能是安寧、平靜。[5]

（五）如果還有明天？

我們在生活世界中，遭遇到各種人事物，並在這些境遇中產生複雜的感知，從中對自己、別人與人生有新的理解。以療癒觀點來看，來訪者在當下處境中只說出了一種可能性，但這只是他置身在這個情境裡有某種感受與領會之後，因著過去經驗、社會文化、語言的限制，而說出某種對自己的解釋、對別人所遭逢事物的解釋。

來訪者其實「並不是只是這樣子」，若我們能停留在不管看到什麼，都能夠將其視為「一種可能性的呈現」，那我們就知道他永遠還有萬千種其他可能性有待呈顯。

心理師：現在以你的時間和你的生命，朝諮商這條路，真的是你要的嗎？

來訪者：你問我說「真的是你要的嗎？」我就有點困惑，它真的不像有些東西努力三個月你就可以達成，它是好多

年。我好像失去想像兩年後要幹麼的這種穩定式的狀態，我好像沒有辦法去做這種事。所以，我也沒辦法回答你。我突然發現，我完全沒辦法回應這個場域的期待……因為我要規劃好我的每一天，時間太長不行，無法規劃，包含著太多擔憂和緊張……

心理師：對你來說，罹癌後無法做超過三個月的規劃，所以念諮商所這件事情讓你感受到無比的擔憂和緊張？

來訪者：我已經很久沒有規劃超過三個月以上的事情，來念諮商所可能是我罹患癌症這五年以來做過最久的事情。我覺得以學期來說沒問題，反正就是一學期又一學期地繳學費，我很習慣這種短期的節奏，我沒辦法去預想一年後要做什麼。

心理師：在罹癌之後進諮商所，這個決定對你來說，有特別的意義嗎？

來訪者：我會嘻嘻哈哈跟朋友說「太好了，我以後當心理師，大家跟我聊天都要收錢喔！」雖然我跟朋友這樣講，但是我還是很難認真地去想，我必須花兩年的時間在上面，天哪！時間很寶貴。

心理師：還是會讓你擔心長期規劃，是不可掌握的變數？

來訪者：我有一個擔憂是，如果我隔天就掛了，我那麼努力幹麼！那個時間是不是可以拿來做一些……真的，就是我也想把它換成等值的事情。

心理師：生命不可控、時間有限，所以時間要用在等值的事情上面？

來訪者：我覺得……更大的應該是……擔心到底自己能不能……生命的脆弱到底能不能撐得過去那個長期規劃的時間，所以我有點緊張，這是一個新的領悟。

心理師：新領悟是「生命脆弱，隨時可能掛了！可能無法撐過長期規劃，時間要用在等值的事情」，是這樣嗎？

來訪者：主要是要回診……例如說上個禮拜檢查完，就代表我可以再活三個月，我就規劃三個月的生活。醫生說你這次沒有問題，這三個月我鐵定找地方出去玩，趕快去把錢花完，我就會出去走一走啊，所以我才會常常有瘋狂旅行出現。

心理師：是因為你要及時行樂嗎？還是享受當下？

來訪者：對！及時行樂，還有，活在當下。

心理師：我突然想到一件很重要的事情，你說你可能明天就掛掉，那你為什麼還要這麼努力呢？

來訪者：我現在努力，是我現在活著啊。

心理師：對啊，你擔心明天你可能就掛了，結果你還是活著啊？

來訪者：我是說，我可以決定我現在的事情，一學期沒問題，一學期比較短。但我是說，在面對未來長久的承諾，一年又一年這種，實習都是一年一年累積，這種就無法……會擔憂。

心理師：所以，你給自己一個短期的努力跟短期的生命？

來訪者：我好像可以短期很盡力，但是長期我會有點擔憂。

心理師：所以擔憂你就不做了嗎？

來訪者：就等到時候再說。

心理師：等到時候再說的意思是……？

來訪者：對，現在好像沒有辦法這麼積極啊，因為也不知道以後會怎麼樣。

心理師：我覺得好像真的有那種看不到明天，或朝不保夕的那種感覺，好像是你現在生命的狀態？

來訪者：對，它有點焦慮，因為我很喜歡規劃事情。

心理師：你無法設想三個月以後，所以你「喜歡規劃」？我不太懂？聽起來無法面對未來，但你又無比地積極面對明天？

來訪者：譬如最近醫生要檢查了，我就會開始規劃要去做什麼事情，我很喜歡先安排好，只要排在行事曆上，我就一定要做到。如果事情不是照我想像的走，我會有很大的挫敗感。所以，我會有點擔心把期待放在那個上面，萬一結果不是這樣，我那個反撲的力量就會很大。

心理師：如果你今天，你就簽下一年的賣身契，這一年你要實習，會怎麼樣？

來訪者：是也不會怎麼樣，應該只是一個未知，再加上就是那種……時間真的很有限，這讓我覺得會是一個壓力。

心理師：我覺得那個「時間有限」這件事情，一直就是像是懸在你頭頂上的一把劍。

來訪者：是沒錯，那個「時間有限」會讓我更快去做我想做的事情。事情要拖的太久的話，我就是不敢輕易做出承諾。這個承諾不一定對別人，而是對自己的承諾。

心理師：對自己的承諾？

來訪者：就是我要做，就是一定要做到。

心理師：什麼讓你一定做到？是一種要奪回掌控感嗎？

來訪者：對，三個月後的事情不是我能掌控的，有可能做不到，就無法對自己承諾……我剛剛聊的過程中，突然想到的，我真的很久沒有想超過三個月後的事情。

心理師：那發現，好像你都只是在做短期的規劃？

來訪者：我有意識在做短期的規劃，我沒有意識到超過短期的事情，會讓我焦慮。對對對，這在講的過程中有去理解到這件事情。

心理師：今天你「意識到」超過短期的事情會讓你焦慮，那對你的人生有什麼不同的影響？

來訪者：就盡量不去想長期，就過得很開心，算滿開心，滿自由自在的啊！就很勇於行動、很忙，但是忙得滿充實。我要做，我就現在馬上要去做這樣子！我怕我浪費時間。

心理師：那怕浪費時間的你，會怎麼面對你的未來人生？

來訪者：就會計算每個小時，我追劇幾個小時，我都有計畫。我的時間都是我自己精算過的，沒有浪費。浪費的時候就是我需要休息的時候。

心理師：聽起來你給自己設定好自己的每分每秒。

敘事開箱：無常與常

「無常」在生活中的落葉、流水、浮雲、颱風、地震、天災還是人害，生命中的各種「意外」、「逆境」，無所不在地都是在教導我們無常的道理。受苦是一個深度的生命淨化過程，遭逢無常可以塑造性格、磨掉稜角、學會放手，透過無常的考驗，學習以一種新的智慧看待人生，尤其是不想要的意外，像是車禍、失業、失戀、罹病……當然也包括這次全世界面臨的新冠肺炎疫情，才能放下執念、通往自由、享受生命。懼死是人之常情，要能死得安詳，那必須活著的時候就能安詳。死亡是反映生命整體意義的一面鏡子。要能安詳地活著，必須學習放下執念，接受生命的無常。學習面對死亡就是學習如何活著。

「常」是活在當下，剎那成為永恆。活在當下是容許現象世界就是它原來的樣貌，聲音、景象、水聲、光影、人來人往……就只是與當下同在，就只是此時此刻，不需要添加任何東西進去。巴赫汀（Bakhtin, 1994）[6] 的「未定當下」（inconclusive present）相當於賈內（Janet, 1903）[7] 的「當下化作用」（présentification）。inconclusive（未定／現前）指稱著當下是川流不息、未曾停歇。自我敘說使得自我在當下能把握／定格（include），敘說的自我「把握」住「過去」與「現在」的兩頭呈現為存在，「當下化」就是使「臨在」等於自我透過敘說完成了「即興演出」。即便是「未定當下」，但這恰恰不可能是空的。

> 　　讓自己真正處於「當下這個片刻」（truly present in this moment），就處在當下原本的狀態。但是別把自己給遺忘了，你需要保持警覺性，警覺到「當下存在」、警覺到永恆不變的生命能量。你是那個能夠讓整個世界存在的覺知的主體，這樣會帶來心中的寧靜。

三、尾聲

心理師： 今天談了你的生病的情緒，談了你對諮商領域的想法，我會想知道，接下來你會怎麼跟你的焦慮相處呢？

來訪者： 就且戰且走，跟看病一樣，只能看下一步怎麼樣。如果不小心又中了，就好像是只能順順地走。

心理師： 順順地走？你的順順地走，是什麼樣子？

來訪者： 對於要不要成為證照下的那個角色，我存疑，我可能不確定，我不知道以後會不會去做專業心理師這件事。反正我就是先去實習嘛！之後再看看，對啊！就是且戰且走，保持選擇權。

心理師： 那能保持選擇權的你，會怎麼選擇？

來訪者： 我會選擇要不要去實習，我不想被選擇。我不要在我沒有實習，結果又我發現我其實想當一個心理師，那就太可惜了。

心理師： 擁有選擇權，對你的意義是什麼？

來訪者： 尋找自我吧！看清自己到底要的是什麼！

心理師： 即使遭遇到兼職面試的尖銳對待的不舒服，你還是選擇去實習？這個決定，表達了你的什麼堅持，或是信念嗎？

來訪者： 我覺得它是尋找自我的過程，我到底有沒有想做助人工作者，還是就像我現在繼續做我現在做的事情，對啊！我以後到底想要成為一個什麼樣的人？

心理師： 對你來說，無論是選擇念諮商或是要不要去實習，更重要的是去尋找自己生命的答案是什麼對嗎？

來訪者： 對啊！所以，我就看開了，對！就看淡了，那個證照，我覺得對我來講並沒有很重要，因為我說我是心理師，我說我是什麼師，大家都會相信啊！所以，我是第一……

心理師： 其實你有答案啦！是你自己怎麼定義你自己。

來訪者： 對啊！我不管說我是誰，大家都會相信我是誰。

心理師： 那你是誰呢？

來訪者： 沒有，我是說我想要做怎樣的角色都可以，所以我有點怕，我是不是只是無聊嗎，只是想考一個證照來證明自己？

心理師： 所以，你是誰？

來訪者： 我是來訪者。

心理師： 對我來說，你是就是我眼前看到的這個人，跟我聊實習，分享諮商圈內的惡行惡狀，我看到的你，你有你的力量，你有你的生命，你有你走過的歷程，你身上

有這麼多寶貴的東西，我看到的就是你這個人。

來訪者：謝謝，時間到了。

心理師：我們停到這裡。

`

四、回顧與反思

| 心理師 |

在回顧與來訪者的過程中，心中掀起許多漣漪。我身為突破諮商受訓過程中層層難關，好不容易走到取得證照的心理師，來訪者面對實習體制中的震驚、不解，自己是最能感同身受的，因為我也曾經走過這段心路歷程。

助人者在培養過程中所面對的壓迫和結構，使得很多人在成為心理師前就已經遍體鱗傷，而這個傷竟然是來自於我們自己圈內的環境，來自於我們過往熟知或仰望的助人者。對談的過程中，我很害怕和當事人往這個體制深挖，因為我也不知道會找到什麼答案。專業的訓練讓我透過外化和跳出框架的方式，讓來訪者將受困與時間的焦慮連結在一起。可是我內心是感到拉扯和矛盾的，我不知道將來訪者帶往自我的方向到底對還錯，是不是在迴避問題？

但回顧的同時，我也為了我和來訪者的對話感到驚訝，原來我可以和來訪者創造一個前往生命議題的對話。

我有幾個提問，如：「這些衝擊到你對助人者的什麼想法或信念嗎？」、「這人打破了你心中理想的助人工作者，

使你開始思考，為了考心理師，付出這麼大的代價，是你要的嗎？」、「我想瞭解是哪一個部分對你是最大衝擊？」是想要讓更聚焦在來訪者的問題意識，後續更大、更嚴肅的生命議題（癌友的時間有限）接踵而至，讓問題波潮越捲越大，從原初想要談的兼職實習所遇到的人，轉到對助人工作者和自身讀諮商的質疑，進而深入到嚴肅又沉重的生命議題。問題隨著波潮擴大發散，讓我全程心驚膽顫，而不得不一個議題又一個議題地接續下去。

敘事治療再三提到「外化」的重要性，「外化」將人跟問題分開，打開人跟問題的空間，探索來訪者對問題的掌控力，並發展出來訪者的能動性。「外化」也能框定具體的議題，有助於釐清跟問題有關的人、事、地、物的相關背景。在訪談中出現的「外化」問話，如：「我想瞭解是哪一個部分對你是最大衝擊？這個『衝擊』怎麼影響到你？」、「他那個『尖銳』刺傷了你的什麼？什麼被『尖銳』刺傷了？」、「你會怎麼說你做的課外這些學習？你都還拿到證照，這些學習說明了一個怎樣的你？」、「那個『人生有限』會跟你說什麼？或是會叫你做什麼嗎？」、「那個『怕浪費時間』會怎樣影響你？『怕浪費時間』會要你做什麼？或不做什麼嗎？」等等。我發現來訪者的回應變得很有力量：「我認為助人工作者反正就是分享自己的心情啊！產生共鳴，是很單純的一件事。對我的衝擊是，成為心理師反而讓事情變得困難了，有很多的設限。」、「我就覺得生病並沒有什麼事都不能做啊！我

很認真，做櫃檯這麼簡單的事情，我怎麼可能不會？」、
「我喜歡就去學啊！我只是覺得有趣，我沒有要拿這些證
照去當老師。」、「就盡量去做我想做的事情，不要去想
太久以後的事……我會保持彈性。」、「就會計算每個小
時，我要追劇幾個小時，我都有計畫。我的時間都是我自
己精算過的，一定沒有浪費」等等。

「命名」是來訪者對於自己的「問題故事」的在地知識，
我會想先尋求穩住來訪者，在一個安全又穩定的狀態下，
經由來訪者的命名，有著明確的「安穩」作用。在訪談
中，來訪者說道：「助人應該在生活中樂於助人，不是只
是一個工作。」、「我不想把時間浪費在太遠的、不可預
期的事情上。」、「癌症已經奪走我的主控權，我不能再
讓其他事情奪走我的主控權了……」、「我習慣短期的節
奏，我沒辦法去預想一年後要做什麼。」、「生命不可控、
時間有限，所以，時間要用在等值的事情。」這些都具有
隱喻、結論或意義化的作用。

在這個過程，我想來訪者大概沒有預料到會這麼幾經轉折
而深入內在。打逐字稿再三重聽，我心裡是有些擔心來訪
者，如何處理被勾動出來的沉重心情？讓他一個人回去單
獨面對會不會太殘忍？需不需要有後續的關切呢？不知道
來訪者能承受嗎？「死亡」對任何人都是一個很嚴肅的議
題，對身為癌友的來訪者，更是壓迫眼前、如影隨形地緊
迫貼身。但是，最後我發現來訪者很有力量，很能掌握自
己對生活的主控權。

其實在這次課堂演練，我是旁聽生，來訪者另有其人，當天原本的來訪者到不了，我就上場了。經過一個學期的密切相處與互動，跟同學、素菲老師都有相當的信任關係，所以也就能侃侃而談。

原本的對話開展第一段的引言：「助人變成一種專業工作時，『助人』成為『工作』的工具或手段，會『變味走調』。來訪者遇到的心理師，完全失去『助人者』特質，使得來訪者對助人工作抱持著『溫暖、善良、親切』這種理想性的想像，受到嚴重衝擊。」其實是素菲老師對我們課堂演練內容回應給的回饋後，我回家寫下的反思，是我為自己的課堂演練做的一個回顧。敘事有趣的是，永遠可以跟自己的故事互動，來訪者才是問題的專家。

透過敘事梳理後，我更加明白在疫情的衝擊下，我的焦慮感受明顯被放大。相較於疾病的困住，實習制度所帶來的衝擊不亞於疾病，包括機構系統、督導等制度都有調整空間。心理學鼓勵我們成為自己，可是實習制度卻鼓勵我們服膺體系。疾病的焦慮，只是讓原有的實習生焦慮變得更為顯著。透過這個交談，我看見我經歷的凡此種種都彼此相互影響，也更加釐清疾病使我珍惜有彈性地活在當下。

註：

1　McNamee, Sheila and Kenneth J. Gergen (1992). *Therapy as Social Construction*. Sage Publications, Inc. 宋文里譯（2017），《翻轉與重建：心理治療與社會建構》。台北：心靈工坊。引自第 10 章〈自我的敘說：在邊緣次文化之中的影像生產〉其中的例子。

2　Morgan., A. (2008).*What Is Narrative therapy? :An Easy-to-read Introduction*. 陳阿月譯（2008），《從故事到療癒：敘事治療入門》。台北：心靈工坊。

3　Søren Aabye Kierkegaard, S. A. (1836-1855). *Søren Kierkegaards Dagbøger*. Edited and translated by Dru.Alexander (1959). *The Journals of Kierkegaard*. New York: Harper & Brothers. 孟祥森譯（1986），《齊克果日記》。台北：水牛。

4　劉鎮明（2011）。〈在述說故事與醫學之間：談敘事醫學與醫療照護〉。《醫學教育》，15（1）：60-69。

5　Gergen, Kenneth J. (2009). *Relational Being: Beyond Self and Community*. London: Oxford University Press, Inc. 宋文里譯（2016），《關係的存有：超越自我‧超越社群》。台北：心靈工坊。第 245-246 頁。

6　Bakhtin, M. M. (1994). *The Bakhtin Reader: Selected Writings of Bakhtin*, Medvedev, and Voloshinov. ED. By P. Morris. London: Edward Arnold.

7　Janet, P. (1903). *Les obsessions et la psychasthénie [Obsessions and psychastenia]* (Vol. 1). Paris, France: Félix Alcan.

第七章

在荊棘路上成長
夢中的刺客原來是我自己

生命總是在你出其不意的時候

突然給你一記悶棍

橫豎殺出的幾刀

血注汨流有如火光

看似烈焰滔滔，實是雨雪冰霜

逼著人在還未凍僵之前

學會搶先啟動

解凍模式

胡瀚濃、林佳慧、黃素菲

| 故事引言 |

我在 16 歲時，生命走入一趟「歧異」之旅，我掉入一個黑色旋渦中。漩渦中心巨大的黑色能量，彷彿隨時會把我吞沒，超過十年的時間，我一個人在生命邊緣搏鬥，即便沒有被吞入黑色的無底洞裡，它也榨乾我所有生命能量。最近這兩、三年，我卯盡全力想要掙扎出來，走回我想要的道路，可是，總是一個不小心，我就又會停止運轉、無法動彈，陷入「黑暗」迷霧中；再掙扎著爬上來、站起來、向前行，我會為自己訂下密密麻麻、遙遠高大、幾近完美的未來「光明」圖像。我就這樣跌宕在「黑暗」、「光明」的輪迴中，無法救贖。

我總是對自己有很多計畫，可是又擔心自己缺乏行動力與實踐力。我就像追著自己尾巴的貓，更像是被困在「被追殺的夢」裡，在夢中不停地跑，一直感覺有人或是有怪獸在追殺，我只能不停地逃。後來才發現，夢中那個黑夜追殺的刺客，原來一直都是我自己。

一、兩人的狀態

| 心理師 |

我在過程中，會想和來訪者談的方向往哪兒去好呢？談閃亮時刻的轉變？或是談來訪者心中的擔心和害怕呢？我覺察到，縱使來訪者清楚地知道現在這樣的自己，已經在生

命歷程中跨出非常重要而具突破性的一步了，但來訪者仍對過去的劇本感到畏懼，每天戰戰兢兢地往前走，對未知和未來目標感到擔心、害怕失控，深怕哪一天又再掉回到過去。或許充分地敘說這樣的情緒，能讓我們更有力量的向前。因此那當下，我選擇和來訪者多談談對過去劇本的擔心害怕。

我在與來訪者談存在議題時，心中不由自主地出現一個聲音：「這不正是我此刻也正在探索的議題嗎？」來訪者與我處在相仿的年齡階段，他心中所困惑的，某部分也正巧是我在思索的命題，我不禁懷疑，同樣困惑著「終將落於虛無，那現在的追求意義何在？」的我，能夠當他的心理師嗎？加上來訪者說「或許我講出來，你也沒有辦法理解我在說什麼」後，我變得有些慌張，非常擔心自己會傷害到來訪者，且出現表達焦慮，因而我向來訪者道謝並做了摘要，想確認到目前為止，我所聽到的是否與他想訴說的一致。

｜來訪者｜

我猜想諮商過程中，除了我說的「內容」外，對談的「歷程」也很重要，是我需要心理師協助自己去留意的部分。當我陷入過去的陰暗狀態時，我需要停留，提供我空白及選擇，轉折之後，再重整步調出發，讓後續對話更深入地帶出我的核心軸線——存在議題。我心中暗暗說道：「心理師要勇敢啊！」我希望當時心理師能勇敢提出任何一個

他腦中閃過的連結，我不僅沒有感覺到被傷害，反而覺得更被理解，諮商歷程可能會有大幅的進展。

心理師猶豫和卻步，會讓我覺得心理師離我有點遙遠。在心理師一直聚焦在失控、虛無、死亡時，我其實心裡想的是被阻斷在高工校園任職的工作機會，對我是嚴重的否定，這讓我覺得心理師可能不能理解我。我很希望心理師更靠近我的具體經驗，他當時想到的三個連結方向，其實往哪一條路去都可以！它們都會打中我心中的某些部分。

二、對話開展

（一）實踐力與行動力

沒有半點猶豫，來訪者非常明確地說了談話的目標，心理師盡力地做澄清，也好奇這個清楚說出目標的他，怎麼會認為自己是個實踐和行動力弱的人呢？來訪者說，他一直想念博士班，但前方還有論文和畢業作品、教學實習必須先完成，他覺得現在離目標很遙遠，而實踐夢想的進度、現在生活的步調，卻都不在自己理想的預期內。

言談中，聽見來訪者心中對自我的期許、不如預期時的挫折與挫敗，也聽見他身體和心理不平衡的抗議聲，他已經很努力卻始終覺得不夠。來訪者停不下來地要自己付諸行動、充分地利用每分每秒，似乎在內心深處，一直有另一個「理想自我」的聲音在督促。

心理師：今天想說些什麼呢？

來訪者：我想討論我的實踐力與行動力比較弱的這部分。

心理師：嗯，行動力跟實踐的能力，意思是什麼嗎？可以多說一些？

來訪者：就是我常常會有一些想要去做的事情，它排了很長很長，可能長到世紀末這樣，然後我都沒有辦法⋯，嗯，應該說有慢慢在履行，可是實踐的品質和效率，不如我的預期。

心理師：你可以舉一舉例子嗎？

來訪者：像我一直想要念博班，可是現在來說或許太遙遠了，我覺得我的能力似乎不太夠。我有一些計畫想要去實現，可是一直卡著一些很無奈的狀況，就像我可能有一個禮拜比較認真地在過生活，接著有可能會因為壓力過大或身體不舒服，就會睡一整天。有時候會⋯⋯嗯，應該是說，會進入一種很混亂的狀態，那混亂的狀態長可能會有三天，短的話可能半天，那是我沒有辦法去控制的。我會期待自己有多一點時間在實踐自己的願望或夢想，但好像有點眼高手低。

心理師：聽起來好像有個目標是考博班，可是有一些狀況讓你覺得被卡住，你可多說一些關於卡住嗎？

來訪者：嗯，應該說博士班，那只是一個實踐我的理想的一個過程，可是因為我現在論文也還沒寫，畢業作品也還沒交，我們學校的規定很麻煩，要畢業論文又要畢業作品。我一直想很多，卻做得比較少，但我又覺得這

樣說對我是不公平的，因為我確實做得比以往還要多了，卻一直覺得不夠。

心理師：好像某部分的你知道其實這陣子，自己做得滿多的了，可是還有一個自己，覺得還不夠。「覺得還不夠」那個自己，好像很有影響力？是嗎？

來訪者：是，好像「還不夠」的感覺愈來愈強烈，每次只要一進入比較混亂、休息比較久的狀態，就會加深我的一些挫折跟挫敗感。

心理師：「還不夠」會批評你？還是會督促你？還是「還不夠」會說什麼，來使你陷入那個挫折或挫敗感？

來訪者：「還不夠」會說「你的速度太慢、落後太多了！」像之前書展有打折，就買很多書，我會想在比較短的時間內充實自己，可是書展到現在，也只看了一本到一本半的書。

心理師：聽起來「還不夠」會帶著批評來催促你？

來訪者：因為我，我覺得……我期待我的時間可以被有效的規劃和利用，但實際上我目前的執行率最多只到一半，甚至可能有時候連三分之一都做不到。

心理師：好像「還不夠」會一直監督你，那個「還不夠」也會對於怎樣才是「有效規劃和利用」訂出標準，那個標準是什麼？

來訪者：就是會希望我可以多一點時間在充實自己，更努力地去整合自己，而不是花很多時間在躺床睡覺，或陷入混亂情緒中，什麼事情都無法做。

心理師：「多充實自己」、「整合自己」，而不是「躺床睡覺」、
　　　　「陷入混亂」，聽起來滿嚴格的？

來訪者：對，非常嚴格。

敘事開箱：「不知道」的態度

　　無論是目標或努力的程度，來訪者似乎都望著遠方，而
究竟來訪者追求著什麼？又是什麼原因使得此刻的來訪者
站在這個位置呢？在回應情緒及同理後，可以多詢問來訪
者所說的：**「混亂狀態」跟著他多久了**？同時應用「相對
影響問話」，一方面探索問題故事的脈絡，亦即來訪者被
建構（be-constructed）的問題重重的故事，如何影響他的
生活？另一方面好奇，來訪者自身對這個混亂有什麼影響
力或掌控力？曾經有過即使被「混亂狀態」籠罩著，卻能
成功逃脫出來的經驗嗎？那時候的他，身上具備了什麼特
徵？

　　而來訪者提到的願望和夢想，很可能就是替代故事（支
線故事）的入口，因此在探索問題故事後，**更進一步讓來
訪者描述自己的憧憬是什麼？何以來訪者想賣力地往前
進**？相信在來訪者述說理想狀態的過程，我們不僅能讀到
言語背後的故事脈絡，也會開啟一個空間，心理師得以和
來訪者一起共構主流故事外的替代故事。

　　諮商初期，關係的建立是最重要的。心理師以「不知

道」（not knowing）的好奇態度，也就是不預設立場地去看見來訪者這個人，以及他如何面對與因應困境，同時相信來訪者是他自己問題的專家，他擁有資源，也有能力運用自身的內在知識、資源和能力，來訪者需要心理師的理解、支持、見證來訪者的成長，與來訪者共同開創出貼近渴望的替代故事。

（二）其實我知道自己需要休息、休閒

　　來訪者提及被「應該做的事」填滿的行為與生活模式，此即為問題故事的腳本，而且來訪者已覺察到這個模式對自己的影響，接下來，心理師透過多瞭解「應該做的事」有哪些、來訪者生命中的誰影響著這些「應該」的決定，藉此可以探討「問題故事的歷史」，並進一步邀請來訪者反思：如果有機會停下這個腳本（模式），他會想過什麼樣的生活？為解構（deconstruction）主流故事鋪路。

　　在實務工作中幫助來訪者敘說並豐富生命故事，從中找到亮點、理出意義，為過去或當下的問題提供出口，發展出其他新的可能性，[1] 這是敘事治療所著重的。在這個段落中，來訪者提供了一個不同於以往的行動，心理師需要抓緊「獨特意義經驗」——這個一直都存在，只是等待著被發現的故事，多詢問這個故事的細節，包含：來訪者如何找到這個新的模式？是什麼讓他願意去行動？嘗試這些改變後的感覺？開啟通往新

的、不同故事的途徑。

心理師：好像「還不夠」會督促你善用每一分每一秒，都不能虛度？

來訪者：我知道它有點不切實際。

心理師：那你會想跟那個很嚴格的「還不夠」說什麼？

來訪者：我知道我需要休息，可是有時候「還不夠」不讓我停下來，然後唯一能讓它停下來的方式，就是讓自己睡一整天，然後時間都浪費掉了，可是我知道或許我只能用這個方法來休息。

心理師：所以，你是有方法對付那個「還不夠」，很棒啊！最近「還不夠」有不讓你停下來嗎？

來訪者：有啊，就像上禮拜我要去學校試教，是國中生，教表藝課，就要準備教案啊、準備很多的活動，可是我學校其實有教育學程的課，所以我早上就借器材去上課，下午就直接到學校去準備，結束後晚上還要寫碩班禮拜二的作業，然後禮拜二也是早上很早的課，然後……反正就是一直這樣子。

心理師：哇！「還不夠」真的是不想讓你停下來。

來訪者：我每天休息一個小時到兩個小時，然後就是事情滿多的，希望的事情有很多，可是卻……沒有辦法做到，沒有辦法做到自己希望做到的那個樣子。可是我知道自己已經塞得太滿了，像到禮拜五忙完以後，下午就開始連假，我就會變得很頹廢吧！就是變得一直在玩啊！其實我內心是渴望……又可以玩，又可以充實自

己。可是好像進到一個休息的狀況時，我就沒有辦法掌握我的方向盤去控制很多東西。這是這禮拜，之前其實也是差不多的狀況。

心理師：嗯，每天才休息一、兩個小時，實在太少了。我好像聽到，一邊是你每天安排好多該完成的事情，你也都做到了；另一邊是一旦有空閒時間，你就好頹廢。好像是兩極擺盪，是兩極擺盪嗎？

來訪者：應該說我希望自己更少擺盪到頹廢那一邊。

心理師：喔，所以是單極擺盪？

來訪者：那是以前，以前是單極擺盪，我以前都不允許自己休息……我現在還好，現在我比較能夠接受。就是像今天下午可以跟朋友去咖啡廳聊天，想看電視的時候可以看個一、兩個小時，現在比較允許自己這樣。可是還是有很多時間是被我……我會覺得是被我浪費掉了，我會想要多一點的行動力跟實踐的能力去完成這些事情。

心理師：現在比較允許自己休息，你知道你需要休息，你需要休閒。

來訪者：是，這是好不容易才得到的學習，因為我接受心理治療也快兩年了，這是最近才發現然後去行動的。

心理師：你可以說一說這個發現嗎？好不容易才得到你知道需要休息、需要休閒，這是一個怎麼樣的轉變？

來訪者：我的故事是我碩二為了提升實務經驗，我有去建築公司兼職打工兼見習，我又同時去教育學程的教學實

習，又去外面兼課。我教學實習和兼課的地方是國小、國中、高中，三個不同的地方。那時候我碩班有課，又要去建築公司打工兼見習。我完全不知道我在幹麼，我的意思是說，我完全不知道為什麼我會把生活排成這樣？我幾乎每天都在不同的地方跑，吃飯有時候也在車上，騎摩托車吃個麵包，然後晚上的時候就會陷入滿混亂的狀態。

心理師：那個把行程排到滿滿的，甚至陷入混亂的你，是什麼情況？可以多說一些嗎？

來訪者：我現在比較能分辨那個混亂是什麼，就是我期望自己可以多念一點碩班的東西，可是其實我身體已經受不了了，所以我讓自己就是在……可能在玩手機遊戲啊，或者是什麼事都沒有做就晃掉了那些時間，可是我內心是很衝突的。這樣過了兩、三個月以後，突然間我就爆炸了！

心理師：哇！聽起來是混亂到極點，就爆炸了。好像有兩種狀態，一種是加油往前衝的狀態，一種是玩手機、晃掉時間的煞車狀態，兩種狀態都無法控制……

來訪者：好像是……大概是吧！又加油又煞車就爆炸了！爆炸後就進入到比較焦慮憂鬱的狀態，我沒有辦法閱讀，字會整個飄起來，我就只好到最後把一些工作推掉，也把一堂很喜歡的課退掉。可是還是沒有辦法繼續應付，所以就變成說我在一個循環。

心理師：你在這種一面加油前衝，又一面煞車暫停的狀態，真

的很消耗。在這種循環中的你，是怎麼度過來的？

來訪者：就是……嗯，好不容易恢復，我就進去「加油」那種狀態，當我不行的時候，我又「煞車」暫停，躺床睡覺個兩、三天。像這樣，出席率就會出現比較大的起伏。可是就是我滿努力撐著把教育實習和兼職打工見習的任務完成，到最後就是……希望有回答到你剛剛問的問題，雖然我也忘記你問什麼了（笑）。

心理師：（笑）好像那時候的你，自己無法停下來？但是現在你能夠分辨自己需要休息，那你是怎麼發現而產生轉變的？

來訪者：那個時候好像是這樣，因為我排那些東西都是很無意識在進行的，我總覺得這樣子還不夠，我還得再做更多的事情，就碩二那時候。我現在可以規劃，哪些時候可以休息，哪些時候可以做事，但覺得做事時間還不夠。

心理師：那個時候是無意識的進行，現在是可以自主控制的，這之間有很明顯的進展，你是怎麼做到的？

來訪者：就像剛剛下午的時候，以前可能會很累，回到家就睡著了，然後今天就不會來。我今天做的轉變是我就直接騎車到附近的地方吃飯，看要閱讀的書，慢慢地有辦法去控制自己，完成想做的事。就是說，聽見自己內心深處的呼喊——我渴望跟自己在一起，不再只是被「應該做的事」填滿日子，我領悟並偶爾能允許自己休息。

心理師：我可以說這是一種允許嗎？這是多麼不容易、多麼珍貴的一步！允許自己把車停好，不加油不前進，好好暫停休息，而不是被「應該」推著跑，是這樣嗎？還是，你還有想到其他什麼？

來訪者：對，現在有比較多對自己的允許，這是確定的。可是劇本不是每天都可以這樣履行，我還在「過去」的劇本和「現在」的劇本之間拉扯。我覺得最大的困擾是，我覺得有一部分也來自於……我知道這有點跳題，但我知道有相關，來自於我自己的自卑，我覺得或許我根本沒有能力去完成我想要完成的事情，可能是念博班、可能是去做一些自己希望能做到的事情，我滿沒有自信心的，也滿沒有把握。

心理師：哇！真的好辛苦，好不容易找到「允許」，好像還是不夠，你還是沒有把握、害怕那個目標沒辦法實現？那讓我們停一停，一起來看看「過去」和「現在」這兩個劇本的差異與拉扯，好嗎？

來訪者：依目前的狀況來說，是有拉扯這樣子的擔心。像是，如果我能完成教育實習的話，我很想去高工設計科教書，我也沒有把握以後每週五天都能夠百分之百地朝九晚五去工作，到今天我還是沒有完全的把握。

心理師：就是說你會擔心沒有依照「現在」的劇本去走，你怕會被「過去」的劇本拉走！對於朝九晚五去工作，你可以多說一點那個沒有把握，是指什麼？

來訪者：我會覺得有一些狀態我無法負荷，我必須誠實地面對

這樣的自己。我是知道只要不是無故缺席,可以請假一、兩次,可是我會希望自己可以不要的話就不要再請假,因為畢竟對我來說,我很願意去投入跟付出的過程,所以會擔心會不會缺席或請假。

心理師: 你是擔心突發狀況或沒有照著你原本預期的步調,是嗎?我注意到你說「只要不是無故缺席」,好像你在對抗的是「無故缺席」這類事情?

來訪者: 對。

敘事開窗:稍縱即逝的「關鍵時刻」

來訪者知道自己的生命中存在著兩個劇本,也就是「問題故事」和「替代故事」,且他正在這兩個截然不同的故事劇本中來回穿梭。當心理師提起這個轉變時,來訪者卻馬上逃走了,訴說著對過去劇本(問題故事)重演的害怕,並且提出自己對現在生活的期待——百分之百地演出新劇本(替代故事)。從社會建構的認同到敘說建構的自我認同,發展出偏好的自我,這是一段多麼難能可貴的歷程。然而,這個過程時常是反反覆覆的,來訪者源於內心深處的不安,經常充滿著矛盾與衝突,會在這兩種故事之間擺盪。來訪者經常習慣繼續使用過去應對世界的方式,即使這個過去習慣其實是問題故事之源,再加上所謂新的渴望故事模式,擔心「過去故事」還會來破壞,會對現在

及未來造成不好的影響。

「關鍵時刻」（pivotal moment）導引蛻變過程，因為關鍵時刻意味著來訪者準備進入轉化階段，而轉化的故事就是執行的故事。關鍵時刻在晤談時，大多只是隱而未顯、尚未成形的狀態，是在互為主體之間交流的對話中產生，是透過對話來反思治療晤談內或晤談外的言行而產生的結果，通常是很短暫的顯現時刻，只占了幾秒鐘的時間便一閃而過。這些時刻被形容為「關鍵」，因為來訪者處在「兩可中間和兩者之間」（betwixt and between），已經離開了先前階段，但是又還沒到達重新整合階段，他們處於中間狀態。

當關鍵時刻浮現於治療對話中，那個當下，也許就是來訪者獲得改變最有利的時機。在不同故事裡，關鍵時刻出現的樣貌各不相同，卻有著相似的現象，也可以稱為「當下時刻」（present moments）或「此時此刻」（now moments）。這時候來訪者被引導朝向自己所堅信的價值，以及於此世界中自己偏好的存在方式，關鍵時刻為他們帶來能夠產生共鳴的重要意義，和向前邁進的潛在動力。

（三）我好擔心自己跟以前一樣……

當一個單薄、被問題充斥的生命主題形成後，它會進一步建構來訪者的身分結論及塑造他的將來，以至於這個描述越來

越全人化（totalizing），再容不下任何與這個描述不一致的其他可能故事（other alternative stories）出現，[2] 所以若來訪者把問題內化，也就是人和問題合而為一體時，來訪者會感受到強烈的無能和無助感，而想要削弱問題對來訪者生命的影響力。麥克‧懷特提出要將人與問題分開，也就是要將問題外化（Externalization of Problem）。外化是重新定位人與「問題故事」的關係。

首先，以「命名」來將問題形象化，以開啟反思的空間，從中覺察、反思受問題影響較大和影響較輕微的時候；接著，邀請來訪者重新為自己與問題的關係定位（take a position in relation to the problem）；最後，讓來訪者選擇希望繼續受問題主宰，或是希望能拿回生命主導權，由自己決定問題在生命中的角色及影響。

在這個段落中，心理師邀請來訪者為過去的自己命名，是很重要的一步。要注意的是，必須先讓來訪者再次經驗（re-experiencing）而非再次訴說（re-telling），也就是以貼近經驗（experience-near）臨在其情境的境遇感而敘說，以免步伐跨得太大而難以命名；也就是說，心理師必須也親臨其經驗脈絡中才能為來訪者搭橋，再引導來訪者命名。

心理師：但如果真的那樣，會怎麼樣？

來訪者：（沉默）我怕變得跟以前一樣。

心理師：你願意多說一點嗎？

來訪者：（沉默）高一開始有一些狀況，晚上睡不著、吃不下

東西、情緒低落，然後有時有精神、有時感受到無力，對這世界有點像是失去希望，會有自殺的想法和念頭，這樣子持續了好幾年。高中念升學型的高中，可能競爭太激烈，我無法正常到校，兩週請一次假，高三甚至天天請假，最後被迫休學，復學後也是在那樣的過程中掙扎。我很怕又變成過去那個樣子。

心理師：我感覺到好像有一股黯黑力量把你往下拉，回不到正常的世界，你很辛苦地跟那股黯黑力量搏鬥？

來訪者：非常黯黑的力量，我很怕又被拉下去。

心理師：嗯！最後被迫休學，又復學，很掙扎……你怎麼看過去的那個你？

來訪者：對我來說，那是很痛苦的回憶，不太願意去面對這樣的自己。

心理師：真的是很痛苦的歷程，我感覺像是被一股無法抵擋的力量拉下去，你又必須要自己掙扎著爬回來，那個使你不太願意面對的，是怎麼樣的自己？

來訪者：脆弱又無法控制、無能為力的自己。

心理師：所以現在的你在生活中很多的努力和停不下來，現在的你已經不一樣了，但是你好擔心再回到以前國高中的那個樣子嗎？

來訪者：我想是。

心理師：如果用一個形容詞，或為這段生活經驗命一個名字，你會怎麼形容過去的那個你？

來訪者：「完全無法控制」。

心理師：那個「完全無法控制」，會剝奪你的什麼？或是它會吞噬你的什麼？

來訪者：它會剝奪我的生命意義，使我的生活沒什麼方向，我沒有辦法控制自己的情緒。

心理師：嗯嗯！剝奪你的生命意義，使你的生活沒有方向，那個失控，是什麼樣的失控？

來訪者：只要時間一到、季節一變、或是有什麼刺激，我的情緒就會變得非常的沮喪，我沒辦法跟人家社交、沒辦法互動、沒辦法正視我眼前的每樣東西，如果這是你想要知道的話。

心理師：我們可以在這裡停一下嗎？我先要謝謝你跟我分享那個「完全無法控制」的經驗，我想回應的是你可以自由地述說想說的內容，即使你選擇不回答我的提問也是可以的。當你說「如果這是你想要知道的」，好像你並不想說這段過去，是嗎？

來訪者：過去的那些，全部都湧上來了……

心理師：你想要在這裡暫停嗎？怎樣對你比較好？

來訪者：我不知道，很複雜的情緒……

心理師：沒關係，你可以用你覺得舒服的方式和速度……

來訪者：很難形容。

心理師：是。

來訪者：嗯，而且除了那個部分，還有很多的部分是因為家庭關係，我只能讓自己念書來證明自己存在，因為比較認真，就念得還不錯。我從小人際關係沒有很好，所

以念書還不錯，就可以交到一些朋友，被大家比較喜歡，因爲台灣升學主義，成績好，就比較被擁護、被老師注意。可是當我高一進到那個狀態時，才發現一切都是虛幻的，所有的人都不是朋友，老師也不願意來瞭解我狀態。我好像看清了這世界狀態。跟我一開始講的有關，就算我到了博班，我得到我要的位置，總有一天，我會瞭解到，這世界存在就是如此的虛無又沒有意義。

心理師： 我覺得你眞的是非常、非常不容易，我不知道你是怎麼撐過來的？我很好奇你身上有著怎樣的力量，能夠讓你撐過來到現在？你所說的似乎是……我連結到三個方向：一、自我價値感；二、孤單、孤獨；三、什麼都沒有、虛無、無意義、死亡。還是，不止是這些？我不知道哪一個是你比較想多談談？

來訪者： 主要是，我無法完全投入在我想做的事情，因爲我知道有一天，我父母親、我在乎的人、周遭的朋友，可能死亡，或我又陷入那樣的狀態，或是意外，甚至我自己死亡。總有一天，都會落入虛無。我現在還沒找到答案，那我爲何要這麼去完成它？就是我如果可以成爲不錯的老師，或許有地位，可是當我到那位置，當我面對自己的死亡，或我失去所有的關係，那地位、頭銜或金錢又有什麼價値？不管怎麼努力，我還是孤伶伶一個人。

心理師： 好像三個部分都交織在一起了，聽起來是你很害怕不

論做了什麼、多麼努力，也不能證明自己的價值，而且最終你還是一個人，很孤單……人終將一死，你也不確定有何意義，很虛無的感覺？

來訪者：我覺得比較是一種無意義狀態，因為就算我賺再多錢，我能夠得到一些類似以前的名聲，可是其實世界上這些東西都只是被文化、被社會建構出來的華而不實的外貌，而終究當我反身去看……我覺得那很可怕。

心理師：這個孤單好像有些阻礙你追求生活中的目標和價值，我不確定這是不是和你一開始說的缺乏行動力有關？

來訪者：對，即使到了那個位置，我還是沒有辦法應付存在上的孤獨。

心理師：我們在面對一個好深沉的存在議題，你說的孤獨和無意義，這也是我的議題，最近我跟你一樣也在面對孤獨、死亡與無意義的議題……

敘事開箱：黑色漩渦與宇宙黑洞

　　大多數人在生命歷程中，都經歷過被某個意外或挫折事件。但是，並不是所有人都經歷過「黑色漩渦」的力量。那股力量一直要把人捲進去，無法抵擋、無法動彈，人完全陷入無助、失控狀態，接著是沮喪、焦慮與憂鬱席捲而來，使人覺得無能為力、失去一切。來訪者說「過去的那

些，全部都湧上來了」，當時我（黃素菲）強烈感受到「黑色漩渦」有如宇宙黑洞的巨大能量，無聲無息地吸入一切。

這可能也是「永劫回歸」的展現，是一種為了肯定差異而去顛覆所有的次序，或是要否定「不同」者的立場，而去保持、延長一個已經被建立的歷史次序。德勒茲（Deleuze, 1968／汪薦新、廖千喬譯，2019）[3]說：「**永劫回歸在它全部的力量中被肯定，並沒有使得創建一基礎之建立成為可能，相反地它破壞、吞沒了每一個基礎，作為使差異處於原生與衍生、物與擬象之間的堅決要求。**」永劫回歸逼我們直視普遍的「去基底」本質，是一種透過暴戾、破壞達到解構的目的，又不停在否定風格中捕捉片刻肯定的辯證，在片刻肯定中捕捉重寫的故事。

畢竟，敘說的意義是在每一次的重複敘說中都造成一次偏移中心的循環，第二次不會與第一次相似，但是它都是一次作為全部，一次敘說就是新的全部，重複著，即永恆。永劫回歸以偏離中心的類離心力的力道，驅趕著、抵擋著「黑色漩渦」的巨大能量，使每一次敘說皆不回返，也就是每一次敘說皆不同於問題故事原貌，在一次又一次敘說的推進中，慢慢長出新的支線，而前往另一新系列的故事線。

（四）我也不知道……我覺得我講不下去了……

　　生存與死亡的普遍焦慮是來訪者心中的恐懼：如果人終歸一死，那現在的一切努力，都不算什麼了。究竟是什麼讓一個成績優秀的孩子，一夕之間發現自己的努力都沒有用？來訪者彷彿獨自站在舞台的角落，其他人卻都站在舞台中央耀眼光束之下，來訪者怎麼看自己的位置？他內心深處渴望什麼？如果心理師在聆聽來訪者述說的過程中，心中有浮現畫面，可以試著把聯想的畫面提出來跟來訪者討論，也讓來訪者說出他自己的畫面，將心理師的畫面修正成更貼近來訪者經驗的畫面。

　　來訪者問題故事的生命經驗，成為一扇大門，打開來訪者對於生命及世界存在性的感受，這些活生生的繁複生命經驗，難以三言兩語道出，但在對話中，心理師有機會陪伴來訪者理解、發現屬於他自身的生命意義的詮釋。敘事心理師抱持著「不知道」，出自真誠的好奇、也欣賞來訪者而去提問，別忘了：諮商是人與人的工作，來訪者受傷的是心，所以在每一句提問前，記得先貼近來訪者才能有「人味」的回應。「虛無」在晤談的當下深深地抓住了心理師的眼光，虛無裡有著來訪者未說出來的經驗，來訪者的虛無究竟是什麼呢？在心理師和來訪者提到虛無和失控時，可以有更多的連結，或是將這兩個抽象的狀態，做具體的討論，又或者是停下來，確認兩人現在彼此的狀態，也讓來訪者可以稍稍從泥濘中出來喘口氣。

來訪者：就其實我會覺得……我也不知道……我覺得我講不太
　　　　　下去了……

心理師：那要在這裡暫停一下嗎？我們怎樣照顧現在的你，會
　　　比較好？

來訪者：現在，我很多情緒，而且越來越……越來越多吧！而
　　　且我也會有一種感覺是，或許我講出來，你也沒有辦
　　　法理解我在說什麼。對不起，我知道我有一點在攻擊
　　　你……我沒那個意思，真的。

心理師：我想，這對你來說應該是很特別、很深刻的經驗。好
　　　像你很難相信你在分享的時候，有人能夠聽懂你在說
　　　些什麼？

來訪者：嗯，應該是這樣。

心理師：我整理一下我們的談話，好嗎？

來訪者：嗯。

心理師：我們的第一次碰面，謝謝你剛剛告訴我好多好多，我
　　　們談你現在狀態、談高中時候發生的事，談到你的擔
　　　心，擔心失控的感覺，我們談著談著，講到了虛無，
　　　即使現在努力了這些、得到了這些，那又怎麼樣？

來訪者：嗯……

心理師：你還有想到些什麼嗎？關於失控和虛無，或是……？

來訪者：不知道，我從剛剛就一直想到一件事。

心理師：所以好像你心裡頭有想到一些事情，或是一些話？

來訪者：可是……可是我會害怕去講，不知道要怎樣講……

心理師：嗯……

來訪者：就是……我本來向一個我很喜歡的高工學校遞交履
　　　歷，首輪被錄取了，接下來是面試，可是我的主管

——就是我在建築公司打工見習的主管，他在業界地位很高——他一直認爲我沒有辦法承受全職教學工作的壓力和挑戰，他認爲我準備還不夠，我沒有辦法接受這樣的挑戰，我只好放棄。即使還有另外一個我也很想去的學校，甚至他也叫我取消申請抽件回來。這件事情，從一開始，就……一直跑出來。

心理師：這也是你剛才你擔心我無法理解、心裡想到的事情？

來訪者：對，這是我想到的，可是我……我……沒有很想講。可是，如果我眞的想要在這邊接受到一些幫忙的話，我覺得還是要和你説。

心理師：謝謝你願意跟我講，我聽到像是一種在高位的人使用他的權力，評價你、並阻斷你去做你渴望要做的事情，是一種被診斷、被評價、被判決的感覺，對嗎？

來訪者：我本來是有兩個機會可以去高工面試，結果都被斬斷了。他的理由就是我的實踐能力不夠。他以前也曾在高工教書，他也知道一些我國高中的情況，他覺得我會半途而廢，或者是我如果遭遇類似過去的挫折經驗，又會情緒崩潰。

心理師：好像他不相信你、否定你？並且直接斬斷你嘗試的機會？

敘事開箱：前敘事與當下化作用

　　呂格爾區分敘事包含「描述態」與「樣式態」（descriptive statement and modal statement）兩者。其中描述態中的「前敘述」（the utterance）和樣式態的「所陳述」（the statement）是兩種不同成分。「前敘述」是一種「使語言出現的前語言狀態」，是一種意欲、想要、即將會……的狀態，也是時間連續流動中意識流的「前語言」狀態，而意識流是「形成中的時間」。來訪者的「講不下去」是個複雜的「前敘述」狀態，對來訪者而言，「不被理解」不是心理師不理解他，而是他瞬時懸置在「前敘事」膨脹的靜默中。某個面向，它好像反映著來訪者的生命現場，透過對話使他顯現為「能知覺」的主體，讓諮商現場瀰漫著窒礙悶滯的氛圍；另一個面向，來訪者的情緒滿漲，面對內在這些感受，語言已不足以貼近心理世界，慌亂及恐懼帶來了孤獨感。「能知覺的主體」無法投射成一個外在化（externalize）的客體，一旦那被投射出去的只是「故事中的我」，不是「能覺知的我」，這個「能覺知的我」存在於「前敘述」的意向空間中，被孤獨與虛無感環繞著。

　　然而「前敘述」最終還是要透過語言的拼湊，賦予生命故事個人的意義。這可以說是一個說的動作，我們以一個意識的動作去捕捉那頗為複雜的狀態，以減少其複雜性，並且暫時靜止其川流不息。對於這個動作，呂格爾稱之為

「當下化作用」（présentification），它是在一個瞬間捕捉
到的特定現象知覺場域，以及特定心理狀態下的動作，在
這同時，它也將所捕捉到的（知覺）一併帶入「過去體驗」
和「對未來之期待」所形成的連續性之中，造成某種意識
的連續體，也就是進入「敘述」這個講述的行動，才成就
了生命故事。

（五）過去劇本與現在劇本的拉扯

　　心理師讓來訪者自己決定要不要說、要說多少，這種「權
力讓渡」不只是表達尊重以維持諮商關係，更重要的是將故事
敘說的作者權交還給來訪者，也就是以來訪者為中心而心理師
「去中心」。心理師的提問邀請來訪者回到生命經驗的現場，
由來訪者決定如何串接故事，尤其是他不由自主又自然而然地
在腦中浮現以前和主管相處的點滴。來訪者述說著和主管在意
見上的分歧，以及他最後所做的選擇，他描述著專業場域中無
能為力的自己，但此刻的來訪者的姿態卻是勇敢、有力量。

　　真正能證明他、給出「證明過關」印記的人，是來訪者自
己，根本不是那個主管。那個主管只是剝奪他上路一試的機
會。來訪者真的一點都不在乎主管怎麼看他，因為他早已經準
備好要上路了，他坐在駕駛座上，手握方向盤，可是上路的閘
道卻放下柵欄。「禁止通行」是一道暗黑的詛咒，使來訪者有
如推石上山的薛西佛斯，很努力卻徒勞無功。我卻覺得「很努

力」比「推石頭上山」更適合做「證明過關」的印記。

來訪者：以前的我，會特別在乎是不是被肯定或是被接受；可是現在我，都已經被錄取了，可是他卻做了這樣的阻攔。而很多時候，我就是在過去劇本和新的劇本不斷拉扯。可是畢馬龍效應告訴我們說，他這樣做似乎就會更加印證「我就是不行的」這個劇本。可是我明明就很努力地在讓自己可以準備好去成爲全職老師，我甚至因爲這個原因，延長教育實習，晚了一年才畢業。

心理師：你說的兩個劇本，過去劇本和現在劇本的拉扯，可以多說一點嗎？

來訪者：過去的劇本是會請假、假日玩到無法收心、一直在混亂中無法做想做的事……新的劇本是不太缺席、想玩也不會失控、不太失眠、正常規律的生活。

心理師：我可以說，「新的劇本」是你擺脫「過去劇本」後，發展出來的更新版本嗎？這個新劇本才是你想要的？

來訪者：我確實想往新的生活發展，但現在偶爾會做不到，一、兩天睡不著……我會希望可以完全實踐新的劇本。

心理師：那個能發展出「新的劇本」而且喜歡「新的劇本」的你，身上有什麼能力？

來訪者：我漸漸相信我自己，我沒有很在乎他對我的評價或是看法，我知道我自己現在的能耐。可是現在已經是四月，如果一切順利，我八月就會開始到學校報到，開始教書生涯，我只剩下三、四個月可以讓自己有更多

行動力跟實踐力去……去……我沒有要去符合他的期
待，因為我根本不在乎……現在的我不在乎他對我是
什麼樣的看法，我很確定知道我不想搞砸我的工作。

心理師：所以，你越來越相信自己，知道自己的能耐，又很確
定不想搞砸工作，是這些使你發展出「新的劇本」？

來訪者：對，我知道未來如果有些狀況的話，他不可能會出手
協助……或許會啦！但目前的感覺是，他不可能會出
手，像其他朋友、同事那樣的幫助我……他可能只會
酸酸地說一句：「我就說你準備不夠，你為什麼還硬
是要去？」

心理師：我很好奇的是，那是他的想法，但你自己的想法和他
是不一樣的？

來訪者：對啊！我跟他吵一個小時，就是在吵這個。

心理師：哇！你很有力量耶！跟他吵一個小時，你認為你在面
臨什麼？這是一場怎樣的戰爭？

來訪者：這是一場跟「制度、權力、刻板印象」搏鬥的戰爭
吧！因為我是事後才跟他說，我就先投了他才知道，
等於我在他那裡打工見習結束，又沒有優先考慮進他
的建築公司，他很生氣這件事情，所以他……就是變
成說……我之前有過請假或缺席，他本來已經不信任
我，又發生這件事，所以他就更不願意讓我去。

心理師：嗯嗯，那是他，可是我看到你是能夠為自己去爭取、
為自己發聲，你有看到嗎？

來訪者：我不想搞砸工作，我準備好再出發，從來不是為了他

這個主管，是為了我服務的學生，我真的很希望可以多一點的行動力和實踐力，對，證明我這次可以全程都 hold 得住，不會跟以前一樣。我一直感覺就差那麼臨門一腳了，我希望可以透過這樣的討論，會對我有所幫助。

心理師： 在這場戰役中的你，這個主管對你的阻撓，最傷害你，我可以說是傷害嗎？

來訪者： 嗯……

心理師： 他最傷害你的是，他傳達出對你怎樣的偏見？是偏見嗎？

來訪者： 他比較主觀，也是對我有偏見啦！因為他看到的我就那樣啊……就是……就是……從我還是新手開始，就是比較脆弱的，就是……並沒有展現堅強的一面給他看過，我那時候有點憂鬱症。可是對我來說比較不公平的是，當我想要改變或已經改變的時候，但他卻下了這樣主觀的判斷，我想要去嘗試，他就覺得我在詭辯。說實在，他根本就不瞭解我，他並沒有和我有深入相處或合作，而且他最後用的理由是因為我曾經有那樣的病史，就一口咬定我沒有能力承擔全職工作的挑戰，我覺得這對我是個傷害，對啊！

心理師： 他不相信你可以克服憂鬱，他不相信你可以奪回行動力和實踐力，好像他認為一旦你有過病史，他就會牢牢貼上標籤，剝奪你改變的機會？

來訪者： 我還滿沒辦法接受他阻攔我、把我封殺掉，因為我用

一年、用盡我的全力在準備，我當然知道會遇到困難……我本來就是很敏感的人，可是我覺得我現在有很多資源、有很多不一樣的方式，我可能有機會展現全新的自己，所以……（沉默）

心理師：你全力以赴地準備，卻被他阻攔、封殺，他的阻攔、封殺似乎也彰顯出社會上普遍偏見或主流論述，是嗎？我可以想像，這真的對你造成莫大的傷害，對嗎？

來訪者：可是老實講，就是真的很……很……客觀來講，我也知道他說的是對的。我的行動力，就像我剛才說的，我現在真的還有一天半到半天的時間是無法行動的，我會在床上躺一整天或睡一整天的覺。假如那天是我教學生涯的某一天，排好的課在等我，對我來說不就是一個很……很挫折的過程。我的意思是說，如果我睡覺的那一天剛好排了很多課程，那我不就放學生鴿子！

心理師：所以，好像扣回一開始說的，面對這種權威的強勢論述，你擔心自己實踐力與行動力比較弱的議題？

來訪者：對，我無法否認他的擔心或顧慮，所以我才在這邊試著和你分享，因為我也不是在怪他，我只是覺得，所謂的改變或自由，就是我必須負擔跟承擔更多的責任。可是好像在這個過程當中就是差這麼臨門一腳，而我卻不知道那是什麼，或許是時間，或許是更多的行為改變的過程，可是我就是很困擾，而且很多的情緒在剛剛說的時候，也是不停地跑出來。

心理師：那個臨門一腳，可以發揮什麼作用？

來訪者：因為我現在眼中只看的是自己的那個 abnormal 的部分，而那個主管的阻撓，其實只是說出我自己眼中的看見。即使我很努力，卻很像少了一個什麼，讓我失去對自己的相信……我害怕它還是存在在我的生命中。

心理師：那個臨門一腳，似乎像個「證明過關」的印記，是嗎？

來訪者：對，證明我遠離 abnormal、混亂的情緒、失眠啊、嗜睡一整天啊、面對壓力的時候會失能啊。這個 abnormal 確實還是存在，只是頻率比較少一點，然後復發的時間比較短一點，可是它確實還是在我的生命當中。我極力地想掌控這個方向盤。假如我在教師生涯中，出現失控的話，我不知道會怎麼樣，老實說。

心理師：很不容易啊！可以感受到你孤單一人在對抗 abnormal 這個巨大的負面標籤。可是，那個掌握「證明過關」印記的人，是誰？是別人？還是可以是你自己？

來訪者：我希望是我自己，可是……好像，不是很確定……嗯，我只有一個畫面是，我開著一輛車，緊握著方向盤，我要讓它往我要的方向去前進，我非常的慌張，然後我深怕一個不小心，我就撞上了一個峭壁，或掉入懸崖，我就再也沒辦法控制這個方向盤、這輛車子，我覺得……大概就是這種感覺吧！就是現在、此刻。

心理師：你想要自己來掌握方向盤，證明你可以，但是沒有上路機會，就無法證明你可以駕馭自己？

來訪者：……他剝奪了我上路的權利，我缺了上路一試的機會，就這臨門一腳。

敘事開箱：到達生命經驗的現場

敘事治療藉由故事情節衍生出來的思考，不是以理論和知識來助人，而是「去看」與「去聽」（經驗）；並非「引用概念」（思維）去教導人，而是人處在「經驗之中」，借著這些生命經驗，萃取出個人獨特的實踐智慧或經驗知識。[4]在心理師和來訪者進行現場對話中，心理師問：「是什麼原因你想要完全拋開舊的劇本、實踐新的劇本？」這樣的詢問是和來訪者的「認知層面」對話；而心理師問：「舊的劇本和新的劇本的你有何差異？」是與來訪者的「經驗層次」工作，可以邀請來訪者談出更多實踐兩個劇本的行動經驗，也可以延展而描繪出「行動藍圖」。

心理師問：「『新的劇本』是你擺脫『過去劇本』後，發展出來的更新版本嗎？你是怎麼做到的？」可以提取來訪者的在地知識的經驗；又接著問：「那個能發展出『新的劇本』的你，身上有什麼能力？」則是透過外化達到反思效果；如果要心理師要透過「意圖性理解」來達到「見證」來訪者「新的劇本」，心理師可以問：「你越來越相信自己，知道自己的能耐，又很確定不想搞砸工作，是你的這些堅持，使你發展出『新的劇本』？」麥克·懷特刻意區分「內在特質性理解」（internal state understanding）與「意圖性理解」（intentional state understanding）的差別，前者是由「自我」中心散發，後者強調「個人主導」（personal agency），他主張揚棄前者、深耕後者。他認為「意圖性理解」才能協助來訪者感受到自己與他人有所連結，能認識自己的經驗，深思別人對自己的生活和認同有何看法，表達出對意圖與價值的投入與承諾。也可以據此描繪出意識藍圖。

三、逗號的結尾

來訪者經由上述對話，至此，至少經歷了：一、鬆動與解構自身主流故事（問題故事），對於曾經的「abnormal（異常）、不被接受、不被允許」逐漸鬆動與解構；二、來訪者已經跨越過去劇本（問題故事）的影響，並發展出新的劇本（渴望故事）；三、在心理師的陪伴下，雙方調整敘說速度與步調，來訪者在持續敘說與再敘說的過程，從「被權威阻攔的衝擊」中發展出新的敘說認同，奪回行動力和實踐力，並建構出故事的意識藍圖。[5]

來訪者很清楚知道自己想去哪，且已經正在活出支線故事了，最後開車的畫面，開啟了無限的想像，也彷彿正通往來訪者渴望的未來。下次諮商，可以接續著從開車的畫面談起，邀請來訪者具體描述畫面，透過提問與對話，豐厚來訪者的支線故事，例如：過去阻礙了他什麼？教會了他什麼？如果有一個人坐在副駕駛座，他希望那個人是誰呢？如果有一天，這輛車

開到了想要去的地方，那又會是什麼畫面？鼓勵並陪伴來訪者
繼續向前。

心理師：你希望開著的這輛車就在你的掌控當中，可是隱約又
　　　　害怕突然失控？

來訪者：嗯……

心理師：你在現在的生活中也是這樣的感覺嗎？

來訪者：尤其是現在，尤其是今天這一整天。

心理師：怎麼說？尤其是現在？

來訪者：我其實沒有辦法控制我明天不要睡一整天。如果我壓
　　　　力過大的話，我每天都過得很……現在、活著的每個
　　　　瞬間，我都會這樣子害怕。

心理師：如果你真的能開車上路，就比較能確定能夠掌握方向
　　　　盤，現在你就是有點懸在那裡？

來訪者：你這樣說，讓我想到目睹家暴的兒童焦慮感，遠遠高
　　　　過直接被家暴的小孩。「目睹」卻不是「直接」被家
　　　　暴，就很像我「準備好」卻「被阻攔」著無法上路，
　　　　都是處在一種「懸置」狀態。

心理師：但是，你已經準備好了，對嗎？你會怕不知道會發生
　　　　什麼事嗎？

來訪者：我知道會發生什麼事啦，就睡一整天或不去學校。

心理師：可是你不希望是那個樣子。

來訪者：確實是不希望，因為我有很多想做的事情。

心理師：嗯，那我們時間可能差不多，還有沒有什麼是你想說

的？

來訪者：謝謝。

心理師：謝謝什麼？

來訪者：剛有點在攻擊你，很抱歉。

心理師：不會呀，我很謝謝你願意跟我分享。

四、生命的故事，未完待續⋯⋯（後記）

| 來訪者 |

我的內心總有太多批判，剛開始心理師問起我的困難，我
說出早已規劃好的句子，一來一往間，喔，他好像曾經過
過招的那些輔導老師，我要像以前那樣嘲弄輔導老師嗎？
有些問句似乎重複著我上一句的描述，有點懷疑他是否聽
懂我的意思，兩人好比在暗巷，我們找不到彼此，胡亂搭
話著。忽然，有道光照進這個空間，我看見那醜陋的自
己，在痛苦中，假裝高尚而極力防衛著，而他／她，過去
被我拒絕的助人者，自始至終佇立在那裡，想要幫助受苦
的生命。現在這個心理師，亦是如此。

我為什麼這麼防衛？只因為他很像那些被我拒絕的輔導老
師？抑或我又投射內在「不好的大人」在他身上？還是想
展現抗拒，以凸顯自身高傲？更多感覺是，他有一雙迷人
的眼睛。我很害怕，害怕被他看懂，他將看穿其實我不是
如同外在那麼光鮮亮麗的人。他問了很多，我發現他很溫

柔，或許沒有理解我所有感受，卻沒有離那麼遠。我能感受他一直釋放善意，他對我的世界有許多好奇，回話中多是關心，也為我的辛苦感同身受。他很積極地傾聽，接納著我無意識下的攻擊。某幾個問題，他問得很好，讓我有機會深入思考，思考真正坐在這裡想探究的原因。

我分享的是一直以來的感受，包含虛無及無意義，過往生命故事讓我限制在有限行動中，我無法回答自己：「為什麼要做更多？得到更好的名聲及地位，那有什麼意義？」與心理師對話後，經過一天的沉思，我發現高中後，只為別人而活：想成為老師，延續老師們給的感動；想成為泉眼，滋養未來受苦但願意迎面而上的人；想在未來繼續書寫與創作的實踐與研究，延續現有的學習品質和喜悅。我發現，我沒有為自己存在過。一個奉獻於社會興趣，卻沒有為己的人，即使張開眼有為他人奉獻的火花，閉上眼卻是看到過往空虛。我體悟到：「為自己，就是每一刻的享受與珍惜。如果人生只有一回，做自己歡喜、自在的事，或許就是意義來源。」

尼采所言：「成為我的存有。」我覺得是描述這段經驗的語言，過去我搞錯了，把自身存在價值解讀成延續老師們給的感動和體驗，但不該只是如此，為了我的生命每一刻，為了周遭關係，「我」不能消失。寫下這些話後，第一次為自己流淚，原來我把過去憂鬱視為整個人生，既然死過一次，重生後只能為他人，不再有過「我」。這些年的虛無及無意義，仍然不斷衝擊生活，因為意義感是人的

主體所賦予，我只有意識到：「做這些事是自己想做的。」
才有機會產生意義，爾後，才能真正奉獻及展現無私。

我的內心總有太多批判，但在和心理師的關係中，雖只有
一次相遇，我看見佇立在原地，展現關愛的那個現實，而
非心中對於他人的負面幻象。心理師帶我看見他是理解，
且願意在關係中付出真心。是啊！他就是這樣的一個助
人者。

▌心理師▐

記得這天，我在下班後急忙中，感受到飢餓以及突然被告
知要對話的驚慌情緒中。在開始展開和來訪者的對話時，
無意間我好似帶著「我的準備是不足的」這個想法進到對
話過程中。我很擔心自己做了什麼或沒做到什麼，而傷害
到來訪者，這使得我過分地聚焦在自己身上，再加上我平
時接案的對象是青少年，面對成人感到有些陌生，而又加
深了自己心中的擔憂。談著、談著，來訪者述說著對存在
的困惑、生命最終的孤獨，這和我自身正在探索的議題是
那麼的相似。和他年紀相仿的我，也同樣思索探尋著屬於
我的生存意義，這讓我感到有些焦慮，也對自己產生了些
懷疑。這一連串的狀態，彷彿形成了負向循環，讓身為心
理師的我，不太敢做太多的介入。我嘗試邀請他多說，可
是他越說著，我卻越覺得我離他是遙遠的。

這是我從事輔導工作的接案經驗中，從未有過的感受。整
個諮商歷程我感覺到自己好努力、好想靠近眼前的他，但

他離我好遠、甚至越來越遠，整整五十分鐘啊！直到現在，我彷彿還能感受到離開諮商現場後，那個剎那，我的內心被滿溢的沮喪和挫敗侵襲著的無力感，腦中反覆迴盪著來訪者說「或許我講出來，你也沒有辦法理解我在說什麼」，我好像在心裡默默地回應了自己的擔心，告訴自己「對，你傷害到他了」，經過近一個月的心理抗拒和內在調適，我才有能量、有勇氣，回頭檢視這趟諮商過程與狀態，也和當時的來訪者進行再演練，並且和一起參與演練的夥伴做專業對話。

移情和反移情在我和來訪者之間發酵、干擾著，我學校輔導老師的身分，某種程度上，是個象徵著權威的角色，可能更加地勾起了來訪者不想回憶的過去，是否在國高中時，經歷過校園中不須明說卻散布著的氛圍：「因身心狀態而缺席的他」是不正常、不被允許和不被接納的？而我在諮商時太過關注在自己身上，好似錯過了和眼前這個人交會的可能？對話的每個當下，我是那麼地渴望和他有連結，在我感受到他想將我推離時，我退了一步不做過多的介入，選擇等待和邀請他多說一些，我相信透過敘說或許他會有不同的看見，但倘若當時我能將更多的焦點放在他身上，我想我會更能感受、同理他的孤單，更能聽懂他對我說的每句話背後深切的渴望。

在諮商的最後我對他說：「如果有下一次，或許我們可以再接著談談，你願意嗎？」我真的希望會有下一次，我將繼續站在「not knowing」的心理位置上邀請他敘說、對

話，同時會提醒自己要更有人味且更勇敢地說出我的共鳴，也期待在和他的互動中能帶給他和權威相處的矯正性經驗，和他一起在主流故事（問題故事）中，創造出更貼近他內心渴望的支線故事（替代故事），並共同豐厚這個新的故事劇本，從而鬆動社會建構的認同，發展甚至活出由來訪者敘說建構的自我認同，當然，那必須源於我對自身的存在議題、對我們的諮商關係、對來訪者有更清晰的圖像和反思。

將近一年後的現在，我非常感謝這場諮商對話，來訪者帶著自己真實的議題來到我面前，並且願意和我在諮商後一起覺察討論及反思整理，甚至針對某些重要的段落重啟對話、進行二次對話。還有，相當感謝素菲老師邀請我進入「洞人心菲」敘事私塾，創造空間並引導我們對談學習，感謝小組夥伴和迴響團隊給予回饋，陪伴我成長，這是個無比珍貴的經驗，亦是我正面承受接案諮商中挫折感的深刻歷程，衷心感謝這段路有一群良師益友相伴。最後，我想對我的來訪者，同時也是我最重要的夥伴說：「親愛的夥伴，很高興和你相遇、對話，也很喜歡我們在咖啡廳的討論，及最後你和我分享生活中的新嘗試和體驗，如同你說的，我們經驗悲傷、跨越苦痛，因而我們的生命得以更豐富、完整。非常感謝你，也深深地祝福你。」

五、幕後花絮：兩人的新故事

┃來訪者┃

事隔幾年，重新細嚼當時的對話，我發現心理師他好認真，好真誠想要靠近當時的我，那時的我處於混亂和失序狀態，他溫柔地接住那些部分。想要在分享新故事前，在此表達心中感謝。

當年和主管衝突後，我好幾年不斷找朋友訴苦，反覆敘說那些經驗，如今理解到兩件事情：第一件事是那位主管就像是心中的父親，我是如此渴望被他認同，所以當他提出不合理要求後，我無法對抗那種不合理，只能在內心反覆攻擊自己，像是一個孩子坐在小椅凳上，抱著頭任由眼淚浸濕整個衣領，無法站起來為自己說話，好好地說話及表達自己；第二件事是反覆說同一個故事過程，有時確實能產生新的視框移動，或是稍微放過自己，可是另一些時候，卻像是反覆播放的手機歌曲，沒有太多差異，這些經驗中，我嘗試比較兩者差異，感受到那可能跟聽者有關。我發現在重新敘說及回憶故事時，被他人理解是脫離那個反覆敘說的新接點，如同被離心力甩出，在那一刻產生一個心理空間，為人生寫下新的故事。

至於在諮商對話中，要如何寫下新故事呢？我認為在心理師與來訪者共同建構的對話裡，問話的力量是關鍵契機，像是心理師問：「好不容易才得到（這個學習），你知道需要休息、需要休閒，這是一個怎麼樣的轉變？」、「那

個能發展出『新的劇本』的你，身上有什麼能力？」注意！這裡的問話是朝向資源、朝向希望、朝向來訪者的偏好故事，心理師必須具備這樣的態度和人生觀，才有機會在自然互動中抓住機會，丟出問話背離強大的輪迴，進一步展現力量，我覺得這位心理師整個人就有那樣的修養。

如今的自己，很開心能寫下新故事，我學會怎麼設下保護網，不讓那些來自權威，那些否定自己的聲響，隨意穿透進來我的世界，而是以平常心理解對方在乎的事情，從中看看哪些事情我能帶著走，哪些事情就丟在語言呈現的空間，讓它隨著時間而流逝在其中；更進一步，我也理解到了：我的主管是主管，他不是我爸爸，我不用在他身上再尋求認同，或是反抗他的否定。我知道他其實只是在他的世界做出他認為的「為我好」，我該做的事情就是不再和心中這樣的形象糾纏在一塊，不要重複落入相似的敍說型態，甩開這種綑綁才能使我脫離束縛開創出支線故事。如今，我離開了那位主管，正在準備教師甄試，期待走出自己的路，而不是那些權威要我走的路。我近日確實學會饒過自己，大量減少受困於憂鬱和失能的狀態，我在這段過程學會照顧、滋養自己，並做出了選擇，離開不適合自己的關係，我也會持續學習。

新車的音響傳出《梨泰院CLASS》的原聲帶，播放著輕快的〈開始〉(Begining)，我揉揉眼睛，順著方向盤摸了一圈，堅定地握起它，忽然瞥見陽光灑在眉間，我愜意地將身子靠在椅背，跟著旋律哼著歌，然後繫上安全帶，輕

輕踩了一下油門。人生僅此一回，我不想再錯過那些屬於
自己的美好。

｜心理師｜

我再次打開逐字稿與書稿，已是四年後，而此刻閱讀著一
段段對話，彷彿將我拉回到了當時的場景，我再次進到與
來訪者交織出的每一分想法和感受裡，也回想起我們後續
在咖啡廳、在「洞人心菲」的討論，素菲老師和夥伴們陪
著那時對敘事治療還很懵懂的我，看見一來一往互動裡頭
深層的意涵。

原來，那個一直在追趕自己、定義自己的人，始終都是自
己，而我們都擁有敘說和發展自己生命故事的權力。我很
喜歡敘事治療中「權力讓渡」的概念，心理師需要有意識
地將敘說的權力交還給來訪者，以來訪者為中心，我想，
這某種程度也正在賦能來訪者，讓他感受到自己原先就擁
有的力量。

四年過去了，我辭去了教職，繼續進修心輔所，也從研究
所畢業，在社區諮商所開啟另一段職涯。再次看向過往的
諮商介入，心中充滿感謝，很謝謝當時所有的陪伴與共同
的成長學習，更謝謝來訪者願意坦誠地訴說。一場演練式
的對話，其實也為我的生命帶來許多震盪，還要謝謝素菲
老師在逐字稿的提點與修潤，讓我再次有所學習，對敘事
治療有了再多一層的瞭解和喜歡。

新的故事、新的篇章，會是什麼樣子的呢？讓我們握著生

命主導權，繼續書寫下去吧！

註：

1　黃素菲（2018），《敘事治療的精神與實踐》。台北：心靈工坊。第307頁。

2　列小慧（出版年不詳），〈敘事治療基本概念與技巧〉。取自 https://www.edb.gov.hk/attachment/tc/teacher/student-guidance-discipline-services/projects-services/enhanced-smart-teen-project/lecture-notes/lecture-notes-estp/lecture-notes-2013-14/estplecturenotes1314-basic-concept.pdf

3　Deleuze, G. (1968). *Différence et répétition*. Éditeur : Presses Universitaires de France. 汪薦新、廖千喬譯（2019），《差異與重複：法國當代哲學巨擘德勒茲畢生代表作》。新北市：野人。引文取自中譯本第34頁。

4　黃素菲（2018），〈敘事治療的精神與實踐〉。台北：心靈工坊。第三章，第182頁。

5　Carey, M., & Russell, S., (2004). *Narrative Therapy: Responding To Your Questions*. Adelaide: Dulwich Centre Publication.

第 3 部

其實我不是
你認為的那樣的我

家庭、親情與自我

第八章

挑開的痘痘開始癒合
疫情在家，物理空間擠壓心理空間

「家」是一個要讓自己放鬆、自在的地方，

「回家」經常是找到身心安頓的隱喻。

但是，往往家中的固定角色、

互動習慣、家中氣氛、權力結構等等因素，

回到家中，卻有如在牢籠。

而疫情在家，

生活空間的擠壓，更加挑戰了心理空間。

繆琰、周富美、黃素菲

我是一位在臺灣就學的陸生，大學四年都在臺灣讀書，畢業後繼續在臺灣就讀研究所。從 2020 年 2 月疫情開始，我一直處在頹廢的狀態，必須「在家學習」對於我與家人的分割，造成很大的影響，自己突然陷入了一種「我到底要做什麼？」的混沌當中。到現在為止（2020 年 6 月）稍微有點適應，但內心的焦慮並沒有減少。我之前都是學期開始就進入學習的狀態，到了學期結束假期回到家，就完全地放鬆。但是，現在必須「在家學習」，我很難提起學習的動力。我沒有辦法去改變這個現狀，在家裡想要享受的欲望很強，很容易放鬆、很容易放縱。

大學四年裡面，我實踐出最舒服的、最有效率的學習方式，就是在臺灣好好沉浸學習，回家就盡情放鬆。但這次疫情，使我在開學以後無法瞬間進入學習狀態，明顯感受到很大的焦慮。之前，在臺灣的壓力在於更上一層的「進階」；現在，我的壓力是在追上進度的「補習」。

一、啟動對話的背景

| 心理師 |

我曾在諮商媒體機構工作，44 歲離開職場，進入輔大心理所社會文化與諮商心理學組研讀，108 上學期在亞東醫院精神科進行全職實習，主要在台北都蘭診所（在宅醫療

機構）擔任實習心理師，目前已經獲得碩士學位。我在對話過程中，盡量保持透明位置，好奇主流故事之下未被呈現的各種生活經驗。

| 來訪者 |

我是輔大心理所工商組碩一學生，曾在臺灣就讀四年大學的經驗，大四時就上修研究所的課，進入輔大心理所之後，才待了半年，就遇到 COVID-19 世紀大疫情，因而無法順利赴臺就學。對話當下，我仍然在大陸家中，我跟訪問者雙方是透過網路來完成這場對話實踐。

二、對話開展

（一）在家中的壓抑

來訪者在家中無法完全展露出自己的情緒，她不希望父母為她擔憂，所以向來她在功課上、生活上遭遇不順心，都是自己獨自去面對。可是，疫情在家，很難壓抑情緒、瞞過父母，所以，一方面來訪者要解決現實遭遇到的困難，另一方面還要佯裝沒事、安撫父母，所以壓力劇增，導致臉上長滿小痘痘。

心理師以外化的問話，從來訪者臉上的「小痘痘」將問題外化，並邀請來訪者轉換視角，講述隱藏在問題故事之下的支線故事，引發來訪者強烈的共鳴。心理師以外化問話，將焦慮外化為「小痘痘」的隱喻，使來訪者很順利進入與心理師的

對話。

來訪者：從這次疫情開始，我就一直處在一種有點混亂或者有點頹廢的狀態，我覺得頹廢可能更符合我現在的情況。過去我一直就是把學習和生活切割開來：我到了臺灣，這塊地方就是我學習之處；我回到家裡，就覺得這是我完全放鬆之處。

心理師：現在學習和生活混在一起了？

來訪者：對，這次疫情必須要在家學習。以前學期開始就應該要進入學習的狀態，到學期結束假期回家就可以完全的放鬆。現在我的房間既是我生活的地方，又是我學習的地方，疫情把它重合了，我到底是應該學習，還是應該生活？我就突然陷入了一種混沌狀態，我在房間裡面到底要做什麼？我會有一種習慣性的，因為它之前一直是我生活、放鬆的地方，它非常舒適。那當學期開始時候，我就很難進入學習的狀態，尤其是研究生需要大量閱讀文獻，這樣對我影響很大，讀書效率不高。

心理師：妳過去的一種習慣性，本來在家裡很放鬆，被疫情完全給打亂了，現在必須得在家讀書……

來訪者：就是，在家時，那種享受的欲望很強烈。比如說，我今天上完這堂課，我可能一整天都不想再讀書、再複習什麼了，我就會想要耍廢。但是呢，我今天耍廢，晚上睡覺前就會很後悔，「我今天到底做了什麼？」

我平時在學校的話，這個時候我應該讀完一篇論文，已經有一點進展，但是在家裡，我今天除了上課之外，什麼都沒做，就會讓我整個人都處在一個焦慮的狀態。

心理師：在家會耍廢，耍廢完又很後悔，還有其他嗎？

來訪者：還有再加上在家裡其實還會有很多干擾，比如說可能會有朋友約，或者父母跟我相處變得不一樣，比如說我可能正好處在高速運轉的狀態，他們就會覺得有點不適應，他們覺得很奇怪，這跟他們平時在家看到的女兒不太一樣。所以我就處在這種新的媒合的過程當中，我整個人在一個很尷尬（強調）的境地，我也不知道自己到底怎麼了。到現在為止雖然稍微……呃，有一點適應下來（強調），但是其實內心的焦慮並沒有減少，只是說習慣了而已！

心理師：我聽起來有兩個軸線！妳很清楚地提到說，學習就在臺灣，生活就是回家。我也想跟妳多聊一下，妳說「想要享受的欲望很強烈」，聽起來妳背後好像有一些想法，妳要不要多說一點？

來訪者：我覺得學期開始我就應該進入學習的狀態，我會自主性的調節，我是會把享樂延宕滿足的那種人，我可以一直忍到學期末，假期到了再完全放鬆。也就是說，在學習期間我就是盡我所能的學習，偶爾小放鬆只是零星點綴，主要任務還是學習。但是在家裡我就很難提起學習的動力，我在學校看一篇論文只要三個小時

左右，但是我在家裡可能一整天了都還沒有看完一篇。我就覺得學習效率明顯降低（強調），所以這個會讓我焦慮起來。因為我的課程量並沒有減少，甚至還會有新的任務加進來，這些都會導致我很煩躁。

心理師：所以之前妳並不是「享受的欲望很強烈」的人，反而妳是「會自主性的調節，把享樂延宕滿足」的那種人，是嗎？

來訪者：可是在家裡，就全都走樣了，我覺得沒有辦法去改變這個現狀。

心理師：好喔，妳提到「我沒有辦法改變這個現狀」，我們先放一個問號在這邊好不好？妳還有提到「我學習的成果明顯地下降」，聽起來是妳對自己有一種期待對不對？要不要講講看？

來訪者：我大學也是在臺灣就讀。大學四年裡面，我實踐出來對我來說最舒服的、最有效率的學習方式就是：在臺灣就沉浸地好好學習，回家就盡情地放鬆。到了研究所期間，我也是用同樣的方式去應對（強調），學習和生活分開，我覺得一切都運作得很習慣、很順暢。寒假的時候在家，我其實沒有什麼焦慮啊！但這次疫情不能回臺灣，開學 3 月 2 號第一週在家裡，我就感覺到我沒有很強的學習動力。到了第二週正式學習開始之後，我就明顯覺得自己壓力很大，對於應該很習慣的學習生活，我卻瞬間變得很不習慣。我每天的壓力在於該完成的任務我都沒有完成，無法去思考我還

可以有什麼其他學習拓展。之前的話，在臺灣的壓力在於「進階」，但我現在自己的壓力是在「補習」的狀況。

心理師：妳滿會用比喻的，妳用「補習」和「進階」來區分這兩個狀態。所以妳對自己期待如果不是「學習成果明顯地下降」，那什麼是妳想要的？

來訪者：我希望像之前在臺灣那樣，能夠自己掌控自己的時間，有效率學習。

心理師：所以，妳想要「掌控自己的時間，有效率學習」，但是目前似乎做不到，所以才會壓力很大。妳的焦慮我有看到，妳是不是嘴角有小痘痘，是因為睡眠不好嗎？

來訪者：大概就是從開學以後的這一段時間，感覺是有一點身體上的變化，我也有在吃中藥調理，也有去找醫生治療。可能是從上學期開始的學習壓力，也可能是不適應兩邊氣候變化……對，還加上最近的壓力……

心理師：好喔，那我這邊聽到第三條路，妳要不要試試看，如果妳就是這些小痘痘，現在跳出來，妳想要跟主人說什麼話？

敘事開箱：捕捉被遺落了的故事細節

敘事治療師以嘗試性對話邀請來訪者討論而不是結論，提問多於定論。在支配性故事情節中的事件都具有高度選

擇性，旁邊總是留下的許多事件，可能永遠沒有機會串在一起成為凝聚的故事情節。敘事治療師循著來訪者的故事線，去到生活現場，捕捉被遺落了的繁複細節，發展成支線故事。

「雙重聆聽」有如主題與背景的關係，如果將問題故事視為「主題」，那麼來訪者問題故事之外的生命經驗就是「背景」。心理師一方面關切作為「主題」的問題故事，更重要的還是要關切來訪者其他沒有被呈現為說話內容，卻深藏在「背景」中的各種生活經驗。這些深藏在「背景」中，不在治療現場的生活經驗，是問題故事之外的真實，也是問題故事無法預測的發展。**心理師透過「雙重聆聽問話」詢問來訪者主流故事，一方面聽到來訪者說在家裡的問題是「享受的欲望很強烈」，另一方面也好奇著問題故事之外，未被呈現的各種流轉在生活背景的經驗，如浮現出來訪者原先是一個「自主性的調節，把享樂延宕滿足」的樣貌。**

「隱而未現」可說是問題的對比，因為問題的經驗對照於另一個比較貼近渴望或珍愛的故事，任何單一經驗都是「雙重描述」（double description）中顯現的一面。如果我們能夠運用「隱而未現問話」，仔細傾聽來訪者的故事，將能夠聽見隱隱存在、用以與當下經驗進行差異對照的珍愛故事。**心理師以「隱而未現問話」去捕捉來訪者未言明的渴望故事，既聽到來訪者說「我的學習成果明顯下**

降」，也好奇問題故事所對照的另一個比較貼近渴望或珍愛的故事，所以心理師問：「妳對自己期待如果不是『學習成果明顯地下降』，那什麼是妳想要的？」據此，來訪者說出想要「掌控自己的時間，有效率學習」。

（二）噴發的休眠火山

「外化」對話不但讓來訪者重新定義問題與自身的關係，也重新體驗他們的生活，並追求自己所珍視的一切。外化對話開啓了許多可能性，在發展自我認同感時，重新決定如何接收「他人的聲音」，讓來訪者可以重新定義他們的自我認同。心理師以小痘痘作爲隱喻，如「小痘痘想要跟主人說什麼」而將問題外化。

心理師持著外化式聆聽，並以好奇、不知道的態度，頻頻邀請來訪者「多講一點」、「要不要說說看？」、「要不要講講看？」、「可不可以多說一下？」會將來訪者的「問題」看成是一種外化的實體，但是不去強化問題的負面作用，也不去引導來訪者繼續描述充滿問題的故事，而是邀請來訪者以「小痘痘」位置來發展對話，從不同的角度來審視「問題」，好奇對於減少「問題」掌控力，來訪者知道些什麼？

來訪者：（聲音開始有變化）我成功地讓妳看到了我。
心理師：繼續、繼續，妳多講一點，妳成功……？

來訪者：就是可能之前小痘痘它都隱藏在裡面，就被我忽略掉。我就以為……嗯……我原先皮膚很好，但是現在它一次性爆發，讓我知道我自己存在著一個很大的問題，小痘痘讓我正視這個問題，讓我不得不去注意到它。

心理師：妳聽到小痘痘跟妳講這些，小痘痘想表達什麼？它想跟妳說什麼？

來訪者：它提醒我，是一種隱患，心底一直壓著的東西還是壓不住了。

心理師：是什麼東西壓不住了？要不要說說看？

來訪者：就有一點……嗯，休眠火山終於噴發的感覺。

心理師：哇，我很喜歡妳這個形容詞欸！休眠火山要噴發，感覺威力很強大，好有畫面感，那它噴發的是什麼東西，妳要不要講講看？

來訪者：我覺得，它噴發的應該是……我所有對自己的壓榨吧！也包括對自己的放縱。

心理師：對自己的壓榨還有放縱，現在休眠火山要一次噴發出來，這樣的感覺是什麼樣呢？是喜呢？是哀呢？是怒呢？還是什麼樣的感受？

來訪者：呃……（啜泣）我……我覺得，會是喜吧！還是偏喜。因為在那之前我會一直焦慮，有一些事情沒有結束的感覺，現在爆發出來了，反而讓我覺得放心了

心理師：可不可以多說一下那個「喜」，是很開心？還是覺得終於出來了？那個「喜」有很多不同的感受，妳要不

要再細講一下？

來訪者： 我覺得⋯⋯它終於出來了。或者說我就一直在試探自己的底線，那當底線被我試探出來以後，我反而覺得安心了，就是說它爆發出來是要結束的預兆。它不出來，我就不知道這個過程到底要到什麼時候才能結束。爆發出來了，我覺得就是「這一切終於要結束了」的那種感覺，終於可以把它 ending 掉了。那對我來說，我還是偏「喜」。

心理師： 妳說有事情要一直壓著、一直壓著，妳可不可以跟我們講講看，最近是哪一些事情？妳願意分享一下事情的來龍去脈嗎？

來訪者： 我很想發一通火（開始哽咽），不用再壓抑自己內心真正的情緒，可以放肆地哭一場，可以去真實地展現一下自己的情感。

心理師： 發一次火，妳想要發什麼火？如果有一件事妳想要發火，我邀請妳來發火，沒關係我們試試看好不好？

來訪者： 我覺得我發火的話，我擔心可能傷害到其他人。我覺得只要不用偽裝自己就可以，但我也沒有必要去傷害別人。

心理師： 這個小痘痘對妳來說，好像有正面的意義。如果小痘痘有機會說出心裡話，小痘痘想說的會是什麼呢？

來訪者： 小痘痘可能會說「這一次可沒這麼容易說再見了，我要讓妳不得不正視『我』，這樣才不枉我費盡心思引起妳的注意」。

敘事開箱：啟程出發、被建構的故事

范傑納（van Gennep, 1909/Trans. Vizedom and Gabrielle, 1960）[1] 的「過關儀式」（rite of passage）不斷成為敘事治療引用的重要概念，麥克·懷特（Michael White）和杜華和貝蕊（Duvall & Bére, 2011／黃素菲譯，2016）都借用這種從普遍的故事形式衍生而來的概念，後二者並據以寫出《敘事治療三幕劇》[2]。

兩人的對話開展至此，有如進入「敘事治療三幕劇」的第一幕：啟程——分離階段。來訪者的問題故事通常源於在日常生活中遭遇困頓，心理師工作重點在於加入社會建構圖譜，注意壓迫和主流故事的影響，以釐清被建構的故事，使用外化問話、解構式傾聽和解構式提問，以便讓來訪者看見問題被建構的種種情境脈絡。

第一幕可分為兩個重點：1. 故事起頭，來訪者開啟故事大要，表明要談的重點；心理師設定議程以便開始治療會談。2. 背景故事，將來訪者的事件、故事置入相關的社會、文化脈絡，便於瞭解問題／議題的架構。也就是心理師帶著「不知道」（not knowing）的態度，以「去中心化」的治療師和「中心化」的來訪者展開對話，開啟來訪者的在地知識。

心理師試著深入來訪者「抽泣、哽咽」等等情緒想要表達的需求，並且保持好奇和興趣，邀請來訪者試試看發一

次火，也就是立足於「人不是問題，問題才是問題」的位置，透過外化問話，幫助來訪者「拉開與問題的距離」，有如邀請來訪者一起「站在問題對面」，去察看、檢視問題，並重視來訪者的能動性，邀請來訪者與問題對話，來釐清問題如何運作、如何思考，使來訪者離開問題故事線，感受到自己想說的話被聽見，被慎重對待。

（三）報喜不報憂

　　來訪者開始講述最近剛發生的事件。其實當天早上，她就在發火的邊緣，因為她接受了一份兼職的線上統計工作，客戶提出他的資料和他的需求，來訪者去做相應的資料分析，當中是透過一個仲介媒合雙方，並轉達需求和結果。半個月前來訪者幫他修改完，兩個星期都沒有動靜，今天在來訪者最忙的時候，他突然迸出來，又說了一堆要修改的巴拉巴拉巴拉⋯⋯而且修改的那些部分，來訪者說：「我覺得是很弄虛作假的東西，如果我寫論文，我絕對不會這麼做。可是既然我接了這一單，那我就肯定把它完成。可是，那個客戶的要求完全超過當初的工作合同，他根本是無止境地得寸進尺、又吹毛求疵。他給的價錢跟後來增加的事情，我基本上等於是提供免費勞動了。他幾乎就把東西全都扔給我，我好像寫了一篇論文的感覺。而且我已經多次提醒他，也有透過仲介的客服，很嚴肅地去跟他說，請一次性發過來，不要看到一個說一個，我也有我

自己的事情要忙。」

　　接著心理師釐清來訪者的「心疼」，開展出後面「報喜不報憂」的故事線。藉此，兩人的對話轉向來訪者的「自我反思」。來訪者才醒覺到自己在發火的邊緣，整個人處於低氣壓，身旁的媽媽因此不敢跟她講話，來訪者說：「我好像整個人散發著一種『生人勿近』，或者說『別來惹我』的敵意！但是我又沒有辦法去偽裝出一副笑臉去跟她講我沒事。」來訪者意識到後，雖然有簡單向媽媽解釋了緣由，媽媽應該知道來訪者不是故意對她擺臉色，但來訪者並未能適時調整情緒，現在回想起來很心疼媽媽。

心理師： 我很感謝妳跟我分享這個歷程，那個對媽媽的心疼……可不可以多讓我知道一點？

來訪者： 她明明什麼都沒有做，而且她還千方百計地想來安慰我，卻被我拒絕、推開。而且這不是第一次，之前，我會認為她難道沒有發現我現在很忙嗎？她還要偶爾來一句、偶爾來一句，我就會跟她講：「我現在很忙，不跟妳講了。」我之前就會直接、明確地告訴她：「我現在很不好，妳不要來煩我。」今天我跟媽媽去超市，我忍住憤怒了，沒有把我的情緒直接扔給她，但是我還是覺得很心疼。雖然我是忍住了，但是我的低氣壓並沒有收回來，那對我媽媽來說，她跟我說話都小心翼翼，甚至不大敢跟我說話（又開始哭泣），應該對她還是……我還是會很心疼。

心理師：我好像聽到兩個心疼？一個是妳心疼自己的遭遇，自己的這些處境沒有辦法跟別人講；另一個是心疼旁邊還有一個這麼親愛的媽媽，她很想幫忙但幫不上忙，還會被妳的低氣壓影響。

來訪者：我比較沒想到心疼自己，我比較是在心疼媽媽。

心理師：那妳可以多說一下對媽媽的心疼嗎？是拒絕媽媽？還是低氣壓沒收回來？

來訪者：應該是一方面是心疼「想安慰我卻被我拒絕的媽媽」，一方面是心疼「被我情緒遷怒的媽媽」。

心理師：好像對媽媽的「心疼」，對妳感觸更多，是嗎？妳想到什麼？

來訪者：對，這個時候其實我會更希望我是自己一個人，我會更希望我能夠回到臺灣，這樣就不會發生低氣壓收不回來的情況。可能我之前做的切割，有很大一部分是為了不讓他們擔心。在臺灣學習，分隔兩地，我可以選擇我想說和我不想說的事情；但是在家裡，我沒有辦法把自己不好的一面給藏起來，不可避免地一定會被他們看到。這也是我為什麼一直處在一個很矛盾的狀態，就是目前在家學習的狀況，我沒有辦法把自己關在一個地方，讓那些不完美的自己只留給自己，在家裡關不住會被看到。

心理師：不完美的自己只有自己才能看到？完美的自己才能被別人看到？是這樣嗎？可是妳今天讓我看到了耶！

來訪者： 我不希望他們看到，就是說其實我……嗯，在學習的時候，或者說在兼職工作上，並沒有他們想像的那麼順利。當我學習的時候，我會變成一個……有點像半冷漠的狀態，也不愛搭理人家，也不愛接話，可能家人的解讀就會變成「妳不想理我」，或者就是說「我又沒做錯什麼，為什麼要給我擺臉色？」對於爸媽，我是非常不想把這個東西展現給他們。我忙的時候懶得去說、懶得去搭理。這對我的父母來說，他們可能會逐漸適應，但是我覺得這種適應，並不是一個很好的事情。

心理師： 那個「不想把不順利展現給他們」的妳，想要表達什麼？是不想他們擔心？還是……

來訪者： 我不希望因為這些事他們就一直擔心，擔心以後他們就會想要幫我，但有時候只是一個狀態。我不需要別人幫忙，我可以自己處理好。

心理師： 所以妳想說他們會逐漸適應妳的「半冷漠的狀態」，可是又覺得這種適應並不是一個很好的事情？

來訪者： 我希望我自己處理好我自己，他們不用擔心我。他們因為擔心就會開始幫忙，但我有時就不好拒絕，但其實我並不需要幫忙。我只要爆發出來、不要壓著，但我並沒有想要爆發之後，瞬間就把問題完全解決掉。

敘事開箱：鬆動解構、轉化階段

這裡進入「敘事治療三幕劇」的第二幕：上路——轉化階段。來訪者的特徵是不舒服、困惑、失序、或對未來有不符現實的過高期待。心理師在過程中發展對話，提供協助來訪者跨越經驗的缺口，支持來訪者繼續前進，並捕捉重要事件或獨特經驗，以反映經驗和反思經驗來探索來訪者的主觀意義，解構理所當然的自我認同，及發展多元性故事線。當敘事治療師與來訪者一起共寫、繪製故事情節，有助於讓來訪者從一種理所當然達成自我認同抽身，轉而經由多元、不同、重構等方式來達成敘說認同。使得我們有機會從問題重重的故事中脫身而出，從而走向更好的故事。

第二幕的重點是從問題故事移動到替代故事，有兩個重點接續：3. 關鍵事件：確認和重新解釋那些根植於人們生活中重要事件的經驗；4. 評估定位：判斷人們生活中的問題的影響力，及如何降低其影響力。敘事治療強調「問題瓦解（dissolving）而不是問題解決」，來訪者將從不同的理解，習得新的可能性。

關鍵時刻（pivatal moment）大多發生在第二幕，轉化階段之前，離開第一幕，可能已經進入第二幕，但是尚未進入第三幕，也就是在過渡時期，既是這樣又是那樣，是在「兩可中間和兩者之間」，已經離開了先前階段，但是

又還沒到達重新整合階段，來訪者處於中間狀態。范傑納（van Gennep, 1909/1960）、坎伯（Campbel, 1949）[3]、特納（Turner, 1969）[4]，他們三人都認為生命中的困頓會帶來生命轉化，因為轉化階段可以提供再生和更新的知識，「轉化的故事是執行的故事」[5]，因此是關鍵時刻。當來訪者開始去執行更好的故事情節時，當他們說出、也活出這些故事到生活處境中，就能完全投入在他們更喜歡的生活中。

心理師問：「妳可以多說一下對媽媽的心疼嗎？」梳理來訪者「心疼媽媽」的故事，也給出來訪者所處的文化處境，來訪者說：「不完美的自己只有自己才能看到，完美的自己才能被別人看到」，凸顯出作為華人子女，在孝順的文化下，報喜不報憂的文化特徵。心理師繼續以反思性問話發展對話：「那個『不想把不順利展現給他們』的妳，想要表達什麼？」導引出來訪者的渴望：「我希望我自己處理好我自己，他們不用擔心我，我並不需要幫忙。」讓來訪者有機會重拾能動性。

（四）空間場域交雜，模糊了角色定位

「隱喻」經常能將經驗形象化、意義化，具有「宣示」主觀意義的效果，意義構作最常見的作法是讓來訪者自己命名，有助於協助來訪者建構出新經驗的意義，「捍衛」其渴望的故

事，並開啓來訪者的能動性。邀請來訪者對經驗命名，既能保有將問題故事「外化」的精神，又能萃取來訪者主觀經驗中的在地知識，是將敘說的作者權歸還給來訪者的具體表現。

　　意義構作的問話很少憑空而降，意義性問話與其他問話是交織相關的，也不容易單獨存在。意義性問話都是緊跟在開啓空間的問話、解構式問話、發展故事的問話之後，在來訪者說出答案或做出回應時，敘事治療心理師再與意義性做出關聯，而追問來訪者的故事中的意義，如：「釐清界線，拿回主動權，好像對妳很重要？何以對妳這麼重要？」引導出來訪者自己的答案：「我需要一段獨處的時間，但是我現在騰不出來。」

心理師：此時妳會最想跟父母說些什麼？

來訪者：我不想跟他們講具體到底發生了什麼事情，但是我會跟他們說「就是過去了，沒事了！」不需要為我做些什麼，他們只要當作沒看見就可以了。

心理師：挺好的啊！妳很清楚地表達妳自己，妳有沒有要再補充的？

來訪者：我剛剛有突然想到，我最開頭不是有講到，我把工作和生活一直都切割得很好，我覺得這是我和家人聯繫的切割。因為當我跑到外面的時候，他們沒有辦法拉著我，所以我才能有自己一個人獨處的時間，就是說父母對我而言是不可控的，但是其他人我覺得我是有主動權的——當我想要一個人的時候，可以保證我是

一個人的；但當我不想要一個人的時候，也能找到朋友來陪我。

心理師：妳會怎麼說這個發現？或是體會？

來訪者：從家人聯繫中釐清界線，拿回主動權。

心理師：釐清界線，拿回主動權，好像對妳很重要？何以對妳這麼重要？

來訪者：因為當回到了家裡，有家人的連結以後，我就沒有辦法保證我是一個人，因為我切不斷跟他們的聯繫，我也不可能在他們叫我的時候，就一個人關在房間裡面不回應、不出去。我就覺得好像「一個人」這件事情，在家裡就變得特別的難。

心理師：所以真正困難點是妳在家必須成為「女兒」，不能只是「自己」？角色很難切割，對不對？

來訪者：對，所以，這可能是我真正難受、不舒服的地方。我需要一段獨處的時間，但是我現在騰不出來。

心理師：這個疫情在家學習，現在看起來更像是個禮物，讓妳發現了什麼以前沒有發現的東西嗎？

來訪者：我發現我最近混沌狀態，學習沒效率，是因為我會一直被打斷。對我媽，拒絕她或不理她，是不可能的——我是她女兒呀！可是，其實我想的都是跟學習有關的事情。媽媽在身邊就像是一直提醒我必須做「女兒」，可是那時候我只想要做「學生」。

心理師：在前面妳有提到「我沒有辦法改變這個現狀」，我說「我們先放一個問號在這邊」，妳記得嗎？

來訪者：嗯……嗯……

心理師：那妳現在覺得還是「沒辦法改變這個現狀？」還是妳有不同看法？

來訪者：好像物理空間只是表面問題，真正的原因是空間擠壓導致「角色分化困難」、「關係切割失敗」。物理空間確實是沒辦法改變，但是心理空間還是可控的。

心理師：物理空間確實沒辦法改變，但是心理空間還是可控的。哇！所以是可以改變的？

來訪者：改變自己的心態，調整自己吧！

心理師：很好欸！還有，好像過程中，妳還有一個很重要的體驗，是跟心疼媽媽有關？這裡有什麼發現嗎？

來訪者：對，妳有說讓我發一次火，我才發現自己一直壓抑的情緒。我不想傷害或拒絕我媽媽，可是強烈的感受到我一直在傷害媽媽……我也發現，原來我在父親、母親、同儕……呈現出來的我，都是不一樣的面貌，這也是很重大的發現。

心理師：還有嗎？還有其他發現嗎？

來訪者：應該就是發現自己的不完美，這些我很少在人前顯露出來的自我面向，今天竟然是在課堂上以公開的方式，展示自己的不完美，好像也不必因此而否定自己……

心理師：謝謝妳願意真誠分享自己的故事，豐富我們的對話……

來訪者：我的情緒終於有發洩出來啊！我終於還是痛痛快快哭

了一場，就是這些壓在心裡面的東西終於有說出來的感覺。另外就是說，當釋放出來以後，我好像也釐清了一點東西，好像知道自己為什麼會處在一個這麼糾結的狀態。所以可能當看清了以後，就不會再那麼糾結了吧！看清了，就釋懷了。

敘事開箱：重新融入、重構故事

　　這裡進入「敘事治療三幕劇」的第三幕：結束——重新融入。來訪者的特徵是到達某些新狀態，特定的新責任，與個人有關的特權等等；心理師協助來訪者融入新的自我認同，思索可能會採取的未來步驟，幫他們邁向偏好的生活。重寫對話是建立在文本類比上，是由意識藍圖組合成的故事，意識藍圖就是來訪者在反思自身行動時，所做出的詮釋或結論。此時重要他人肯定且支持他們實現新故事，會更有助於來訪者遠離被舊問題影響而陷入混亂。敘事治療的局外見證人、重組會員、治療性文件等作法，在此可以淋漓發揮。

　　第三幕接續的兩個重點是：5. 反思性總結：反思和總整理治療會談裡或整體治療過程中所發生的種種；6. 重獲脈絡：發展新的背景故事，看清已經發展出的改變，適應重新融入的認同。也就是要鞏固新故事、將新故事在生活中實踐出來。

在進行反思性總結時，敘事治療重視有如地下莖的「語言的循環」[6]，來訪者的故事線看起來四散各處、各不相干，但在表面底下，其實它們全都連接在一起，例如來訪者說「我剛剛有突然想到……我需要一段獨處的時間，但是我現在騰不出來」，雖說是「突然想到」，但是其實對來訪者而言，其實是「在底下全都連接在一起」。這可以說是來訪者將關鍵時刻的發現自主地「建構新意義」，也就是說，來訪者解構理所當然的自我認同，重新建構自我認同，來訪者對問題有了重新的思考。

反思性總結經常會帶出來訪者的「認同藍圖」，也稱為意識藍圖，關乎來訪者的希望、夢想與盼望。「認同藍圖」指來訪者以主導者身分，對自己的行動、作為進行反思，所歸納出來的意義或結論，如「媽媽在身邊就像是一直提醒我必須做『女兒』，可是那時候我只想要做『學生』」。認同藍圖是我們的「心智檔案櫃」，對行動經驗做出的意義詮釋，會使特殊意義經驗成為跨越時間的穩固基礎，如來訪者說「物理空間確實是沒辦法改變，但是心理空間還是可控的」。認同藍圖也是由他們對於行動中的事件所產生的想法組成，是他們對這些事件所歸納出來的意義，還有對於形成這些事件的意圖與目的所做的推論，以及對其他相關角色特性、身分所做成的結論，如「原來我在父親、母親、同儕……呈現出來的我，都是不一樣的面貌」、「發現自己的不完美……看清了，就釋懷了」，

據此協助來訪者從意圖性的理解中達到領悟、學習、建構知識。

三、對話的尾聲

故事結束前的這個「命名」邀請，經常有助於來訪者創造出的反思性意義結論，能有效拉開來訪者與問題故事的距離，讓來訪者重新思考要跟問題保持怎樣的關係，就此，來訪者擁有選擇權和主導權。來訪者對於整個故事的命名是「大赦」，有一種解放、重獲自由的意象。

替代故事會導引出意義認同（meaning identify），意指人們據此選取某些觀點來敘說，意義認同表達出我們的主觀價值，或是認為重要的事情。替代故事通常和「問題故事」唱反調，能帶出力量、技巧、能力與承諾，幫助我們與偏好、夢想、希望重新連結起來，並「能動化」[7] 未來的行動，來訪者事後體驗到「他人並不會因這些而否定我整個人，或者說我的完美與否對他人而言，並不那麼重要。這些新的思考和理解都推動我，在之後的人際交往過程中做更真實自我」。

心理師：整個過程都感受到妳渴望一個獨處的時間，那如果現在有個完整的獨處時間，像是整個半天，妳最希望做些什麼？

來訪者：我希望好好讀完老師在課程中列出來的文獻，並且作筆記。我希望理出腦海中對論文架構的思路，好好做「學生」。

心理師：還是想好好學習？

來訪者：對啊！就是不能掌握自己的學習效率，我才會陷入混亂啊！

心理師：好啊！那如果說我們今天是一個短片，一個劇情片，只有 45 分鐘，妳會希望幫這個片子做什麼樣的命名呢？

來訪者：我剛想到兩個字，就是一個《大赦》。

心理師：《大赦》，好棒喔！這兩個字感覺很有力量耶！

來訪者：對。

心理師：好喔！《大赦》，也謝謝妳讓我看見妳覺得不完美的地方，可是我覺得每一滴眼淚對妳來講，都是很寶貴的珍珠，那我們今天就停在這邊喔！

來訪者：好。

心理師：謝謝妳。

敘事開箱：語言具有「易碎性」

德希達（Derrida, 1992／趙興國等譯 1998）[8] 認為文字有如餘燼，他描述「餘燼」是來自被火所焚燒的某物，但它們又不同於火，卻仍然保有溫度，能夠重新點燃火苗。

但是餘燼也很脆弱、易碎，因為它們遲早都會成為灰燼。餘燼無法明確指出火裡有什麼。同樣的，文字可能存在於跟某物的關係裡，但是無法捕捉其中所有一切。文字一旦寫出，「讀者」對文本會產生自身的理解，不必追問「作者」的原初本意。讀者的理解無關乎書寫某物的作者，而是來自某物燃燒「餘燼」的溫度。

敘事治療也傾向於認為語言具有「易碎性」，雖然治療中的「聽者」渴望正確捕捉「說者」，然而對話本身就能夠形成說者與聽者，一段回應的區間。「易碎性」有時候可以視為脆弱，有些人認為是美麗的表徵，可以視之為纖細之物，帶有開放性和彈性，而不是僵固或侷限。因此，對於來訪者所使用的語言，心理師予以全盤保留、不做更動，同時尊重來訪者在會談中選擇新的語言，更動其描述。敘說依賴語言，心理師把語言視為一條通往來訪者生活世界的絲線；敘說又必須超越語言，才能進入來訪者的故事現場。

四、事後回顧，體驗與反思

▌來訪者▐

經由「後現代敘事治療」的問話，來訪者整理出自己的四個收穫：

1. 釐清當前異常狀態的原因

整場對話最大的感受就是對於最近混沌狀態的釐清，終於清楚了自己不適應當前生活學習方式，其原因不在於「遠距學習」，而在於空間擠壓導致「關係切割」的失敗。從大學開始就沒有在爸媽身邊讀書的我，不習慣讀書時總有人來照顧，父母也不習慣我讀書時的封閉，這導致了我們彼此在適應過程中產生的摩擦和因心疼彼此而做出的忍讓。當這一主要原因被揭露以後，之前對自己的懷疑和自責就消失了。這場對話成功將問題外化，實踐了「人不是問題，問題才是問題」的理念。

2. 內心的無名火得到了釋放

連續三個月處於壓抑狀態中，包含對自己情緒如此異常狀態的不解、遲遲無法進入學習狀態的急切、與家人密切接觸的不習慣、以及隱藏心中對疫情變化無常的焦慮，這些情緒交織在一起卻沒有出口，讓我總感到莫名的煩躁。在這場對話中，我雖不太情願掉眼淚，但也算痛痛快快哭了一場。心理師又如此善解人意地沒有針對「哭泣」這一點深入，而是不斷給予肯定和關懷，這讓我感受到了極大的認可。可以說第一次哭的時候「沒有被點出」，讓我徹底放下心防，願意敞開心扉表達真實感受。當心中所有被壓下去的抱怨或是關心被說出來，我感覺自己渾身都輕鬆了，就好像穿著光鮮亮麗但很緊身的衣服在外面逛了很久，終於回到家中可以換回寬鬆舒適的家居服放鬆下來，真的有如獲得「大赦」一般。

3. 重新理解了自己在面對不同人時的不同樣貌

心理師邀請我發一次火，讓我有機會把今天又一次被自己壓下去的情感表達出來。在這裡我感受到了「反思」的重要性，把這故事說出來才發現，原來我並不是不知道媽媽的感受，我只是刻意忽略，為了不讓自己內疚。而說出來後，我強烈地感受到了對媽媽的傷害，這讓我再也無法迴避這一事實，以至於哭到說不出話。我只要一談到家人，就會情緒上揚、聲音哽咽，儘管所說的內容並沒有什麼委屈。我一直知道這一點，但一直沒有下定決心深究。而這次對話中，兩次哭泣都與媽媽有關，讓我不得不正視背後的原因。原來那時候談到小痘痘，媽媽是最強力的推動者，推著我去看中醫看皮膚；談到發火也是我很想罵自己一頓，為什麼總是傷害最愛自己的媽媽。也許因為愛所以不想讓他們擔心吧！我第一次瞭解自己對待朋友比對待父母更真實。而對話後半段對媽媽說的話，對爸爸卻說不出口，或許背後隱藏著面對父親和母親不同的樣貌。

4. 面對自己的不完美

我在外人面前常展現出高冷或沉穩的一面。回想兒時，很少有人會給我取外號，也很少有人會拿我逗趣，似乎同學朋友在面對我時都有一種正經、嚴肅。大家對我的評價總是很高，又比較正面。父母對我也很放心，尤其我的媽媽一直以我為驕傲。這些都是讓我習慣了自己在他人面前的完美形象，而不敢展現出自己不完美的那一面。我越在乎的人，越希望他們看到我的好。因此從上大學開始，我不

自覺地開始報喜不報憂。也可能是因為遠距通話不便，我已經很久沒有和媽媽談心，傾訴自己內心的不快。但這次談話從哭泣開始，到臉上的小痘痘，再到我和媽媽在超市發生的事，這些都是我從不示人的不完美。這次不僅被展現在所有同學面前，還堂而皇之地以此展開討論。這算是半強迫地讓我接受自己的不完美，也證實他人並不會因這些而否定我整個人，或者說我的完美與否對他人而言並不那麼重要。這些新的思考和理解都推動我，在之後的人際交往過程中做更真實自我。

┃心理師┃

心理師有以下的體驗與反思：

1. 何時適合自我揭露？

來訪者一開始提及，因為新冠肺炎疫情必須在家生活學習，和家人互動太密切，因而影響到生活節奏，生活秩序也被打亂時，心中也深有同感（我一在家就很想做飯、打掃，躺在沙發上發懶，因而影響到寫論文與作業），因此不小心露出會心一聲笑，但並未告知來訪者自己也有相同經驗。關於心理師的「自我揭露」該在何時出場？或許此時不說是對的，等跟來訪者稍熟稔一點再提。（黃素菲：我認為此時心理師可以做來訪者的「見證者」，敘事治療的見證可以讓心理師針對來訪者表達出：印象深刻的表達、畫面的聯想、共鳴的經驗，引領轉化的亮點。其中「共鳴的經驗」就是指心理師可以表達出與來訪者有共鳴

的生命經驗。）

2. 太急著想為來訪者做一些事

在 45 分鐘的會談時間限制之下，我希望來訪者要有些收穫，因此太快邀請來訪者當父母的小痘痘，但並未把前提說清楚，例如：「妳剛剛提到，小痘痘想要對妳說的話，現在妳聽到了，感覺是『偏喜』的。我的感覺是，這個小痘痘對妳來說，好像有正面的意義。我想要邀請妳，把自己當成父母臉上的小痘痘，如果有機會對父母『噴發』生氣的話，或是說出自己心裡的話時，妳想說的是什麼呢？」

3. 在維持最靠近且安全的距離之下，好好跟著來訪者走！

邀請來訪者化身為小痘痘代言人並替它發言，雖可以有效達到「外化」作用，但卻是心理師急著要表現自己（應該是為了表達自己「想要照顧對方」的需求），來訪者並沒有要求心理師給好給滿，並且當場解決對方的問題，但是我卻見獵心喜，急著走在來訪者前面：「如果妳是父母的小痘痘，想要對他們說什麼？」如果可以這樣問：「很高興可以聽到小痘痘想要對妳說的話，妳要不要試試看，再等它一下，現在覺得它還有什麼想說卻沒有說的呢？」

註：

1   van Gennep, A.(1909). Les rites de passage. Trans. Monika Vizedom and Gabrielle, L (1960). *The Rites of Passage*. Chicago: University of Chicago Press.

2   Duvall, J. & Béres, L.(2011). *Innovations in Narrative Therapy: Connecting. Practice, Training, and Research*. New York: W W Norton & Co Inc. 黃素菲譯（2016），《敘事治療三幕劇：結合實務、訓練與研究》。台北：心靈工坊。

3   坎伯（Campbel）的著作《千面英雄》（The Hero With A Thousand Faces）受到范傑納（van Gennep）「過關儀式」概念的影響。Campbell, Joseph J. (1949) . *The Hero with A Thousand Faces*. Ken Sanders Rare Books, ABAA, Salt Lake City, UT, U.S.A. 朱侃如譯（1997），《千面英雄》。台北：立緒。

4   Turner. W. V.(1969) . *The Ritual Process: Structure and Anti-Structure*. Chicago: Aldine Publishing Company.

5   Freedman, J., & Combs, G. (1996). Narrative Therapy: *The Social Construction of Preferred Realities*. New York: W. W. Norton & Company. 易之新譯（2000），《敘事治療：解構並重寫生命的故事》。台北：張老師文化。引自中譯本第87頁。

6   Deleuze, G.& Parnet, C.(2007). *Dialogues*. New York: Columbia University Press. 德勒茲（Deleuze）以「草」之於「樹」的隱喻，撰述關於地下莖的意象。「樹」的意象是階層、主幹、分枝，「地下莖」只有互連的芽苗各自從不同方向冒出來、長出來的多元性。地下莖是一種像是「草」類或草莓植物的根系型態，廣布於泥土下，卻又在泥土上四處冒出來。每一個纖細的草莓株，在園中看起來四散各處、各不相干，但在表面底下，其實它們全都連接在一起。你永遠不知道那裡又會冒出一個草莓株，這跟一棵「樹」的成長印象大不相同。德勒茲啓發敘事治療師們最好避免「樹」的線性和階層結構的訪談方式，最好能杜絕這種結構式思維的干擾。

7   White, M. (2012). Scaffolding a Therapeutic Conversation. In Malinen, T., Cooper. J. S., & Thomas, N. F. (Eds.). *Masters of narrative and collaborative therapies: The Voices of Andersen*, Routledge press, UK. p.122. 文中麥克・懷特（Michael White）用「能動化」（initiative）這個字取代「例外」、「獨特意義經驗」，以「啓動」爲基礎，發展豐厚的描述，因爲「能動化」更有主動、啓發、能動的意思，更能帶出行動。

8   Derrida (1992). *Acts of Literature*, ed. Derek Attridge, London: Routledge. 趙興國等譯（1998），《文學行動》。北京：中國社會科學。

第九章

母女變奏曲
關係皺褶及其皺褶下的另一種真實

我們可以投入在工作中獲得自身存在的價值，
可以經營滿意的關係來療癒曾經的失落，
可以爬梳心理學知識找出安放自己經驗的概念，
可以原諒並輕輕繞過。
當然，我們也可以靜默地凝視那些事發現場，
沒有閃躲、無需防衛、不必替代性補償。
無論是或言或默地重返經驗現場，
我們也可以就讓它在，
像森林中的生物自有生命的輪迴。

林秀娟、潘亭吾、黃素菲

我「心知肚明」我爸媽身處重男輕女的社會文化氛圍下，我「腦袋知道」他們不是故意的，我「心裡知道」我媽也是這樣被養大的。這些「知道」使我的不滿與憤怒明顯下降，我決定靠自己努力打造自己的人生，如今，我也成為他們口中跟親友炫耀的驕傲。

我已經讀過自己和別人的故事百遍、千遍，以為自己應該疏通了與母親之間的恩怨情仇，沒想到再說一次，又是再一次的經歷，再一次的經歷就又產生再一次的移動，而再一次的移動又是再一次新的看見，這種百轉千迴是我始料所未及。這之間是重新經驗那個過往生活世界中的我，重新連結被遺落的支線細節，甚至重新在我接案的來訪者身上歷經移情與反移情，才能啟動再次的自我觀照，讓我從被忽略的「不平公主」歷經身為人母的轉化，慢慢開展出「不凡女俠」，及未來繼續前行的方向。

一、兩人的啓程

我是一個高中專任輔導老師，正在讀心理學博士班。我以為我的母女關係議題，在過去十多年的專業領域薰陶之下，應該有很正向的轉化，也早就被好好安撫與釋然，沒有想到「對話」是一個無法預知的旅程。對話的現場臨在

性，把我帶到我曾熟悉又困惑的生命「當初」，這種置身「當初」現場的臨在感，將生命的皺褶再次攤開，像是：夜晚買醬油去、發育初期的綠油精、吃西瓜事件、被拋棄的搬家……這些既熟悉又陌生的生命經驗本身給出它自身的樣貌，我不斷地深呼吸，仍然無法止住被遺忘許久的淚水，像是在看卓別林黑白紀錄片慢動作重播似的，歷歷在目的是立體又具有些微色彩的生活現場，遠遠超過語言概念所能囊括，那些活生生的經驗以自身向我展現出我的存在樣態。[1]

| 心理師 |

我是大學時選讀的是人文社會科系，帶著對人的故事的好奇與關懷，走進了心理學，正在讀心理學碩士班。身為家中長子，我身上帶著來自家庭和自己的期待，也跟很多年輕人一樣，懷抱著在未來生涯一展身手的熱情，對於「三十歲會怎樣？」有著莫名的想像與焦慮。我本來選讀工商心理學組，無意間接觸後現代視野，應該也不能算是無意間，過去人類學、文學的訓練，讓我對生活現場抱持著敏銳的觸角，它們其實早已經為我埋伏了一條隱藏的線，把我牽引到現在的位置。在這個對話中，很多時候我很被勾連，也浮現很多想法，總是想著「是這個嗎？怎麼找到兩人都覺得對的命名？」在現場，什麼都是顯露的，正因為無限顯露、不斷湧現，我選擇任何一個「定格」的經驗，都可能是對其無盡湧現的經驗的「遺落」。

二、對話開展

（一）不安的相遇：遠離性別刻板印象對諮商關係的干擾

　　來訪者一開始便提出基於性別因素而對於本次諮商效果的遲疑。心理師以開放接納的態度邀請來訪者先試試，若覺不妥，之後隨時還是可以換成女性心理師，並鼓勵來訪者以自己覺得舒適的方式分享故事，來建立支持性的環境，為本次諮商工作架起舞台。

　　我們的性別刻板很大比重是被社會建構的，敘事治療心理師不落入主流價值所建構的性別刻板印象中，遠離主流性別論述的單薄故事，並拒絕被性別標籤、性別框架所囚禁。當來訪者提出性別議題的疑慮時，心理師拉開自己與來訪者「預設的性別角色」的距離，一方面接納來訪者的顧慮，一方面嘗試邀請來訪者試試看開展對話。心理師既要免於面面俱到、慨然承諾而導致過度負荷，也要屏除以偏概全、單一觀點而過度聚焦於某個片面。

來訪者：我不知道面對一個男生，我能講什麼？

心理師：謝謝妳很坦誠地直接跟我表明，面對一個男生妳不知道妳能講多少，是跟因為妳想要談的主題，擔心男生會聽不懂，是嗎？

來訪者：嗯……因為你是男生，可能不知道女生成長的狀況。

心理師：我們可以先試試看，之後妳還是想要換成一位女性的心理師，也是可以。

來訪者：嗯……我會擔心我所提的問題，不知道男性的心理師
能不能夠體會我的處境？不過我還是可以試著說說
看。

心理師：嗯，好，那我們先試試看。

來訪者：我自己本身也是助人工作者，我常常會聽到我的學
生……跟我分享到家庭的一些經驗，包括面對死亡、
分離、疏離等等議題，在做助人工作的時候，我很能
夠去體會他們的情緒，我常常也會陷入其中，有時還
會隨著他們的訴說而哭泣。最近我媽媽生病住加護病
房，對我來講是個很大的刺激。我跟家人的關係一直
都很疏離，第一是因爲我們家的習慣是報喜不報憂，
如果沒事不會互相打電話；第二是我娘家在台中，現
在我住在台北。

心理師：原來如此，那妳想談家人關係嗎？或是母女關係？

來訪者：都有吧！可能比較多是母女關係。在我有印象以來，
我出外求學，基本上都是我自己一個人獨立去面對各
種事情。我爸爸對我的支持，好像就是供應金錢讓我
繳學費。反正我們家的情感面交流是很少的。

心理師：嗯嗯，你們家的情感面交流比較少……

來訪者：我過去曾經對於我的原生家庭有很多的不解。我是我
們家唯一的獨生女，我有一個哥哥、一個弟弟。在我
的朋友圈裡當談論自己家庭的時候，我常常聽到他們
的父母好像對女兒總是特別的疼愛啊！像寶貝啊、像
公主啊之類的。可是在我自己的經驗裡，我可以說

完全都沒有體會到這部分。所以有時候我會想，爲什麼我家人在面對我這樣一個女兒時，會……嗯，好像……好像有一點冷漠。

心理師：妳是家中唯一的獨生女，卻很少接受到獨生女的待遇，妳要不要再多說一些妳的這些經驗？

來訪者：有許多的事，我漸漸想不起來了。當我年紀漸長時，我發現這可能跟我媽媽的原生家庭也有關係。因爲她小時候家裡的兄弟姊妹很多，但我媽家是有錢人，在三七五減租之前他們家是大地主，她有眾多的姊妹，但是她大約三或四歲就被她爸爸送養到親姑姑家，好像……你知道以前是農業社會嘛！好像很多這類送養的情況。我媽媽就是因爲這樣，這個叫做什麼呢？也不是去做童養媳，就是送給她姑姑養。因爲當時她姑姑剛死掉一個孩子，可能希望有個小孩去安慰她吧！當時農業社會需要許多的人力，土地愈多，人力需求愈多。我媽去到那個家庭裡，就被要求要很努力地幹活，甚至以現在的角度來看，有點像被虐待，家事與農務就什麼事情都叫她去做。

心理師：妳開始回顧媽媽的生命故事，有什麼發現呢？

來訪者：我漸漸長大去理解我媽媽的這段歷史的時候，我其實漸漸地能夠去體會她爲什麼對我不像寶貝女兒。

心理師：是說妳發想到她自己似乎從沒有被寶貝、呵護，所以不瞭解怎麼寶貝女兒？

來訪者：是啊，有可能……嗯，但，因爲現在她也老了，我好

像必須要去……我從來沒有想到我需要去面對她的死亡這件事情。可是我發現……嗯，上禮拜我接到我大嫂的電話，說媽媽開始住加護病房了，我好像沒有……該怎麼說呢？就是一般人應該要展現出來的，可能是悲傷嗎？哭泣嗎？或者我不確定那是什麼？我那時候，其實有警覺到，我會不會變成是像我媽一樣很冷漠？就我媽媽對待我那樣。我好像……我當然會揪心，但是我好像沒有……嗯，像別人那樣，對於家人面臨死亡，那樣的澎湃情緒。對，我會用「澎湃的情緒」來描述自己。我也會自我合理地解釋，可能我自己也學過悲傷輔導，可能我能及早做自我療癒，但是我覺得……又覺得好像有一點……嗯，不太正常？

心理師： 所以，當妳面對媽媽的住加護病房，不像別人有那樣「澎湃的情緒」，妳覺得有點不太正常？那麼，妳覺得「正常」的情緒是怎樣？

來訪者： 至少要覺得驚愕、擔憂、害怕，或是受到打擊、悲傷、哭泣……哦，對了，所以我想來找心理師聊一聊，怎麼去面對我自己這種奇怪的想法？

心理師： 可以感覺到妳現在感受到的困惑。在我們進入困惑的討論前，我想關心一下妳的母親目前的狀況，好嗎？

來訪者： 她身體開始亮紅燈……我收到的資訊應該是一個月前，上個禮拜開始進入加護病房。這一整個月，我不斷地去思考，為什麼我好像對於家人要面臨死亡這件事情，沒有太大的悲傷跟……害怕嗎？我不知道那是

什麼，我就覺得我好像過度冷靜……

敘事開箱：「提問」邀請來訪者串接經驗

　　人們共享字詞，但卻不一定共享意義。語言是經驗的符碼，當來訪者使用「話語」來指稱其經驗時，是將經驗以話語燙平在生命的平台上，讓敘說者經驗到敘說的次序。生命經驗的符碼，往往不是一蹴可成，不像各種現存的物件，如桌子、椅子、茶杯等等，已經有了約定俗成的符號，敘說生命經驗總是來來回回，尋思合適的句子來描述和指認，例如來訪者說：「我好像沒有……嗯，像別人那樣，對於家人面臨死亡，那樣的澎湃情緒，對，我會用『澎湃的情緒』來描述自己……我覺得……又覺得好像有一點……嗯，不太正常？」這也是為什麼，我們總會被某些詩歌感動，因為它們精練地「指出」我們曾經有過的共鳴經驗。

　　敘事心理師的問話，可以開啟來訪者的經驗，心理師透過抱持好奇、不知道（not knowing）的態度，有如打開故事包裝，[2] 以提問來探索來訪者獨特的、主觀的意義，及其內在深層的渴望，並在理解後回應其多元故事線，和反思性自我重寫。好的提問引領出重要的經驗，往往比高明的答案更能啟發人心。我們往往以為是腦中已有「成熟的想法」才去表達，敘事卻認為是表達的過程才「使想法熟

成」，這正好應證了敘事治療的精神：「我們經常不是知道了才說，而是說了才知道。」

　　來訪者敘說自己的原生家庭的故事，與對於母親病況的冷漠感到不太正常，心理師以問話開啟更多故事線：「妳開始思考媽媽的生命史，妳的發現是什麼？」、「面對媽媽的死亡，不像別人有那樣『澎湃的情緒』，妳覺得有點不太正常？那麼，妳覺得「正常」的情緒是怎樣？」在敘述過程中將自己與經驗的距離稍微拉開，以反思的位置觀察與思考，進而重新定義。來訪者當初只覺得自己有異狀，想要聊聊，但不確定要說什麼，可是當來訪者說：「至少要覺得驚愕、擔憂、害怕，或是受到打擊、悲傷、哭泣……哦，對了，所以我想來找心理師聊一聊，怎麼去面對我自己這種奇怪的想法？」來訪者覺察到在敘說過程的當下，愈來愈釐清自己為何覺得怪怪的。

（二）一個「被忽略的不平公主」

　　來訪者至此已初步講述其故事脈絡，心理師簡單的摘要，以釐清來訪者本想要討論之關鍵主題，並與來訪者核對是否其中還有未說清楚、還沒說出來、卻對來訪者非常重要的事情。心理師先去關心並詢問更多來訪者母親的病況細節，讓事件的脈絡或來訪者的經驗更具體地顯示出來。來訪者接著提到自己在家中總是感到不平而抗爭與不舒服，並選擇離開了原生家庭

出外念書，並順勢重新連結到剛開始來訪者對性別角色的疑慮，心理師進一步邀請來訪者分享相關的經驗，來瞭解主要故事。

心理師：那妳的兄弟們，他們有什麼樣的反應呢？

來訪者：不知道，我沒有見到他們……他們就那樣啊！我也不知道該怎麼解釋，因為坦白說我應該算……高中的時候，我就離開原生家庭到外面去念書，我其實很開心自己的離開……

心理師：妳很早就離家了……

來訪者：嗯，因為待在那樣的家裡面，我會有很大的抗爭與窒息感，這也是我剛剛要面對你是男生，我要談這件事情的時候，我會有點擔心……你不知道能不能體會，在我童年時代的女性角色，以及身為一個女兒的不舒服。

心理師：那妳現在覺得，我是男生，妳可以跟我繼續聊下去嗎？

來訪者：好像可以欸，就繼續好了……

心理師：謝謝妳。雖然我確實不可能是女兒，不過我似乎能從「母女關係」、「媽媽的生命故事」、「關係疏離」等等跟妳連結。所以，我想要再多瞭解一下，可以舉個例子嗎？妳印象最深刻或是妳比較想分享的，關於跟家裡抗爭或者是不舒服的經驗？

來訪者：嗯……我小學的時候，我爸爸的事業剛開始，他是白

手起家，我媽媽幫著他，我們家是做捷安特腳踏車的零件商，那時候臺灣的中小企業特別多。我印象最深刻的就是我小學二、三年級的時候，我感冒生病，我有個畫面就是我在客廳，我爸爸媽媽進來看到我，竟然是用吼的對我說「啊！妳是不會自己拿錢去看醫生喔！」這印象讓我非常深刻。

心理師：哇！妳都生病了還被吼，現在回想起來，這個印象會讓妳有什麼想法或感受？

來訪者：我就會覺得，我生病為什麼沒人要帶我去看醫生？好，我為什麼會有這樣的一個心態，就是我弟弟小我兩歲，我哥哥大我兩歲，我看到我弟弟生病的時候，我媽媽是很著急地帶他去看醫生，我就想說我們兩個相差兩歲，有差那麼多嗎？我小時候個子其實是很小、矮矮的，所以我小名叫bb，也是因為這個原因。

心理師：聽起來真的是很大的差別待遇，還有其他印象深刻的不舒服的經驗嗎？

來訪者：還有一個印象就是，我應該是在國中、還是高中的時候，那時候我爸爸媽媽腳踏車的事業很忙，我媽媽在煮晚餐，我跟我哥哥、弟弟都在客廳看電視了，已經晚上八點多了，我媽媽居然又對我大吼說，叫我去買醬油。這件事現在想想沒什麼，可是那時候我很錯愕，我會覺得，這麼晚了，他們難道不知道我是個女生嗎？是晚上耶！為什麼是叫女生去買醬油？不是叫男生？更何況，賣醬油的雜貨店離我家有兩個block

遠，還要過很大的馬路，中間還有一間廢墟的工廠。

心理師：嗯嗯，家裡有兩個男生不叫，卻叫女生晚上摸黑出去買醬油……當下妳覺得很錯愕！還有呢？

來訪者：怎麼會是叫我去買醬油呢？若比大，怎麼比也是哥哥先去啊！若比小，也是弟弟去啊！他們是男生啊！為什麼是叫中間的我？而且以讀書成績來看，我覺得我的功課都比他們好，為什麼就是要我去買？

心理師：對呀，為什麼？妳父母會這樣對妳？妳現在看這件事，會想到什麼？會浮現什麼樣的想法嗎？

來訪者：現在回想，我內心還有個想法，難道他們不怕我發生危險，我是唯一的女生耶！不是都說「女生晚上不要一個人在外面遊蕩啊！」難道我不是他們親生的？在我們那個鄉里，其實大家會比功課，我就想說，應該也是叫功課不好的去啊！我會很納悶、很奇怪的一些想法，怎麼會老是叫我？我跟我媽媽長久以來一直有很大的摩擦，其實我從小就能感受到她有很深的重男輕女觀念，非常、非常重男輕女那種，導致我跟她有很大的衝突。所以，我在高中的……應該是在高二吧，剛好我有機會做選擇，我就寧願住校，我也不要回家。

心理師：妳媽媽非常非常重男輕女，導致妳跟她有很大的摩擦，妳還有想到其他類似的經驗嗎？

來訪者：還有一件事情，也在我心中一直耿耿於懷，嗯……我其實很晚發育，我到高中的時候才來月經，坦白講

我有很長的焦慮期，我很擔心月經這件事情，因為我周遭的同學都來了。有一天我發現我好像開始長胸部了，我不確定啦！那時候大家也不會公開講這件事情，我去跟我媽媽講說，我的胸部這邊有硬硬的，結果我媽媽竟然拿綠油精給我，說揉一揉就好了！

心理師：聽起來好像是在說「身為女兒，女生發育這種事，媽媽不關心也就罷了，竟然叫我用綠油精揉一揉？」現在回想，妳怎麼看這樣的對待？或是，妳希望當時的妳怎樣被對待？

來訪者：我當下是很傻眼的，雖然那時候我不確定那是什麼，但我也懷疑那是長胸部的前兆。我其實想讓媽媽關心我，期待我媽像我同學的媽媽一樣會特別煮好吃的東西給我吃，只有我能吃的東西，四物湯什麼的，一種專屬感，一種被特別對待的感覺。這件事情讓我印象很深刻，現在想想會很想笑，因為現在的自己知道了那是怎麼回事。可是在那個當下，我覺得有一點憤怒，因為我隱約知道它是怎麼回事，我好像是故意要跟我媽媽……好像是要尋求她的關心嗎？還是什麼？

心理師：我剛才有聽到妳說「當下覺得有一點憤怒」而現在卻覺得很想笑，妳覺得這中間的原因是什麼？有發生什麼轉變嗎？

來訪者：對我來講，月經要來這件事情，好像是個女孩要變成女人的一種……值得驕傲的一件事情吧！是一種慶祝長大的事情，而我媽媽怎麼會是這種反應呢？所以，

這也是讓我覺得以前我會很過不去，我就會一直覺得，我們家為什麼會對我身為女性的這個角色，有這麼奇怪的教養方式？

心理師：妳生病了卻大吼要妳自己去看醫生，要身為女生的妳晚上出去去買醬油，還有，女生發育就用綠油精揉一揉……

來訪者：甚至於我爸爸會叫我去修馬桶、換電燈泡……

心理師：哇，好像那個重男輕女，不只是重男輕女，根本把妳當作男生，做男生要做的，妳又還要承受女生被忽視的對待……

來訪者：所以，當我聽我的同學都不是這樣成長的時候，而我是這樣子被要求長大的孩子，所以我會有一些憤怒。如果你問我印象中很深刻的事情，大概就這幾件事情吧！

心理師：我可以感覺到這一路走來真的不容易，在很需要關懷的年紀被忽視了，特別是妳的父母在很多地方對妳不公平，沒有好好疼愛妳這個女兒。關於這樣的一段經驗，如果要給它取一個名字，妳會怎麼稱呼它呢？

來訪者：「憤怒的童年？」等等……一個「被忽略的公主」，對！「被忽略的不平公主」。

心理師：好喔！感覺妳好認真在命名，這個「被忽略的不平公主」，後來是怎樣一路長到現在？她身上有哪些重要的特徵？

來訪者：這個「被忽略的不平公主」靠自己堅強的意志力與好

人緣，還有那股憤怒，努力往自己想要的生活奮鬥，雖然一路走來跌跌撞撞，內心總是感受到一股寂寞與不足，但後來過得還不錯，自立自強，結婚成家，也當了老師。

敘事開箱：解構是顛覆理所當然的現實

來訪者分享了過去的家庭經驗，看見其在原生家庭中感受到的性別不平等、不被尊重的待遇，以及隨之造成的失望、無助及憤怒。這些來訪者敘說的生活經驗中浮現出，來訪者的社會建構圖譜（socially constructed genogram）。從社會建構論的角度來看來訪者的故事，浮現了幾個文化脈絡，包含：性別刻板印象／來訪者對於男性能否同理女性的質疑、家族中的女兒角色、家族中兄弟的角色等；家庭文化脈絡／家庭組成、經濟背景等；以及地緣社會環境特徵／台中及地方產業結構等等。

既然看見來訪者「被建構」的圖像，「解構」就成為下一步的重要工作，懷特（White）對於解構是從實務工作中領會而來，他對「解構」[3]的定義是：「**一種顛覆理所當然的現實與作法的過程，將那些所謂的『真實』從其所產生的情境與條件中，從隱藏著歧視與偏見的空洞言語中，從掌控個人生活自我與人際關係的熟悉手法中，剝離出來。許多解構的方法會透過客觀化（objectification）來**

讓每天習以為常的熟悉現實與做作變得陌生。從這個角度來看，解構的方法就是『將熟悉的事物陌生化』。」也就是說，布赫迪厄（Bourdieu, 1988）[4]說的：朝向熟悉平常的世界移動的距離，應該會等於朝向陌生異常世界移動的距離的累積。

值得注意的是，解構的過程與方向，需要尊重來訪者本身是否準備好了？是否意欲被解構？因為解構的過程，可能會帶來改變，而改變的方法通常會帶來意想不到、甚至難以想像的痛苦，或是在解構的途中，找不到依存的方向與自我，會面臨短暫的混亂和不確定。

以來訪者自行命名來歸納、統整來訪者對於經驗的主觀意義，有助於減少專家診斷的病理化、標籤化的壓迫，也能夠發揮來訪者的自身的在地知識，並且更有機會發掘特殊意義經驗，例如心理師問：「關於這樣的一段經驗，如果要給它取一個名字，妳會怎麼稱呼它呢？」來訪者答：「一個『被忽略的不平公主』。」

（三）女兒成為母親：從「不平公主」到「不凡女俠」

接下來出現了對話中常見的「竄接」，就是心理師跳離來訪者的脈絡，直接以「插枝」轉換了新的話題。有時這樣的「竄接」是無心的，有時卻是有意的。來訪者侃侃而談，心理師直接以「換位」來創造觀點移動，將來訪者帶到另一個全

新的經驗:「幾年前懷孕的時候……」可以說是無心插柳,卻也絕處逢生,意外地以新的視角又拉回來訪者目前家庭的故事線。

心理師: 謝謝妳分享了這麼多經驗。我很好奇,如果今天妳是父母親的話,妳會怎麼樣去帶這個三兄妹中的一個女兒?換作是妳,妳會怎麼樣帶著她去面對妳剛剛所提到的這些情況?

來訪者: 我當然會非常地呵護她啊!

心理師: 嗯嗯,妳會非常呵護她。

來訪者: 對啊,當我幾年前懷孕的時候,我一直……我沒有宗教信仰,那個時候我就一直想說,我要生個女兒、我要生個女兒!我不要生兒子!如果我生了個兒子,我一定會想要再懷孕,再生第二胎,生個女兒。我都會跟我先生提到怎麼樣去……可能是我過去的不足,我會很想要多疼這個女孩一點,也許是一種補償。

心理師: 嗯哼!生個女兒,把女兒該疼的都疼回來……那妳現在有女兒嗎?

來訪者: 有啊!我生了一個女兒。有一種生個女兒,來補償自己曾經沒有被呵護的成長經驗,一種想證明或者說自我實現,女兒才是值得被尊重與愛的珍貴身分。

心理師: 真是太好了!我猜想,妳不想要複製那些傳統家庭重男輕女的經驗,反而是想要讓妳的女兒可以感受到比較平等、更多寵愛,是嗎?

來訪者：對，那當然。

心理師：那妳前面有提到妳面對媽媽病危，我很好奇，妳的冷淡……我可以這樣說嗎？妳覺得，妳對妳母親的冷淡情緒，是比較，嗯……不正常的？那我好奇，正常的反應會是什麼樣子的呢？或是，有沒有過妳與母親相處，相對比較正常的經驗呢？

來訪者：我看到我的學生，也有歷經親人的死亡，我也陪伴過他們。他們會很恐懼，可能面對未知的死亡的世界，不知道是什麼？另外，最重要的就是那種……那種哭泣、不捨、搶救等等，好像面對家人死亡，自己就沒有辦法做其他的事情了。因為我看過這些，但是我現在回顧我自己，我好像繼續能吃能睡，我也可以繼續好好地工作。雖然我可以感受到我的心就揪在那邊，但是這個糾結，好像不會影響到我正常應該要做的事情。

心理師：是，所以正常來講，他們會哭泣、不捨，好像面對死亡是無力的、無法阻止的，可能多少會影響到他們的生活作息，可是妳跟一般人的反應不一樣，妳好像還是繼續能吃能睡，可以繼續工作……

來訪者：應該說，我看到的、體驗到的，好像是這樣，但是我好像非常冷靜地去看待我媽媽可能即將面臨的死亡，當然還有……我也在想說，也有可能還不到面臨死亡這件事情，她只是進加護病房，醫生也有解釋一下我媽的情況大概是什麼，嗯……這部分，可能也讓我心安，所以，我可能很樂觀地想說，這就是一個危機，

度過去就好了。

心理師：看成是危機度過去就好了！那這樣我好奇，如果從這個「被忽略的不平公主」的角度，會怎麼看「對於家人要面臨死亡這件事情，沒有太大的悲傷跟害怕」這種狀況？

來訪者：就是⋯⋯會怎麼看嗎？好像她會帶著不平的心，可是又保持冷靜、保持著距離，繼續過她正常生活！比方說，今早上我同事問我說：「妳要不要請假回家？」當下我覺得：「不要，不需要！」我還想著早上有課，還約了兩個晤談的學生。就是說，一般人可能會覺得說，家人生病是很不得了的一件事，我應該放下我的學生取消晤談改期再約，不要再上課了，就快點回家去看看媽媽！

心理師：所以，從這個「被忽略的不平公主」的角度，會想要讓妳自己的生活「保持冷靜、繼續過正常生活」？好像一般人應該都會請假趕回家，反而妳會想「我好像認為不需要」？

來訪者：對，對，這也是我在自我反省中出現的異樣情愫，我覺得⋯⋯是我過度的安心嗎？我很信任醫生會把她救活，也還不到⋯⋯因為她就是心臟的老問題啊！

心理師：聽起來好像有個聲音說應該要趕回去，又有一種聲音說「沒這麼危急，不必緊張，只是心臟的老問題」⋯⋯但是同事問：「要不要回去？」妳說：「不需要。」好像後面這個聲音比較大？

來訪者： 不知道耶！我就會覺得，我還是要把該做的事情做好啊！還是我跟我大嫂的連結……因為她都會隨時拍照片給我看，會隨時跟我報備現在媽媽的進展，所以讓我很安心嗎？甚至於我老公都會問我說：「禮拜六、禮拜天要不要回家？」我想著，一般人不是都會很著急回去看媽媽？但我就覺得好像……我沒有這種急迫性，所以我也很好奇我怎麼了？對！好像跟別人不太一樣，但我很明確知道我是我爸媽親生的。

心理師： 感覺妳很好奇，自己怎麼會一點都不急迫？這會是因為媽媽非常重男輕女，意味著照顧她的責任在兒子不在女兒？是這樣的感覺嗎？有這種味道嗎？還是沒有？

來訪者： 有這個可能。但當下，我比較多成分是……一種疏離，一種對家人的冷漠。現在回想，有可能是從小被冷漠地對待，無法學到家人間應該如何溫暖地彼此對待，現在反過來，我無法熱切地去回應媽媽生病這件事，就如同當我小時候生病時，我媽也從不曾關心呵護我一樣，現在的我也不知如何表現出關心她的樣子。但不知為何，我能很自然地對朋友、學生表現出關心而且不用假裝，很真誠自然而然地呈現出來，但對家人就卡住了。

心理師： 妳這段話，真的是很深的覺察與反思。感覺得到妳前面說過的，妳學過悲傷輔導，妳有在做自我療癒。

敘事開箱：鼓勵來訪者對自己的經驗「命名」

不管任何諮商學派，界定問題都是諮商過程中的重要的任務，敘事治療也不例外。來訪者可能說「我的問題就是，我脾氣不好」或是「我覺得我有人際問題，我總是無法跟人很親近」，通常在心理師瞭解來訪者問題的「歷史」或是問題如何「運作」之後，問題外化就自然產生或更加明顯。但是懷特（White）特別強調問題會「持續流動、持續演化」[5]而更動問題的定義，例如「脾氣不好」的問題，可能在故事發展中變成「我發現事情不按照我的期望或突然生變時，我特別容易發脾氣」，這時候問題可能重新定義為「想要有掌控感」，也可能再繼續發展下去之後，發現來訪者覺得「有掌控感，事情才會順利，這樣才能贏得讚賞」，這時候問題又變成是「被讚賞、被肯定」。

懷特也特別強調「從『專家』到『常民』的定義」，[6]專家定義會運用專家知識，尤其是「科學分類」的慣例，來訪者會被貼上標籤，就失去瞭解問題脈絡的機會，因而失去檢視個人與問題關係的空間。敘事治療鼓勵來訪者建構自己對問題的定義，也就是對自己的經驗「命名」，有助於讓來訪者體驗其「生命主權」。

（四）重新回到生活現場的細節

　　敘事心理師一方面聆聽來訪者說出的故事，一方面好奇沒有被說出的故事。說故事時，我們總是將有意義的段落串接起來，來訪者說：「我同事，早上的時候，會問我說『妳要不要請假回家？』」但是總有許多被來訪者忽視的諸多經驗，就散落在生活現場，沒有機會被注意。心理師嘗試進入來訪者的生活現場，更能瞭解來訪者當下的處境及其主觀知覺，同時，將來訪者被遺落的經驗，發展成支線故事，豐厚故事線並創造多元視野，以便重寫故事而引領出新的可能性。

心理師：今天早上當妳收到這樣的消息之後，可以跟我分享妳當時的情況嗎？當妳聽到媽媽在加護病房時，那時候是幾點鐘？

來訪者：差不多八點左右。

心理師：妳同事問妳要不要回家……旁邊還有誰？

來訪者：就在輔導室啊！旁邊就是我的兩個同事，一個問我，另一個也看著我。

心理師：感覺到他們都在關心妳的情況？那時候，當下妳在做什麼？或妳在想些什麼？

來訪者：對啊！她問我的時候，我想說早上我有兩個個案與一堂課，早上就四節嘛……

心理師：繁忙的工作……排得滿滿的……

來訪者：（思考靜默）當我被問時，我內心早就選擇還是要接案、上課……然後下午要來輔大上課……哦，對了，

早上有碩博班的同學跟我說：「那就不要來上課，用視訊就好？」因為早上他打給我，我有跟他分享到我媽的狀況，他說：「那要不要用視訊？」我的想法是，我還是想要來課堂上，看看別人的對話與分享，我想體會一下那種歷程。心理師、個案、觀察員，我最好奇的是觀察員要做什麼。你看，我的反應就是我應該要來上課啊！

心理師：這個「我應該要來」在表達什麼？

來訪者：可能在表達……對，我想要繼續我的生活，我想要有我自己的樣子……這樣你可以理解我的意思嗎？

心理師：可以，是，我可以感覺到妳的困惑，那種沒辦法理解為什麼自己在親人面臨死亡時，沒有感到激動、不捨、難過……妳對自己感到很困惑？

來訪者：這就是讓我覺得很奇怪（口氣漸激動），我怎麼會……唉，沒有面對親人可能死亡的那種激動情緒……我就是跟平常一樣。

心理師：妳提到，中午有碩博班的同學提議說「妳就不要來上課，就用視訊」，當時妳是怎麼說的？

來訪者：當下我口氣很平靜，反而是那位同學替我感到焦慮，他們覺得有點反差，他們也是想要協助我回去，再幫我用視訊在課堂上連線，可是我還是想要來教室上課。

心理師：這意思是說，這門課、求學或者教學、工作，對妳來說，不管是當老師或學生，這樣的工作跟責任，讓妳覺得妳應該要把它好好完成，是嗎？

來訪者：那是一定的，可是，這也會讓我……就像你也會感受到我過度冷靜，對不對？其實，我也非常……深深感覺到我的冷靜。我不斷地自我對話……還有什麼事比親人的生命還重要嗎？

心理師：嗯……讓妳覺得工作、求學優先，比親人還重要的原因是什麼？妳能如此冷靜面對家人住院的消息，妳對自己的冷靜有什麼看法？

來訪者：（靜默許久）如果你問我誰比較重要，當然，我的認知上是親人比較重要，但是我又……就重要性來說，我覺得親人比較重要，但因為它重要，我就會比較傾向它嗎？好像並沒有。是大哥、大嫂給我安全感嗎？讓我沒有選擇立即奔回台中，還是……還是……不知道耶！還是因為……他們以前對我很冷漠，所以我現在也要這樣對他們嗎？

心理師：妳好認真地在思考這……一定有原因，妳可以用妳舒服的速度喔！我說一下我的感受，若說的不是妳，妳可以修正！明明是很重大的事情，妳卻出現維持冷靜、正常生活這種狀況，那是一種「我不要被影響」、「保持冷靜」的狀態，是這樣嗎？

來訪者：對，大致是這樣。

心理師：這個經驗對妳的意義是什麼？妳會怎麼去命名它呢？

來訪者：若要問我怎麼命名，可能是「不為所動」吧，或是「不被撼動」吧，或是「冷靜才能解決事情」。應該是「我不要被影響」，我要保持冷靜。若我被影響

了，我就無法好好自己過生活。我原本就沒人可以幫助自己，我一定要靠自己好好生活過日子。我沒有任何支持系統，有家人好像沒有家人，一切要靠自己才行。因為我從小被不公地對待，養成一種需要靠自己解決所有事情的危機感，強迫自己在面對事情時，要保持冷靜，不被感情與情緒左右。

心理師：好像不為所動、不被撼動、保持冷靜才能解決事情，是把妳跟家人拉開，妳不要被影響，保有……

來訪者：不知道。我現在想想，我念研究所時進入諮商領域……我覺得念諮商，對我的幫助很大，比較能夠去理解為什麼家人會對我這樣。現在我長大了當老師，所以，我跟家人的關係……其實我是放下的。以前大學階段念成大時，我只有過年才會回家一次。念碩士時，我發現我的轉變很大，可能跟我交男友有關，他會問我：「要不要回家？」因為他的關係，我比較常回家……

心理師：對，妳前面有提到說，妳也是助人工作者，可能開始有自我療癒的過程，自我溝通的歷程？

來訪者：嗯……我就會回頭去想我媽媽的早年經歷，還有去瞭解我爸爸的性格等等這些事情。

心理師：妳還有想到什麼？有什麼發現？

來訪者：哦……我想到我父母對外人比較熱情。舉例來說，我爸是扶輪社的人，常會捐錢辦活動，但我媽就會抱怨說那是家裡要買菜的錢，我爸對家用很小氣，還會怪

我媽爲何那麼會花錢！但我念成大時，我爸媽在經濟上是讓我無後顧之憂的，學費或住宿大筆固定費用幫我付完後，每個月會給我一萬元零花。我爸媽在錢的方面，對我不會很小氣。但若有朋友或親戚來我們家，我爸媽就很誇張，好像在辦年貨一樣。我帶我男友回家，跟我一個人回家，哇塞……那個菜色完全不一樣。這讓我覺得他們對外人好過於家人，或者應該說是好過於對我這個女兒。

心理師： 在那個當下，妳心裡有什麼感覺？他們對妳在金錢上不會小氣，但是他們對妳在情感上太小氣？是嗎？反而是對外人，情感上好過家人？妳覺得這對妳的意義是什麼？

來訪者： 不公平，他們對外人比對我還好。不公平啊！我還不如外人。

敘事開箱：敘事治療的臨在

敘事治療的「臨在」是回到故事現場，不只是經由敘說者所說的「故事」文本作為對話的依據，心理師同時要能回到「故事」發生的現場，有如親身在場去貼近經驗，是再次經驗，而非再次訴說。如果心理師只是依據來訪者所說出的「故事」文本，容易陷入語言、概念的框架中，而回到「故事」現場，比較能夠臨近、捕捉到經驗本身。就

像是「地圖」不是「地方」，敘事的臨在不是看地圖，而是去到來訪者生命經驗的那個地方。

　　海德格強調在人與他人的共在中，透過溝通使自己到達對方的「境遇」，而獲得「共同理解」的掌握。心理師開啟了回到當下的對話，讓來訪者回到她服務的學校的早上現場，更具有真實臨在的境遇感，像是心理師問：「那時候是幾點鐘？」、「旁邊還有誰？」、「那時候你在做什麼？」、「你在想什麼？」，讓雙方都進入更多細節，也更融入其中。來訪者提到中午有和碩博班同學通過電話，心理師加入治療現場之外的「同學」身分，同學之間的關懷以及校園生活經驗，而心理師也順應給予回饋來建立共在（being in this together），同時具有「同學」與「心理師」的雙重身分。

（五）「西瓜事件」與「搬家事件」

　　故事總是一面說著，又牽引更多故事，「往事」並不是以樹木的方式，以有序分枝的系統來表述，「往事」比較像草地的「地下莖」[7]，有水有陽光就到處伸展、四處蔓延，根芽沒有固定的系譜，沒有階層、主幹、分枝，只有互連的芽苗各自從不同方向冒出來、長出來的多元性，像是來訪者陸續延伸出來的西瓜事件、脫離家庭、驕傲的女兒、搬家事件等等。

故事帶著歧異性、多元性與演繹性：歧異性是指故事經由語言說出，而語言的多義性，必然產生故事的歧異性；多元性是指主流故事旁邊總是遺留著很多等待著被說成其他故事的經驗，有機會再被發展成各種多元的旁枝故事；演繹性是指故事的涵意，可以經由一次又一次的重新理解而鬆動、解構，可經由重構而產生新的故事。

來訪者： 哦，提到不公平，我腦子又會送出西瓜事件。早期我家還很苦，我爸還在開計程車，我媽切西瓜的時候，我會拿尺去量西瓜片的大小。我媽就說「妳怎麼那麼愛計較，最大的留給哥哥吃」，我就會想「為什麼？」我媽的某些語言就是會讓我生氣與計較，我好像不是天生愛計較，但就是會被她激出愛計較與不平。我量完後，接著就會先咬一口，其他人就不敢吃那最大的。

心理師： 妳現回頭看，妳覺得那個會「先咬一口，其他人就不敢吃」的妳，妳會說說她身上具備了什麼特徵、能力或行動？

來訪者： 具有攻擊性？掠奪性？保護自己的能力？還是……有能力反擊吧！反擊的行動力。

心理師： 這個反擊的能力或行動力，還有出現在其他情況嗎？

來訪者： 有啊！我很想離開家。我哥哥弟弟不是很會念書，念書變成是我追求自我認同的一條路。在家裡我比較會念書。我參加演講比賽打到市賽，校長還邀請我爸媽

出席觀賽，我又看到我爸媽好像覺得沒什麼，他們不想要參加，那一次又讓我感受到一次的傷害。我一直很想要脫離那樣的家庭，所以我高中就出來了。

心理師：好像妳身上的「反擊的能力或行動力」，可以把妳跟他們拉開距離，離開妳所受到不舒服的對待？當時妳決定要住校時，他們有反對或是挽留……？

來訪者：對，沒有，他們根本不會 care。還有我弟考不好時，我爸竟然拜託我帶他去補習，這一點我也很生氣。我就想說「爲什麼你們不讓我補習？」那他自己去就好，我爲什麼要帶他去？就是一種好事都沒有我，壞事都要有我的那種感覺。

心理師：妳說「好事都沒有我，壞事都要有我」，真的是很不公平的對待。一直到今天，妳回到家，都還有那樣的感覺嗎？

來訪者：沒有，從我念碩士之後，我覺得改觀很多，我和家裡的衝突不那麼深。我也長大，他們也不敢對我怎樣。而且我當老師了，對中南部人來說，當老師是一件了不起的事情。我看到我媽會到處去跟別人講我女兒當老師如何如何……那可能是她驕傲的來源。我媽有一個特質，她講別人好時會轉到自己身上，我發現她會拿我來當家族的一個標竿。

心理師：所以，作爲媽媽「驕傲的女兒」，妳感覺如何？更生氣，還是接受？

來訪者：應該是接受吧！她後來都到處跟別人講我的好話，我

就想好吧！這也可能是我孝順的方式，我想辦法讓自己好一點，讓她有面子。

心理師：嗯⋯⋯

來訪者：後來我結婚了，我就說我老公在我原生家庭裡也占了一席之地，他會問我要不要回家，我們就會帶我爸媽出去玩。他們也老了，那種銳利、不公平，我好像漸漸沒有感受到。晚期就是帶他們出去玩、出去吃飯，就聽他們聊親戚朋友間的事，他們不會問我在外過得好不好之類的。

心理師：哇！聽起來這就像一般兒女一樣，反哺、孝順、陪伴他們⋯⋯

來訪者：哦，對。在我生命歷程裡，我家人從來沒有問過我「在外面過得好不好？有沒有受到委屈？」從來沒有。Never，我發現我會特別強調，故意再強調，因為被家人在乎與關心，一直都是我缺乏的。

心理師：妳會陪伴關心他們，可是他們卻沒有關心、問候。家人從來沒有給予妳情感上的支持，是嗎？

來訪者：對，從來沒有，他們會打電話給我，就是發生事情了，就像這次。而我是報喜不報憂，他們打來是報憂不報喜。我現在突然間又有一個畫面，我高中就離家念書了，就發生很扯的事，大學的時候，我家搬家了，竟然沒有人通知我。

心理師：那妳回家怎麼辦？

來訪者：我去找里長，我家搬家竟然沒有人通知我，我也覺得

這在我生命歷程中是一件不可思議的事情，然後我回家……竟然……你懂那種感覺嗎？

心理師： 我正在努力認真懂……

來訪者： 就是我回家，這原本是我家，怎麼有別人出現？然後他說，唉，「你找誰……」你懂那種錯愕嗎？那還好本人聰明，我就去找里長問：「原本住在這裡的人搬去哪呢？」他才告訴我，他們搬到另一個里去了。我就去找，你知道嗎？照理來說，我會期待我家人對我會有虧欠感，但他們好像覺得理所當然……看到我說：「哦，妳回來了。」

心理師： 天啊！這真的是很震撼的經驗，回到家發現自己的家搬走，太傻眼了！妳也是真的滿厲害的，可以想到要去找里長幫忙。我很好奇這麼多年後，回首看這個經驗，妳覺得他們對妳是一種信任呢？還是真的把妳忘掉了？如果讓妳去形容，妳會說這是……？

來訪者： 美其名是他們「信任」我吧！坦白說，我讀書以來，一路走來從沒有讓他們操心過，反而是我哥與我弟。我也看到，父母太寵的孩子，都不太有出息。不過某部分，我也很感謝父母對我的放心。就比如說，我學生常會來跟我抱怨要念什麼，爸媽都不肯或之類的，就會有阻礙。但在我生命歷程裡，沒有人管我，所以我有很大的自由度，愛幹麼就幹麼！

心理師： 嗯，負面來看是，他們沒有關心妳，完全不 care；正面來看，妳有很大的自由度，沒有約束。美其名說這

是「信任」，似乎不太對味。妳覺得如果不是「信任」，那是什麼？是忽略嗎？冷落嗎？還是什麼呢？

來訪者：女生就是「油麻菜籽」或是所謂的「菅芒花」──無人惜、無人疼。噢，突然感覺這是我媽媽的人生。其實我還滿感謝他們，沒有給我太大的壓抑與約束，讓我可以放飛自我，但……命名的話就「放牛吃草」吧！

心理師：嗯，放牛吃草就是沒有許多的噓寒問暖，但整體上，也沒有壓抑或是阻止妳……

來訪者：不是「沒有許多」，是「根本都沒有」。

心理師：在這樣的「放牛吃草」的環境裡，妳現在是一位老師、助人工作者、博士班研究生、也成為了母親，妳身上具備了什麼，以至於妳可以成長到現在？而且妳現在可以長得這麼好？

來訪者：我身上具備了什麼嗎？我想想……有勇氣、不怕苦、獨立思考的能力、不服輸、解決問題的能力、努力以赴、樂觀、有夢想吧！

敘事開箱：「解釋」與「理解」[8]

「解釋」是對語言多義性的識別活動，「理解」是對語言所指涉的存有和存有者的掌握。呂格爾指出詮釋學和語言存在著特殊關係，基本平凡的對話語言具有多義性，當

離開其確定的語境來考慮我們的字詞時，它們就有不止一種涵意。語詞信息是在特定的情境中由一特定說話者傳遞給某一個聽話者，因此聽話者需要具備語境的敏感性。語境的敏感性涉及某種對於語言多義的識別活動，在對話者之間的具體問答過程中運作。這種識別活動稱為「解釋」，也就是辨別出說話者在普通語詞的多義基礎上，透過語境選擇作用建構出相對單義的涵意與意向。呂格爾認為進行「解釋」就是在尋找結構：一是語言結構，語詞、語句到論述都有結構；二是情節結構，許多事件及其敘述彼此連結起來成為情節，情節便是在時間中發展的動態的結構。

由於呂格爾關注存有論的深思（preoccupation），對他而言，「理解」不是簡單的認知模式，而是**「把經驗表白為語言，涉及了『指涉』之存有學條件，藉此達到存有和存有者」**。敘事者將其所經驗或嚮往之世界，無論是歷史的或虛擬的，將指涉的面向引進了敘事中。就此，「解釋」與「理解」之間有了一種新的關係，「解釋」是識別語意中的涵意，而「理解」則是指涉說話者的存在。敘事實際上是由一系列彼此內在相關的語句所組成的，涵意是由結構規則所規定的，用以指出涵意實屬敘事意義之結構面。

呂格爾將兩種認識論運作合而觀之，主張要分析敘事之意義，必須從對其涵意面的結構性解釋開始，而終結於對於其指涉面的之存有論理解。心理師先在語境中去辨識來

訪者的「涵意」：來訪者述及「不公平」、「西瓜事件」、
「搬家事件」的經歷；進而探索來訪者的主觀意義，來訪
者說：「反擊的行動力」、「好事都沒有我，壞事都有
我」、「油麻菜籽」、「放牛吃草」，最後再到達新的理
解：來訪者說我身上具備了「勇氣、不怕苦、獨立思考的
能力、不服輸、解決問題的能力、努力以赴、樂觀、有夢
想吧！」

（六）浪跡天涯的女俠──自我認同的重構與轉化

兩人回到最開始的話題「對媽媽的住加護病房，不像別人
有那樣『澎湃的情緒』」，而這之間簡短的對話過程，竟然走
過了來訪者的半生的故事，豐富、曲折、精彩。面對傳統社會
建構下的男女不平等，來訪者透過求學過程與豐厚的人生閱
歷，漸漸讓她心中的失衡轉為平衡，進而有能力從事助人工
作。藉著助人工作的知識與實踐，重新探索自我定位與價值，
審視自己的生命故事。而心理師也能即時掌握平行歷程的機
會，再次回應來訪者會談之初對於男性諮商師的疑慮，巧妙地
將敘說者的「生命故事」現場與「會談故事」現場完美串連。

心理師： 回頭看自己這一路過來，到目前為止妳的人生，妳會
感謝妳父母沒有壓抑妳，雖然他們也沒有噓寒問暖，
現在妳當老師、結婚生子，妳自己滿意嗎？

來訪者：我不會用滿意耶！應該是說，我在念碩士時，我就放下對他們的怨恨跟不滿了，但我總覺得我心靈好像有一塊沒有被照顧到，那個叫做……OK，就是噓寒問暖吧！然後我一直覺得會……在角色的認同上，我會有一點點的偏激。

心理師：偏激？怎麼說呢？

來訪者：比如說，我對男學生跟女學生態度會不太一樣，我自己有意識到。在早期我對男生會有很大的排斥跟不舒服，年輕的時候我很難進入戀愛這種境界。追我的男生，我會有一種他們就是來壓迫我，讓我過得很苦的人。後來我自己會去想，為什麼追我的人那麼多，我就很難接納他們？我想想可能跟我爸媽重男輕女有關。所以，我對於男性的這個角色，潛意識地生氣嗎？我也不知道。

心理師：嗯嗯，聽妳說妳所經歷的這麼多的事情，我更可以理解何以剛開始對話的時候，妳會擔心男生聽不懂妳的故事了。但是我發現，妳剛剛有提到妳在念碩士的時候，有放下了一些，但是心靈上卻仍有沒有被照顧到的一塊，我好奇這樣的一塊會是什麼樣的東西？它代表著什麼？

來訪者：對，少了一塊拼圖，missing parts！一個對我來說，也許很重要的東西。

心理師：所以，是不是也可能妳對於女生或是妳自己，對妳媽媽的事情，妳應該要表現出某種特定的情緒？而不是

這麼冷漠？

來訪者：應該是說，若是對我媽媽這件事情，我不會用性別角色來看它。反而是說，身爲人家的女兒，這身爲子女的，怎麼沒有像其他人那樣的澎湃情緒？

心理師：嗯，對生病的媽媽，妳自己覺得最舒服的表現是什麼？身爲她的女兒，妳覺得做什麼，是妳想做的？

來訪者：來探望她，跟她講講話，陪伴她，抱抱她！這不是她第一次住加護病房，我媽剛住院時，跟這次疫情開始的時間差不多，所以她第一次住院時，我也有回台中陪她兩、三天，因爲疫情的影響不能待在醫院太久，所以，我也會握著她的手、抱抱她。

心理師：妳曾經去醫院陪伴過媽媽，哇！妳是怎麼做到的這樣對她的經驗……握著她的手、抱抱她，這樣的妳，跟妳說的「冷靜的妳」，都是妳，有不一樣嗎？

來訪者：嗯，不太一樣嗎？對我來說，好像一樣都很冷靜，就像我對我學生或個案一樣，在他們需要時，我也會抱抱他們或握著他們的手，給他們支持與力量一樣，很自然的動作。但當我抱著我媽時，不會有那種澎湃的情緒。對家人，我總覺得隔著一層看不見的玻璃，就是少了一點家人的溫度。

敘事開箱：看似虛構的故事，卻給出了敘說者的真實

　　故事開啟了真實的可能性，過去「真正」的歷史成為虛構的故事，揭示了被塵封往事的潛在性。真實歷史與虛構故事融合為人類經驗的基本歷史性，所以，以故事來重述過去經驗，是當前現實性的一部分。呂格爾說：「**真實的歷史由於向我們展現了迴異的史實，也因此向我們開展了可能的世界，相反的，虛構的故事由於向我們展現出不真實的世界，遂引領我們去觸及實在的本質。**」[9]也就是說，所謂的真實歷史給出了再建構的可能性，而看似虛構的故事卻給出了敘說者的真實。

　　最後心理師扣回來訪者對於自己沒有澎湃情緒的理解，來訪者的回應是：「沒有關係」、「不要苛責自己」、「也許再抱抱媽媽」、「也許更理解她的不容易」、「也許多一點家人溫暖」，這些來自回顧「真實故事」而產生的「未來想像」，也是敘說者的真實。

三、尾聲

心理師：好的，謝謝妳，今天分享很多精彩的生命故事，讓我能夠瞭解妳，也能理解為什麼妳會對男性心理師感到質疑。謝謝妳的分享。請問這次談話有沒有哪些地方

讓妳不舒服？有讓妳說出想說的話了嗎？

來訪者：不會不舒服，謝謝你讓我說出這麼多，好久好久以前的事。

心理師：特別是開頭談到的性別議題，是否有在這次談話中被傾聽？是否跟妳原先想的有落差嗎？是否有講出自己想說的話？

來訪者：有一些落差，但也不錯。我自己似乎把塵封己久的往事再次打開，在說的過程裡，我自己也感受到一些的不同。

心理師：如果妳對今天的談話有印象深刻，或是對妳有意義的片段，妳會說是什麼？

來訪者：看見自己成長的不容易吧！

心理師：結束我們的談話前，對於那個「媽媽住進加護病房，卻沒有澎湃情緒」的妳，妳最想說的或做的是什麼？

來訪者：沒關係，有這樣的成長經驗，當然對家人會冷淡些，不要太苛責自己，用自己舒服的方式對待家人即可。也許回家再抱抱媽媽，跟她說說往事，聽聽媽媽的說法，也許我可以更因理解她的不容易，而對她產生更多一點的家人溫度。

四、反思與迴響

面對一個男性心理師，是有壓力的，尤其是個才二十幾歲的年輕人。一開始，我真的很質疑他能理解華人傳統社會對女性壓迫的議題嗎？畢竟他可是這傳統的受惠者，而不是被壓迫者。但一路對話下來，我有些改變。坦白說，諮商的過程我也在評估與觀察他的能耐，內心在想著「他能對我有什麼幫助？是否在浪費我的時間？」但短短的時間裡，我竟然可以感受到自己些微變化，神奇吧！也許是擔任心理師的他，具備了開放態度，讓我能隨興所想；也許是他的接納反應，讓我能暢所欲言；也許是其中一來一往的對話，讓我回到那許久不曾打開的過去。雖然我不確定我要不要打開它，但它就是這麼自然、不斷地出現在我腦中，而我就是很願意與對面的心理師分享。因為我能感受到他正試著努力理解我的語言與感受，更好的是，他沒有透露出一點點的批評與反駁，只是不斷地想瞭解我在表達什麼，我過去正在經歷什麼，這給我很大的支持感，讓我有「他與我同在」的踏實感，尤其是要獨自面對那對我來說，很傷人的家庭故事。

傷人的家庭故事，對，它一直存在我心中，雖然我在碩士階段已經處理過它一次了，那次的處理……對，我用的是「處理」這兩個字，因為學到了心理諮商的相關學理課程，我比較能「智識」的理解，發生在我身上成長

的傷痛。藉著這份智識的理解，我原諒了父母，至少在當下我是這麼認為的。我同理我爸媽就是在那樣的社會文化（重男輕女）氛圍下對我的養成，我告訴自己他們不是故意的，也許他們壓根就不知道他們有什麼錯，因為我媽也是這樣被養大的。語言真的很有意思，當我意識到他們非「故意」或是「不是討厭我」時，我內心舒坦很多，因為那從小不斷質疑自己的動機就不見了。我能安然回家，面對他們，而不是帶著憤怒過日子。就這樣我靠自己努力過活，我有夢想有目標，我都一一實現了。回家變成是一種光耀門楣的驕傲，因為我知道我父母很以我為榮。我就這樣在外面過了許多年，坦白說，我並不覺得我有什麼還需要被療癒的。這次的諮商過程，讓我回觀我自己的內在需求，一直以來被我長期忽略的內在不平公主，她仍然在我心裡某個角落等著被救贖。許多年了，沒人發現她的存在，是透過這次的對話，我才意識到她仍等著我好好關照她。我不確定是被什麼引發的，但我就是感受到她的存在。許多年了，我不曾為了家人的傷害而掉眼淚，這次卻在面對一個年輕的男性心理師面前掉了下來，雖然我很努力忍住。

我被解構了嗎？我有再建構的能力嗎？或者說，我「想要」再次建構自己想要的嗎？談完後，我的生命有什麼不一樣嗎？我對家人的態度與上次碩士後的態度有什麼不一樣嗎？對家人，我可以更有溫度嗎？這是事後我一直在思考的問題。坦白說，我可以感受到我被解構一些，但似乎

不是社會文化傳統，因為那在我碩士時早就被解構出來了，但我又說不出來那是什麼。也許短短時間很難有什麼大進展，不過我本身是諮商師，我可以透過自我對話，幫助自己釐清一些事，我好像並不「想要」在那當下找出一條路，因為我覺得我現在過得也很好，也很感謝父母帶給我這些成長因素，所以我才能變成現在的我。直到我接到了一個新的來訪者，在這個新世代高中生，卻也面對一些相同的問題，從諮商過程裡，我的角色又回到了諮商師，也許是這種貼近生活面的換位，讓我體察到更多，再次回觀自己的內在需求。

我自己當「來訪者」的過程，我雖發現了那孤單又不被理解的內在不平公主的存在，但我沒想要積極去處理她，只是不小心「觀照」了她一下。當我回到諮商師時，卻發現這個「不滿足」的公主，正在影響我的諮商歷程，一種反移情作用正在出現，以前從來沒發生過這種反移情現象，但當開關被打開了，牢固的鎖被撬開了，理智想要壓住似乎也壓不住了。我坦誠地跟來訪者談起這個反移情，讓她也能發現我們之間發生了什麼。我們大哭了一場，結束了這一次的會談。第二次會談，我們一起討論了上一次共同的經歷。她說，她回去後反而好很多，因為她覺得連諮商師都會遭遇這些情緒，也還在處理中，她反而沒有在意了。她試著饒過自己為何會有那些黑暗的想法，於是我們一起再回到她想解決的問題故事上，也試著找出新的故事線，讓她的視框能轉化與偏移。經過這次的經歷，我花了

許多時間反思，有必要再次與那個內在不平公主坦誠接觸，好好處理她的情感需求，她想要被家人理解與討個公道？一個被呵護的公道，而不止是當個堅強的女強人或女俠而被誇耀。雖然我知道我父母年邁又正在經歷生死關頭，但他們給我最大的財富就是我有一顆充滿創意的腦子與努力不懈的個性，所以我總會找到出口，讓我的不平公主得到她想要的故事線，勇往直前。

| 心理師 |

於我而言，這次晤談是一趟回味無窮的旅程。

坐在「心理師」的位子上，我一開始其實有點緊張，這場晤談有太多的「第一次」——第一次接觸後現代與敘事，第一次正式地諮商演練，第一次以心理師的身分登場。有趣的是，真正在晤談裡困擾我的，並非這些陌生的感覺，而是我所熟悉的另外一種身分——我的長男身分，我喜歡自嘲命名它為「天之驕子」、「天子」。在家族當中坐擁權力、資源與照護的我，幸運地成長著，以至於當我聽到來訪者那「不平公主」的故事時，霎時之間慌了手腳。許多質疑與標籤貼到我的身上，「我能做好這次對話嗎？」、「我真的能同理她的心情嗎？」我不斷地質問自己，焦慮驚惶，抓著手上的筆記紙抄寫來訪者的話語，嘗試安穩自身，卻又分神而難以專注。我感覺自己就是來訪者故事中的「反派」，那個獲得父母親無限關愛的兄弟，陷入了自我懷疑的囹圄。

所幸,隨著對話的展開,我開始能夠進到來訪者的故事脈絡,稍緩前面的慌張,以一個「好奇的旅者」的身分接受來訪者的邀請,參觀她的生命故事。我嘗試著褪去自己原有的身分,直覺地、淺白地、透明地回應來訪者的故事與情緒。雖然沒有辦法做到最佳的同理,但我仍想努力去捕捉漂浮在晤談空間裡的話語,讓它們平貼、安定下來。此次晤談也順利告一段落。

在後續與素菲老師、來訪者的討論與回饋中,我整理了自己的驚慌,也學習坦然面對自己的議題,滿載而歸。帶著這份禮物,我持續向心理師的路邁進,幾年後與來訪者、素菲老師一起修編這段文本時,我發現自己開始能同理當時來訪者的情緒、不安、自我懷疑,以及那欲言又止的對母親的愛與不捨。字裡行間的敘說看似鴉雀無聲,隱而未現的情感卻是「震耳欲聾」。

我終於聽見了。

聽見了那些不捨、那些糾結、那些不公平,還有那釋懷之間仍有的一些遺憾。現在,我深切地感受到來訪者的情感,感受那股張力,感受何謂同理。我的內心彷彿接收到一股能量,一股難以言說的悲傷。現在聽見了,也終於聽見了當時我所沒聽見的來訪者對母親從不諒解到些許釋懷,對自己的質疑到逐步接納,還有對於家庭溫暖的渴望與思念。同時,這份能量當中亦有屬於心理師個人的部分,那是一種領悟,對諮商中的實踐智慧、對敘事的魔力、對自我的成長與突破感受到的敬畏與小小的驚喜。可

以說，這次晤談經歷了歲月淬鍊之後，豐厚了來訪者與心理師。

當時尚未理解、無法傾聽、同理的「天之驕子」，如今似乎能更貼近他人一些，運用所學的知識技術與一直以來對人的好奇與關懷，嘗試「走近」和「走進」他人的故事裡。這次晤談會是我非常重要的養分，感謝素菲老師的指導，也感謝來訪者願意與我分享那些精彩的故事。

註：

1　White, M. and Epston, D. (1990). *Narrative Mean to Therapeutic End*. W. W. Norton, New York. 廖世德譯（2001），《故事‧知識‧權力：敘事治療的力量》。台北：心靈工坊。第 49 頁。懷特提到 Bruner, J. (1986) 的重要著述《真實的心靈：可能的世界》（*Actual Mind: Possible World*）其中第 143 頁中寫道：「生活經驗遠比論述豐富，敘事的結構能夠組織經驗，並賦予意義。但是總有一些感受和生活經驗是主線故事永遠涵蓋不了的。」也就是說，隨著時間流逝，我們很可能只說了主流故事，我們累積的經驗大部分都沒有說成故事，反而是遺留在生活的現場。

2　黃素菲主編（2021）。《諮商理論與技術》。台中：華格那。書中第 13 章，第 13 頁中寫道：「敘事治療立足於後現代心理學位置，其認識論典範是從『邏輯實證』轉移到到『視角論』，為了開創故事的多元觀點，敘事治療師注重以不知道與好奇的態度，並以提問代替答案，鼓勵來訪者透過敘說來浮現意義。」就是打開故事包裝。

3　White, M. (2016). *Narrative Therapy Classics*. South Australia: Dulwich Centre Publications. 徐曉珮譯（2018），《故事‧解構‧再建構：麥可懷特敘事治療精選集》。台北：心靈工坊。第一章，第 44 頁。

4　Bourdieu, P. (1988). *Homo Academucus*. Cambridge: Polity Press. 李沅洳譯（2019），《學術人》。台北：時報出版。

5　White, M., & Epston, D. (1990). *Narrative means to therapeutic ends*. New York: W. W. Norton. 廖世德譯（2001），《故事‧知識‧權力：敘事治療的力量》。台北：心靈工坊。第 94 頁。

6　同上，第 98 頁。

7　Duvall, J. & Béres, L.(2011). *Innovations in Narrative Therapy: Connecting. Practice, Training, and Research*. New York: W W Norton & Co Inc. 黃素菲譯（2016），《敘事治療三幕劇：結合實務、訓練與研究》。台北：心靈工坊。引自第三章。

8　Thompson, J. B., ed.& trans. (1980) *Hermeneutics and the Human Sciences-Essays on Language, Action and Interpretation*. Cambridge University Press. 孔明安、張劍、李西祥譯（2012），《詮釋學與人文科學：語言、行為、解釋文集》。北京：中國人民大學出版社。引自／改寫自中譯本第一章，第 44-45 頁。

9　沈清松（2000），《呂格爾》。台北：東大圖書。引自第 105 頁。

第十章

無敵鐵金剛與林黛玉的拔河戰
中年女性轉換生涯跑道的故事

我心中有一道隱形的門，幽黑、沉重，鏽跡斑斑，

他們說，我把感覺、情緒，關在裡面了。

他們說我隔絕自己的感受，我不知道他們說的是什麼意思？

我很好奇想進門去看看，

但是，我怎樣都找不到鑰匙！

突然間，我發現我對真正的我並不瞭解，感覺「我」是空的！

這幾年，我一直走在一座橋上，

上橋前我是一個資訊產業中的白領菁英階級。

我知道橋那一邊是通往助人專業的陌生領土，

可是這條橋好長，似乎總是走不到盡頭。

我一直走在這道橋上，無法著路，無法走到對岸。

江慧玲、楊政銘、黃素菲

我在進入心輔研究所前，已在職場工作多年，我已經是個做到高階經理人的資深老手，現在轉到心理諮商所必須從剛入門的菜鳥學生重新開始。從過去的高位轉到現在諮商領域的低位，這種高低落差的矛盾，理智上知道是社會主流價值建構所致，情緒上卻陷入一團混亂之中。過去商場上備受肯定的果斷與效率，在重視溫暖、支持、同理的助人專業領域，不只是完全派不上用場，甚至還被視為是毒藥。

由於原生家庭的環境背景——父親為大陸來的老兵，母親在我幼年時即有些精神失常的狀況，我為家中老大，因此在幼年便需要幫忙父親協助打點家務。長期女代母職的我，成為親職化的小孩，個性獨立自主，常給人剛強認真的形象，卻鮮少顯露內在軟弱孤單的脆弱面於外，而自己也不懂得如何去面對自己內在軟弱的部分。

在父母相繼離世之後，讓我對未來的生涯感到迷失，也開啟了我對自我的探索動機。隨著在心輔研究所陸續接觸專業的心理諮商課程，幫助我重新檢視過往生命歷程。沒想到這卻是一條荊棘之路，我不怕痛、也不在乎流血，只是，尋找生命出口這檔子事，永遠都不是誰說了算！我只能帶著堅信不疑的信念，即使一路披荊斬棘、頭破血流，都必須不停止地繼續前行。

一、各自的心路歷程

我是實習完畢，正在寫論文的心輔所碩四研究生。剛結束早上和下午忙碌的一天來到「洞人心菲」私塾學堂，坐在柔軟的沙發上，調整一下今天要「擔任」心理師的心情，等待著來訪者和大家到來。當時我的心裡正想著「別讓自己有太多的預設立場」，不然可能無法真正體會來訪者的真實。

來訪者到了現場，而且筆直地朝著我這裡來，我心裡想著「不會吧？」的同時，來訪者就自己過來和我訴說她今日的狀態了。當我聽到來訪者對我說「*我今天可能會講得很散亂，你就幫我整理我的想法就好，不用談得太深入*」，我心裡想著：「這是什麼情況？」在冒著冷汗的同時，我也漸漸穩定自己，心裡想著：「好吧！既然今天來訪者自己說不需要太深入，那就先聽聽看來訪者到底想說什麼吧！」

到底是什麼事情讓她不願意在現在的場合直接談得比較深入？是發生了什麼重大事件嗎？我提問時是不是要小心一點呢？這些疑問成為我這次會談的內在聲音，並與「不希望保有太多預設立場」的我，產生拉扯。我試著以較開放的心情邀請來訪者主動開啟會談。

我是年近五十歲的心輔所研究生，我於企業界工作一段時間後，為了探索自我，我離開職場，因緣際會轉而成為心理諮商所的碩三全職研究生。對論文方向亦在摸索躊躇中。在會談的當時，我正經歷全職實習的操練，我在適應實習環境的文化氛圍，同時也在督導關係衝突的磨合狀態。由於我過往習慣將自我脆弱受傷的情緒包裝壓抑下來，總以微笑及轉移話題的方式來防衛，過去我常以為這是對他人的善意，其實這也是自我保護的藩籬，把自己隔絕於他人之外。

我害怕自己最近實習過程中被批判、受委屈的心情被挑起，我內在擔心我會在眾目睽睽下而失控崩潰，因此先告訴心理師：我等下可能會講得很散亂，你就幫我整理我的想法就好，不用講得太深入！當下我以為我想幫心理師減輕他的任務，其實我在限制他可以做的事，反而增加了心理師接近我內在感覺的難度。事實上我是先畫了一條線，叫他不要超越這條線！然而這正是我的議題，想要找回自我，卻不知如何開口表達，也無法面對處理內在的傷痛情緒，更增添自己內在孤單無助的感受。這是在經過一年後，雙方核對時遲來的發現與收穫。

二、對話開展

（一）探索來訪者的談話方向——想成為人生的主人

　　來訪者似乎想談三個方向：論文方向，整理上半生的生命故事，發展下半生。這三者乍看互斥，卻是息息相關。心理師主要是釐清來訪者的目標，讓接下來的談話方向能更為聚焦。從這個段落來看，來訪者最主要想談話的方向並非論文主題，而是「尋找自我」，來幫助自己能往人生下半場邁進。

來訪者：我已經在職場工作多年，然後才轉來讀心理諮商，當初好像就是有個⋯⋯我也不曉得是不是一種呼召還是什麼，就是莫名其妙就來到這個領域。

心理師：莫名其妙？

來訪者：因為我原來的工作領域是資訊科技產業的，後來因為要照顧生病的媽媽，我決定轉到時間彈性、以人為主的保險產業，到現在我接觸諮商，我覺得轉變很大！我爸媽陸續過世後，我就不曉得自己的人生接下來要往哪走，對很多事都沒動力。直到接觸諮商，好像就有種吸引力，吸引我探索自己，於是開始讀研究所。現在我已經碩三，要準備畢業，還要寫論文，就想來探討我的論文方向。

心理師：妳現在碩三，剛開始全職實習？

來訪者：對，可是我的論文到現在都還沒想好題目，我只知道我是工作多年再來讀諮商，當然就不只是想要畢業拿

學位，我希望我的論文是給自己生命一個交代。

心理師：所以，妳的生涯發生巨大轉彎？父母過世、轉換領域，想用論文給自己生命一個交代……感覺有很多個話題，我們從哪裡開始？妳想要選擇哪一個主題？

來訪者：都可以啊！我探索到現在發現，自己也活了人生大半載了，好多的東西其實就像一坨毛線球，本來都亂七八糟，可能慢慢稍微有些脈絡，但又還沒完全整理好，所以我也在想我大概需要心理師來幫我一起建構我的生命故事（大笑）！

心理師：聽起來妳想用論文為生命做個總整理，但是目前對論文主題還沒有頭緒，是嗎？

來訪者：我只知道要跟自己的生命故事有關，也希望藉由更多的探索，去發現我到底可以從過去那邊抓出些什麼，還有……我接下來要往哪兒走？

心理師：接下來要往哪走……感覺到好像妳正處在一個轉換、改變、重新定位自己的過程？有很大的壓力嗎？

來訪者：嗯，我覺得自己也不想給自己壓力，但也不希望閒置時間，所以我會希望多去探索自己，而這就等於在幫助自己完成這階段的任務。

心理師：我想再確認一下，妳剛剛提到妳是莫名其妙地進入諮商領域，可以再多談一些這個部分嗎？當初是什麼契機讓妳想進入諮商領域？

來訪者：契機哦？因為我之前在保險業就會常上一些心靈成長的課程，當初就是因為上了一個老師的心靈成長課

程，因爲那個老師說她是心理諮商師，那時我也正在迷茫的狀態，因此吸引了我跟著她一起學。結果因緣際會，我才又回到學校念心理諮商，乾脆自己來探索自己。

心理師：我很想知道我們的時間用在談什麼，會比較符合妳的需要？

來訪者：我想我有好幾個方向可以談：第一個是我的工作轉折；第二個是我作爲照顧者的身分，以前我的生涯抉擇都是考慮要照顧父母；第三個可能是轉到諮商的生涯抉擇對我個人的意義。以前很少有機會真正去思考自己要什麼，也少有機會讓自己的自我去成長。

心理師：這三個方向有相關聯的地方嗎？還是都是各自獨立的議題，都要分開討論？

來訪者：這三個方向表面上看起來各自獨立，其實，都糾纏在一起。因爲我身爲照顧者，造成我的生涯轉折；然後，爸媽過世後，我的照顧者身分消失；現在，我想要探索自己。

心理師：好像妳不同階段都有要達成的任務嗎？現在妳想要討論妳的下一個人生階段任務，是這樣嗎？

來訪者：我以前沒有刻意給自己訂定要達成的任務，但我現在回頭看，我大概知道我在某個階段達成了什麼，就像我小時候很自卑、也很沒自信，當時我可能連「自我」在哪都不知道！那個自卑也跟原生家庭有很大的關聯。大學之後我離家住校，我就開始探尋自我，但

當時我是不斷藉由外在成就或表現來提升自信，但那個提升是藉由外在的……像是學校成績、工作、薪水，來讓自己提升自信。到現在我讀諮商，才慢慢看到「自我」這個面向。

心理師：妳說妳的自卑跟原生家庭有很大的關聯，大學畢業後靠著外在的成績、薪水、工作成就來提升自信，妳可以多說一些自己的成長過程嗎？妳會怎麼看自己的這個成長過程？

來訪者：我就是跟著社會的主流價值走，哪裡成功就去哪裡。我覺得我不認識「我這個人」，可能是父母都過世了，我也失去過往努力工作的動力，反而對自我感到失落與困惑，不曉得「自我」在哪裡，而使我現在感到迷茫。

心理師：妳的意思是說，過去妳的「自我」好像都是被社會建構出來的，都是在照顧別人？妳想藉著找出論文題目，來確立自己想要的人生方向？

來訪者：對，對我來說……現在念諮商所，就是我人生從上半場進入到下半場的過渡期。這個過渡期就像是中場休息，可能跟我的上半場打的策略是截然不同的。所以我現在想釐清的就是，下半場如果要打了，我要怎麼打？因為我原先根本就沒有想過人生該怎麼走。

敘事開箱：人生下半場

　　很多的「中年生涯危機」都像是「年輕時辜負自己」的反撲。意思是說，年輕的時候沒有機會仔細深思未來的生涯，也就沒有按照自己想要的方向前進，工作一晃就十五年、二十年過去了，日子卻越過越茫然，有時是主動覺察而感到心慌，有時是被環境逼迫不得不面對殘局。所謂的「年輕時辜負自己」也不是說那時候故意要自我違逆，可能就是跟著大家都走的路，可能是被當時的熱門浪潮席捲而去，可能是順應父母的期望或安排、身不由己，也可能只是不知道思考未來的重要性，故而產生不知道自己要去哪裡的茫然感！

　　很多人的人生上半場都在完成社會期待或家庭責任，所謂社會期待可能是熱門科系、高端行業、光鮮的頭銜、夠多的收入等等，以滿足社會認可；而家庭責任則是指照護年邁父母與養育幼年子女，主要任務是解決現實壓力。中年危機給了重新反省前半生、再次思考後半生的機會，也給了生涯轉換、重新定錨的人生功課。如果前半生是「為別人而活」，那麼後半生則是有機會「為自己而活」。

（二）發現那種「輕描談寫」的方式──因痛苦而遠離自己

　　在釐清來訪者的談話方向後，心理師在心中也放著這個目標。接著，來訪者為了讓心理師更明白自己過去的家庭經驗，

而開始主動分享。來訪者描述了一些自己過去的故事，緊接著將主題轉移到自己無法感受自己的痛苦，以及不知道該如何尋找自我，這使來訪者感到非常迷茫，好像上半輩子自己的生活都是跟隨著家庭的責任、工作的成就，而並不是以自己的興趣或需求在生活。

　　心理師很明確地感受到來訪者過去的歲月過得頗為辛苦，但來訪者似乎很常用「輕描淡寫」的方式來談自己的過去經驗，而這種「無法感受自己」的狀態，嚴重阻礙了來訪者探尋自己情緒的願望。心理師有感受到來訪者似乎被自己的「某種東西」擋住了，但心理師試圖跟隨著來訪者的腳步，並嘗試外化來訪者的「遠離過去經驗」，以創造出不同的「視角」來看自己的過去故事。

來訪者： 關於我照顧家裡的經驗……我媽有精神疾病，我爸去世後，我覺得我弟如果繼續照顧我媽，他遲早有一天會殺了我媽。我本來是在台北租房子，為了照顧媽媽，我於是在台北買了房子，把我媽接上來照顧她。剛開始照顧她，其實是因為子女的義務，畢竟是親生媽媽，我不理她也沒人能照顧她。可是慢慢到後期，我覺得就真的是產生……我覺得那時候才真正體會到相依為命……那種親情。我覺得我以前真的可能連什麼是愛，我都不懂。現在我不會想要離得遠遠的，過去照顧我媽，心裡有所牽掛也是不錯的感覺……

心理師： 妳講自己的故事時，內容的分量都很重，「母親有精

神疾病」、「我爸去世」、「我弟有天會殺了我媽」、「照顧媽媽是義務」、「我連什麼是愛都不懂」……可是妳好像只是雲淡風輕地用幾句話就帶過這一切，妳都是這樣看自己過往的經歷，是嗎？

來訪者： 經你這麼一說，我發現我確實有點輕描淡寫，我習慣用笑來掩飾內在的傷悲與脆弱。

心理師： 妳覺得我們先從哪一個開始，妳想先講哪一塊？

來訪者： 我先講我媽媽好了。對（笑），因為我很小的時候我媽就有精神疾病了，但以前醫療不發達，所以就沒去就診。我從小對爸媽的印象就是常常吵架，所以我身為長女，就自然補位去做一些媽媽本來應該要做的事……其實有很多事我自己都覺得那只是一個描述，那種感覺已經離我很遠了，因為我一直想把這種感覺拋掉。我以前只知道什麼是應該做的，但我不曉得我自己到底喜歡做什麼事，所以我覺得在家庭裡感覺的都是義務跟責任，比較沒有體會到家人之間的溫暖跟愛。

心理師： 我聽到妳說，妳在家裡只是盡責任跟義務，沒有體會到家人之間的溫暖跟愛，妳覺得過去好像「離我很遠了」，妳想要「把感覺拋掉」，妳是說，妳不想要看到它嗎？

來訪者： 對，我總是把感覺拋掉，就像……更早期那時候可能因為沒有能力，就覺得家是一個很重、很重的包袱，所以覺得有一天可以離開家，就希望離得遠遠的這樣子，所以我後來離開家到臺北讀大學。我覺得我可能

潛意識裡希望離家越遠越好，把它拋得越乾淨越好。

心理師：那妳現在說這段故事時，有什麼感覺？也想要把它拋掉嗎？

來訪者：我覺得，我現在好像就可以一種客觀的感覺，再去回頭看（笑）。

心理師：我怎麼覺得，妳說以客觀的感覺回頭看，好像也是滿遠的耶！是不是妳是希望可以跟痛苦的過去保持一點距離？

來訪者：其實有點諷刺，我怎麼可能離得越遠越好？我怎麼可能保持距離？我明明不斷背負家庭責任。我這裡的笑，也是一種習慣性地笑，是用來掩蓋自己的悲傷。

心理師：對啊！妳跟這個家深入其中又糾纏在一起，很難拋得乾乾淨淨啊？

來訪者：其實我自己也在想說，因為我現在學諮商，也常聽人講說「妳要去體驗呀！要去經歷呀！」可是即便我現在想經歷，以前發生的事因為太久遠，一方面是自己不記得了，二方面是我現在連要問人都沒人可以問，哈哈哈！

心理師：好像妳把它們跟自己隔開了，甚至丟掉了……

來訪者：對，所以我現在會想要找回以前的記憶，就像尋根的感覺，但也有種不曉得要從何找起的感覺。

心理師：不曉得要從何找起，那妳有想要找嗎？

來訪者：想呀！但是，線索其實很有限，僅憑我的記憶的話。

心理師：現在回頭看，妳會怎麼看這種對於自己的過去，只是

輕描淡寫，或是隔開了，或是丟掉了？

來訪者：嗯，可能我是因痛苦而遠離自己吧！

敘事開箱：滑行在閃爍的記憶河面

不管是運用神經身心理學（生理紀錄、腦部造影、膚電反應），或是精神分析（夢境分析、自由聯想），還是其他心理治療方法（認知調控、性格衡鑑），我們都想要深入內心世界，獲得測量、控制與改變的方法。不幸的是，榮格很早就說過：「人類的內心小宇宙，就跟外太空大宇宙一樣，廣袤、奧祕，深不可測。」

尼克·查特（Nick Chater, 2018 ／徐嘉妍譯，2018）[1]的著作《思考不過是一場即興演出》，他在書中強調「心靈深度是一種錯覺」，他說道：「**無論是旁觀者或當事人，不管是在事前、當下或事後，對自身行為的解釋往往既不完整也不可靠。**」也就是說，心智是一片平原，內心並不存在潛藏的深層結構。這意味著我們對自身行為的解釋，都是在當下脈絡給出的即興推論。

我們對生命經驗的敘說，都是在不同時間對過去拼拼湊湊的記憶，在模稜兩可、似是而非的記憶大海中，依憑主觀覺知進行的意義串連。所謂的人類的信念系統、認知架構、價值體系、人格特質所產生的行動，都是在當下產生，無法事先計畫，就算事先預寫計畫，也都會在當下伺

機修改。

　「自我」是在行動出來的時刻才誕生，在此之前的種種籌劃與預寫，在行動出現時，就灰飛煙滅並不恆存。尚未以行動展現的內心世界根本上是一座海市蜃樓，流動不已的瞬息意識世界無比豐饒而且變化萬千，並無恆存的本質。正是如此，使得來訪者看似言不由衷的「輕描淡寫」或情緒隔離，反而表達出難以承受過去的沉重負擔與自我傷痛。

　心智是永不停歇地在不同的情境脈絡下，詮釋、解釋、證明自己的行為，時時、刻刻、分分、秒秒地參考著過去，並在當下「創造」著未來。因此，我們無法絕對準確地掌握著自己的行動，我們也無法「正確」推斷別人。此刻看似「正確」的推論，到了下一刻就不適用了。

　緣於心智的瞬息萬變，正好提供敘事治療進行解構與再建構的豐沛沃土。作為故事的主角，我們永遠面對著改寫故事的機會。換句話說，轉換、改變、提升等這類「移動新視野」，就無關乎精神分析或潛意識探索與覺察，而在於來訪者再次滑行在不停閃爍的記憶河面上，要能夠盡量移動不同位置去看見不一樣的觀點，以期在當下產生新的自我。

（三）找出困境故事——貶抑「柔弱的自己」

　　爲了探索「阻擋」來訪者的某種東西，心理師開始試圖協助來訪者「接觸」是什麼讓自己無法感受過去。來訪者想邀請心理師進入自己的心門，但卻發現自己把鑰匙給搞丟了！變成心理師要跟來訪者一起先尋找到開門的鑰匙，否則無法進門。

　　如果創傷故事、困境故事是生命的裂口，進入這種破口，有如進入生命的沼澤地帶。沼澤就是濕地，濕地是生態的子宮，濕地總是孕育著潛藏的生命力，提供各種動植物生存、生長的豐富機會。我們也可以說，生命的破口正好是心靈生活的進路，開啓生命的另一個面向，使我們眞正進入生命。

心理師： 我在想，妳剛剛在談妳小時候的經驗，提到當時不知道該怎麼做、不知道該怎麼辦的狀態，我不曉得這跟妳現在不知道要從何找起的感覺有沒有很像？妳覺得呢？

來訪者： 嗯，我覺得有些程度的差別。以前的「不知道」是更沒有方向，很多時候很無助；現在的「不知道」，相對地我比較有自信，也對自己有比較多的瞭解，知道說我有能力。即使我不知道現在可以怎麼做，也知道可以問人、找資源，就是尋找自己的方向，所以程度上跟感覺上不太一樣。

心理師： 妳的「不知道」有程度上的不一樣欵！從以前的「不知道」到現在的「不知道」，妳在其中做了什麼？才使得妳現在有能力去尋求資源，也比過去更有自信？

來訪者：我應該就是，停下腳步吧！先停下腳步，才有時間去曉得自己該追求什麼。

心理師：所以可以說這個停下來，像是要回頭去看，也是要往前瞭望？

來訪者：對呀！我覺得現在我可能越來越有能力自理或追求自己，但心理方面卻不曉得自己該追求什麼。我現在覺得我的自我是存在的，可是以前是連個影子都沒有。不曉得這樣講你清不清楚？以前我是連別人可能罵我，我甚至都不自覺，然後就完全地接收這樣。

心理師：以前的妳那種「不知道」，是沒有情緒，也沒有任何感覺。妳還有類似的「不知道」的經驗嗎？

來訪者：有呀！很多！我曾經去諮商，有一次我就跟我諮商師說，現在很多學生動不動就說「霸凌」，我記得我國中的時候，同學曾經對我說「過度的謙虛是虛偽」。他們有些話，其實我不清楚到底是稱讚還是在罵我。還會講說我像林黛玉，可是現在想想，都覺得這應該都是有點不友善、有點諷刺吧！

心理師：怎麼說呀？林黛玉不是好像還滿有名的？妳現在回頭看那個「不友善」的對待，他們是要說什麼？

來訪者：他們可能就是……我以前就是讓人感覺……沒有個性，柔柔弱弱的，現在長大再回頭看，就覺得他們並不是讚美……就說妳像林黛玉，我感覺好像是在貶抑妳，那時候我根本聽不懂。我現在好像比較聽得懂人

家是稱讚、還是貶抑妳。現在我不認同，我也比較會提出自己不認同的聲音。可是以前，我甚至是沒有意識到；即使意識到了，有時候也覺得自己不配，然後沒有能力去提出來。

心理師：好像妳當時是有意識到，可以多說一點覺得自己不配的感受是什麼嗎？

來訪者：以前都是迎合，人家說什麼就是什麼。有時候意見不同，也會不敢去表達跟對方不同的意見。因為自卑和不自信的原因，讓自己覺得不配去和別人表達自己的感覺。

心理師：所以感覺好像……以前就算感受到別人的對待，不論是好是壞，覺得不配去和別人表達自己的想法或感受？

來訪者：就是說，我以前……很多人會說我很單純。如果別人對我好我，可以感受得到，只是我覺得不配去向別人表達自己的感覺，然後……我剛剛想到什麼（笑），突然溜掉了，不知道！我自己原本的思緒突然斷掉了……

心理師：沒有關係，如果後來妳有想到了再說。我在想，對妳來說，要談妳過去的回憶好像也很不容易。妳會怎麼看這樣的妳呢？

敘事開箱：在經驗的沼澤地尋找生活

所有的敘說都是一種有創造性的反思，並非「知覺」或「覺察」，都是在我們所置身的處境（situation）中，隨著當下境遇做出的最切合的回應。敘事治療也認為人並不具有實體性質的人格結構或深層意識，自我不具有固定的本質，自我是在不同處境脈絡中，以語言所構成的論述位置來顯現。而人的自我／身分是由社會建構出來的，是某些權力結構、規章制度、社會體系所組織、互動而成的節點，因此，人可以對自身進行解構與再建構，重寫自我。

敘事治療認為個人生命中的創傷事件，讓具有一致性的生命故事遭受徹底的扭曲與崩潰。當遭遇了創傷性的事件，我們會持續地處於痛苦之中，乃是因為創傷事件產生了「斷裂的故事」、「不符合期望的故事」、「脫離軌道的故事」或是「打亂次序的故事」，使得我們「掉」進去問題故事之中，使得我們成為問題故事的囚徒。

來訪者說到「自己不配」這點，如果繼續深入，心理師問：「好像妳當時是有感覺的，只是當下意識不到它的存在，甚至是不配去談這種感覺，可以多說一點覺得自己不配的感受是什麼嗎？」似乎會讓兩人的對話繼續留在問題故事之中，當然也有可能是心理師想要更加理解來訪者的經驗。如果接著心理師繼續問：「好像那個『不配』讓妳免於向別人表達，同時也在保護妳，是嗎？這個不向別人

表達，在保護或捍衛什麼嗎？」則有機會開啟渴望故事。

重要的是，敘事治療並沒有把焦點放在問題故事（創傷事件）上，而是放在我們對生命敘事的作者權所做的詮釋上。因此，敘事治療致力於避免下列三種敘事：**第一，避免敘說單薄的故事，這會限制了生命故事的詮釋，也窄化了生活空間的選項。第二，避免沉溺在問題故事中，而是透過問題故事看到渴望故事。雖然問題故事的敘事使我們受苦，並造成破碎和混亂，但是問題故事經常也埋藏著需求與願望。第三，避免喪失敘事的主導權，才能逃脫問題故事的支配力，並描繪替代故事、發展多元故事、尋找隱藏故事、建構偏好故事。**

（四）「看見」全然的來訪者——「遲鈍」好像一張護身符

心理師瞭解來訪者過去與他人相處的經驗中，發現來訪者自認過去的自己是較為柔弱的，而這似乎與來訪者被社會建構的「自卑」有關，心理師想要瞭解這中間的變化是什麼，因此心理師點明來訪者過去與現在的變化，來訪者則分享了他人對自己生命故事的看法。

來訪者處在一種理性與感性的不連貫狀態中，心理師想要連結來訪者的感性，但似乎很難碰觸。來訪者在講自己的故事時，會自動跳脫經驗，而用一種「理性」、「概念」的方式說：「我現在想要找到我的故事」或「我想要萃取內在資

源」，避談自己的具體經驗，或是「想忘記的、隱藏住的」故事。心理師感覺到這是一種自動化的「自我保護」的力量，好像來訪者的故事是很難說出口、不想說出口、或只是不知如何說。最後來訪者直接說，怕自己說了會崩潰，所以轉移話題到「論文撰寫」。好像是很痛，卻說不出聲，還用笑來掩飾，反而感覺更痛。

心理師：我感覺以前的妳跟現在的妳轉變很大，現在的妳跟以前有哪些不同？

來訪者：這中間的轉變真的很大……我要怎麼去建構屬於我自己的一個生命故事，我其實也不曉得從何說起。

心理師：是因為太多嗎？妳剛剛說有點像毛線球雜在一起的感覺？

來訪者：對，可是我自己回頭看自己的過去經驗，好像也發現……有時候身邊的人聽到我的故事也會說：「這個好像很艱難、很困苦耶！妳怎麼都可以渡過來？」

心理師：看起來妳是若無其事？那妳是怎麼渡過來的？

來訪者：也不能完全說若無其事，我其實是有感覺的。但為了不讓別人同情，所以我都以理性的角度回應，但好像覺得說自己都可以走過來……所以我想說一定是自己有些什麼在支撐，類似我們常說的內在資源，來幫助自己走這部分。我現在其實也希望能幫自己萃取一些內在資源出來（笑），就是生命故事的精華！

心理師：這讓我感覺到正面能量的妳，好像常常出現去面對人

群，但我很好奇的是，過去那個自卑或受傷的妳，她是被藏起來了嗎？還是自己躲起來了？

來訪者：嗯，我不曉得說是不是因為有時候人家會說「旁觀者清」，可是自己在裡面，可能是看不清的，所以我希望透過現在這樣去跟治療師談（笑），可以幫助我去看自己……可能某些部分是自己沒有看清的部分。

心理師：我的確看到妳有很多內在資源和正面能量，那妳現在覺得自己有哪些內在資源？

來訪者：我不會像以前一樣衝衝衝，會慢下來，沉澱自己。如果用吃東西來比喻，以前就是狼吞虎嚥，都不知道自己在吃什麼，就把吃飯當作一件事去做，先吞下去再說。現在我會分辨自己餓不餓？想吃不想吃？喜歡這味道還是不喜歡？現在不餓、不想吃或是不喜歡的東西，就不會去吃。

心理師：妳會說這是怎樣的內在資源？這是一種能力嗎？還是……

來訪者：這是一種覺察力，也是一種辨識力。

心理師：嗯嗯，「覺察力和辨識力」都在什麼時候最容易會出來幫妳的忙？

來訪者：就是有人不友善或是語帶諷刺的時候啊！我現在可以知道有些人的對待，是我不喜歡的。以前我無法分辨，現在我會明確知道我不認同，我不喜歡。但是，我還是很難去拒絕或是抵擋，有時自己還是會很受傷……

心理師：妳最近有印象深刻的不認同、不喜歡，又無法拒絕的受傷經驗嗎？

來訪者：嗯，有。可是，可以先不要講嗎？我怕我會崩潰⋯⋯

心理師：好，謝謝妳跟我說，妳還不想講，沒關係，等妳想講的時候再講。妳好像還撐著很多東西，過去到現在雖然也有很大轉變，但好像還是有些東西是卡在妳內心的？

來訪者：卡在內心喔，當然也是有吧！只是因為⋯⋯我的意思是當然每個人都有很多卡在內心的事，那我自己不曉得，這個跟我寫的有沒有關聯，我自己也還在探索。

心理師：妳是說寫論文？

來訪者：對，我在探索自己的時候，發現以前我⋯⋯就像剛剛說的，我不曉得對方是稱讚還是貶抑，或許有時候是非常痛苦。那個時候我可以撐過來，我後來發現其實是因為我對這種感覺好像有點遲鈍，就因為遲鈍，所以我就有點傻傻的，哈哈哈！

心理師：好像就傻傻地這樣過了。

來訪者：對！就是我也不曉得這是非常痛苦的（笑）。我之前有次騎摩托車出車禍，因沒駕照所以不敢報警，只好拖著受傷的手繼續赴約和朋友打撞球。

心理師：蛤？出車禍，手斷了，還去打撞球？

來訪者：對，結果隔天自己的手舉不起來，去看醫生才發現自己的骨頭斷了。我有被自己的遲鈍嚇到。這樣的遲鈍是優點，也是缺點。

心理師： 妳是説遲鈍反而救了妳的意思嗎？

來訪者： 我後來想想，這是我的缺點，也是優點。優點是它幫助我在面對痛苦時，感受不會太強烈，所以我可以撐過來（笑）；但缺點就是因爲太不敏感了，所以很多時候我無法去感覺……

心理師： 妳有發現妳的「遲鈍」有優點也有缺點，我很好奇，「遲鈍」是一直都在妳身上嗎？「遲鈍」什麼時候比較常出現呢？當「遲鈍」出現的時候，妳會獲得什麼？或是會失去什麼嗎？

來訪者： 「遲鈍」喔……應該一直在我身上很久了吧！「遲鈍」好像一張護身符，幫助我渡過了很多艱難的時刻，這部分應該是收穫吧！但是長期下來，我變成太依賴它了。「遲鈍」也像一道高牆擋住我的情緒，讓我難以接觸到自己的情感。別人也越來越難眞正看透我的內在，這應該是很大的損失吧！曾經有人告訴我説「妳什麼都好，就是少了人味！」我也確實感嘆自己怎麼走到了這步田地！

心理師： 當妳説「遲鈍」好像一張護身符，這個畫面好鮮明，使我想到似乎是妳的痛苦太痛了，讓妳不得不選擇讓「遲鈍」來減少痛苦。但是「遲鈍」也讓妳難以接觸到自己的情感，這有具體發生在現在的生活中嗎？

來訪者： 就像我現在正在全職實習，我發現我好像沒辦法很能去同理別人的痛苦，因爲我會覺得這好像沒什麼！

心理師： 所以，好像也有點影響到妳在實習的接案狀況，是

嗎？

來訪者：我努力讓它不要影響，但是我覺得多少真的會去影響
　　　　到！

敘事開箱：存有是以「共同境遇感與共同理解」
而揭露

　　「來訪者想要心理師幫忙整理自己的生命故事，就一定
要講自己的故事。」這句話一點都沒錯。只是敘事治療師
會更以來訪者的速度為速度，也讓來訪者決定話題的方
向。心理師去邀請來訪者「探索過去」以便於諮商進展
時，卻也十分小心不會運用專家權力去主導對話的方向和
速度。

　　心理師試著邀請來訪者講述更多自己的故事：「妳最
近有印象深刻的不認同、不喜歡，又無法拒絕的受傷經
驗嗎？」但是來訪者看似卻尚未準備好要「直接」開放
自己的經驗，怕自己會崩潰，而將談話主題拉到相對安
全的「論文撰寫」，心理師回應說「等你想講的時候再
講」，也就是將主導權交還給來訪者。這種看似「隱藏的
閃躲」，其實本身就是「完整的顯露」：來訪者以她自身
顯現在諮商現場。其實來訪者仍然以她全然的方式在「顯
露」自己，並沒有談「論文撰寫」。

　　對海德格[2]而言，真正的現象學就是存有學。對他而

言，所謂「現象」就是能夠以自己的方式自行開顯者。換言之，「存有」也就是一個能自行開顯的動力。現象學是藉著揭露性的言說，讓存有以他自己的方式自行揭露。海德格在《存在與時間》中討論從「理解」到「詮釋」，直到「說出」成為「語言」，大體上是有一「先在結構」，再進入「宛若結構」，最後「說出」。對海德格而言，科學不是更加精確，而是更加狹窄。因為科學繞過「先在結構」、「宛若結構」，而直接建立在「說出」的結構上。在說出之前的「詮釋」與「理解」的關係是「先在結構」與「宛若結構」之間的相互循環，進一步才有「說出」，也就是在「先在結構」完成前理解的詮釋，又在「宛如結構」達成理解，這兩者都必須在「共同境遇」中才能掌握。由上述可見海德格對於語言的分析，是在處理人的存在性，回歸到境遇感、理解、再透過語言的說出，分享共同境遇感與共同理解，重視存有的揭露。

重點在於存有是以「共同境遇感與共同理解」而揭露。所以不管來訪者是直接說故事或是拒絕說故事，所有的直接、隱藏、扭曲或轉彎，都是存有的顯露。

（五）與來訪者同步——在理性與柔弱間取得平衡

來訪者被同學說是「林黛玉」，她感覺是一種諷刺，她不想要顯現出柔弱的樣子，故而表現得像日劇《阿信》，打造

出「無敵鐵金剛」的外殼，以剛強的作為，勇敢迎接命運的挑戰，不想要被人同情。

　　但是，現在，她想要全盤接納自己的一切，柔弱、脆弱、溫柔、體貼……還是勇敢、剛強、理性、犀利，都是她自己的一部分，沒有對錯好壞。她想要透過這種對自我的鬆綁與釋放，不再隱藏、不再壓抑，還給自己一個清明與自在。

來訪者：我想到你剛剛問到說有什麼卡住，我覺得這就是我目前卡住的部分，有一方面是希望可以找回比較屬於自己真正的感覺，就是不要這麼的理性，不要這麼無感！

心理師：妳用「找回」、「卡住」的真正自己的感覺，好像是說本來應該在妳身上的東西不見了，或是被擋在某處，是嗎？

來訪者：嗯，對，我應該是有感覺。對，不知道怎麼不見了？會不會是我自己先把感覺擋起來，才能夠面對生活的難題。一直擋一直擋，就變成一種習慣。我自己就成為一個理性處理事情的狀態，因為有感覺，就很麻煩，就要陷入無助、悲傷或是委屈等等之類，那就沒有力氣承擔生活難題。是這樣嗎？我會傻傻地笑，可能我「一直笑」就是那道高牆吧！就是這個「卡住」我吧！

心理師：我覺得，妳現在正在接觸、感覺自己，對嗎？

來訪者：我有嗎？我不知道，我不確定欸。

心理師：嗯，好像，妳沒有覺得妳有在感覺自己。在我們聊的過程，妳都一直笑，妳有發現嗎？

來訪者：有啊！就都一直這樣。

心理師：不過我有個好奇，妳剛剛說妳沒有感覺，就是妳知道這件事情很嚴重，大家也這麼說。妳會不會很驚訝，怎麼自己沒有想像中的這麼的難過？

來訪者：喔！會知道那件事情很嚴重，就是因為大家都這麼說，就是在認知上我是知道的，但在感覺上自己卻還好，所以有時候我也不太敢相信自己的感覺（笑），不知道自己的感覺到底是對還是錯（笑）。

心理師：妳是說，妳認知上知道「沒有感覺」是很嚴重的，但是妳自己卻覺得還好。妳會怎麼看這樣的自己？

來訪者：我會覺得自己有點可悲，發現我跟大家都不一樣，我居然沒有感覺，所以我覺得自己有點可悲。

心理師：怎麼說呢？妳想到什麼嗎？

來訪者：尤其現在又一個人，年紀也越來越大，就會想說如果我現在還不清楚真正的感覺的話，覺得自己白活了，活了這麼大了，卻自己都還不認識自己。

心理師：如果妳不可悲，妳也找回屬於妳的感覺，那個妳會是什麼樣子？

來訪者：我要真正去愛一個人，當然包括愛自己！就像以前也有人跟我說，如果連自己都不懂得愛自己，其實也沒辦法去愛別人。所以我希望找回自己生下來原本應該屬於自己的那種感覺。

心理師：不知道爲什麼我聽起來滿孤獨的，但我不知道妳有沒有這樣的感覺？

來訪者：孤獨喔，孤獨……當然是有呀！我不想表現出柔弱的一面，我在外打拚的時候，當時自己很不喜歡被人同情，所以就要把自己的柔弱隱藏起來，變得剛強又理性，講話很犀利來試圖武裝自己。

心理師：所以，這個「武裝自己」在把妳的柔弱藏起來，也同時把妳的什麼也藏起來了嗎？

來訪者：應該也把我其他的感覺也都擋起來了吧！但現在這幾年，我開始學著接納自己的柔弱，瞭解柔弱並不是扣分或容易被欺負的，而可能是善解人意、溫柔體貼的。

心理師：如果妳對自己的過去人生做一個整理，妳會怎樣整理自己？

來訪者：我好像從小時候「柔弱」的極端，長大變到「剛強」的極端了，我現在好像又慢慢地才要走回比較中間的位置，就是想要找回原來的自己，而不是因爲不想成爲哪一種人，而又變成另外一種人這樣。

心理師：聽起來好像是，妳本來有一個「林黛玉」，但是妳又幫自己製造了一個「無敵鐵金剛」的外殼，讓「林黛玉」住在裡面，是嗎？

來訪者：對欸！「林黛玉」住在「無敵鐵金剛」裡面，而且現在「林黛玉」很想出來透透氣！

敘事開箱：虛構情節造就「重構」的可能性

　　我們感覺自己可以掌握眼前整個世界，這種感覺是一種騙局。我們當下對於世界的心智圖像，都是片面而不具完整性，就像小說的虛構情節一樣，可能有許多矛盾與漏洞。我們會被騙得那麼徹底？大腦讓我們以為自己一眼就能把世界盡收眼底，殊不知，我們遺漏沒看見的遠遠比我們網羅看見的多得多，我們眼中看見的世界是透過日積月累的過去「建構」而來，並不是大腦中已經儲存著各種圖像。

　　我們在敘說時，回到經驗、串接經驗並詮釋經驗，速度多半快速而流暢，彷彿我們早有答案，其實這也是一種錯覺。我們的敘說經常是依循著「敘說對象」與「當下情境脈絡」的創作性文本，我們會鎖定一組片段的經驗訊息，給予串接，並賦予意義，例如：「林黛玉」住在「無敵鐵金剛」裡面，恰恰好就是在這個對話脈絡出現的故事。也就是說同一件事，面對不同的對象在不同的情境，我們會說出不同版本的故事。

　　我們對於我們自己經驗的解讀，經常不具有客觀性或普遍性，而是這段經驗被放在哪一個情境脈絡下，必須單獨地針對「特定經驗」進行解讀，才被如此這般理解。因此，在人的經驗世界所發生的種種事件，只要移動位置在不同情境脈絡下，就可能產生新的解讀的可能性。我們對

於我們自己經驗的解讀，經常不具有客觀性或普遍性，而是這段經驗被放在哪一個情境脈絡下，必須單獨地針對「特定經驗」進行解讀，才被如此這般理解。因此，在人的經驗世界所發生的種種事件，只要移動位置在不同情境脈絡下，就可能產生新的解讀的可能性。或許在不同的脈絡中，林黛玉的多愁善感可能正好是指引來訪者鬆動理性，與自己感覺連結的觸媒；或許一旦來訪者與無敵鐵金剛正面對決，不管輸贏都會發現無敵鐵金剛的強項或弱點，進而跨入新的自我解構狀態。把自我敘說的作者權還給敘說者，藉此，來訪者得以重新建構新的解讀經驗與詮釋經驗的方法。

三、尾聲——回到表面困擾故事

心理師：聽起來現在的妳想在柔弱與剛強中間找平衡點。剛剛聽妳說了好多，我發現剛強的妳很有功能，似乎在妳的職場上跟隨著妳好多年。我很好奇，林黛玉很想出來透透氣，那是個什麼樣的場面呢？

來訪者：或許是人生已走了大半，過去因爲環境的艱困與求生存的本能，長出了剛強不屈的「無敵鐵金剛」外殼，但是內在那個脆弱卑微的小孩、那個裡面的「林黛玉」，卻長期沒有被好好呵護與照顧到。即使現在

來到人生的中場，那個長期被壓抑忽視的內在小孩、裡面那個「林黛玉」，卻仍舊在心底的牢籠裡吶喊著要出來吧！以前都只有在自己獨處時，內在小孩才能比較不受控地跑出來任性發作！我希望以後裡面那個「林黛玉」也可以自由自在的走動。

心理師：除此之外，我還是關心……就是妳剛剛也說妳有在想妳的論文嘛，妳有想過哪些方向嗎？

來訪者：我希望我的論文方向可以跟自己中年生涯轉換有關，與自己的年紀有關，與自己的放手一搏的嘗試有關，因此希望自己的論文能與自己的生命連結，並幫助那些也想在中年進行生涯轉換但卻躊躇不前的人們。

心理師：妳講得很清楚耶！

來訪者：清楚了喔？

心理師：就突然感覺，妳很有自信！聽起來妳的大方向還滿好的。

來訪者：是嗎？我感覺還沒完全釐清這樣……

心理師：有跟指導教授討論過嗎？

來訪者：沒有，我覺得現在還太空泛！

心理師：我聽起來真的還滿完整的！

來訪者：我還是會懷疑，真的可以嗎？這個主題真的可以做嗎？現在還是沒有一個底的感覺。

心理師：我發現妳可能更想談妳的情感接觸與釋放，可是從一開始，我就先著手於討論妳是否有寫論文的困境，到結尾時還是掛心妳的論文方向……我覺察到那是因為

我自己也正在寫論文，所以使我不自覺地主動關心妳的論文狀況。

來訪者：很好啊！這也是我很關心的主題。

心理師：現在是柔弱的「林黛玉」在討好我？在跟我說話嗎？

來訪者：哎喲！是自由走動的「林黛玉」啦！

敘事開箱：轉化的力量

　　敘事治療目的在於創造出具有意義連貫性的情節，以便產生更多的生命動力。重新組織敘事的架構雖然具有多元性，但其目標都是強調要朝向完整的敘事連貫性。為了要使得個人敘事將自我的不同部分組合在一起，構成一個有目的並且具有說服力的整體，通常在個人故事敘說時，會先出現「因果性敘事」，根據事情的前因後果進行主觀的串接。「因果的敘事」最能夠反映出被建構的故事。

　　接著會拉開距離、自我回看，而產生「反思性敘事」，據此浮現出故事的意義。通常在進入「反思性敘事」時，主流故事或問題故事已經被鬆動、解構，來訪者能夠離開主流故事的壓迫或問題故事的困境，但是仍然在「兩可之間」（betwixt）和「兩者之間」（between）——已經離開了先前階段，但是又還沒到達重新整合階段，他們處於中間狀態的轉化階段（transitional stage），這階段提供了再生和更新的知識。

如果要重構故事必須進入「創新性敘事」，再建構的過程是經由敘說產生認同藍圖。所謂「優秀」或「傑出」的人，並不只是因為心智運算能力特別強，而是經驗更加豐富深厚，使他們得以更靈活地找到解讀與詮釋經驗的各種創造性路徑。

四、對話後反思

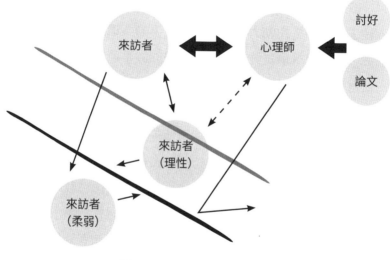

圖 8　心理師與來訪者的關係圖

| 心理師 |

　　我在與來訪者對話的過程中，感受到來訪者有三個面向，分別是來訪者的「客觀」、「理性」以及「柔弱」。與來

訪者的「客觀」談話時，我感受到她是以非常遠的距離在看自己的故事。她在描述時就像是在講一個文案一樣，很有條理、很清晰地講完自己的故事。當繼續談下去時，我發現她的「客觀」似乎與「理性」息息相關。當我想要深入探索她的內心時，常常會遇到「理性」。理性會試圖保護來訪者，築起一道笑容的牆將我擋在門外，但我卻尚未真正瞭解「理性」是什麼樣的角色。而當來訪者提到自己的「柔弱」時，是以非常「客觀」的心情去描繪，甚至也有些貶抑地看著自己的柔弱，而「柔弱」似乎是被「理性」的牆保護著，我無法探索到來訪者柔弱的內心，而來訪者似乎也無法呈現自己的「柔弱」。

另外，「柔弱」與「理性」之間似乎正產生了一些拉扯，而這正是來訪者主要的來談目標，也就是那團「混亂的毛線球」。來訪者的理性似乎是被訓練出來的，因此理性並非真正的自己，但卻對來訪者非常重要。而來訪者想要找回柔弱的自己，但卻被理性的自己擋住，因此來訪者對自己的過去變得沒有感覺，也變得不曉得自己是誰。而這樣的狀態也深深影響著我的談話方向，我在會談中充滿著疑惑及疑問，因為她一下是「客觀」的自己，她很著急著想要找回真正的自己，但一下是「理性」的自己，她很防衛地不想讓他人深入自己的內心世界，而這樣的矛盾狀態也在這次的晤談中不斷上演。

我「看著一面用笑容築起的牆」。與她談話結束後，我如實地感受到她有一道很高的牆，而這面牆是用笑容建立起

來的，她將所有痛苦的事情、他人的敵意都用笑容回應，似乎在想保護自己避免讓自己再次受傷，而這面牆非常厚重，被她形容成自己的「遲鈍」。我感受到她的過去因為太過於痛苦，所以建立了這面遲鈍的牆來撐過去。

但來訪者似乎發現這面牆影響了自己許多層面，包括不瞭解自我、感受不了他人的痛苦，因為這面牆太強大了，強大到擋住所有的東西，也包括「她自己」。她很希望能夠探索自己、找回自己，但自己也被這面牆擋住，因此她來向我求助，而這對我來說也是非常挑戰的一件事情，因為我知道，鑰匙就在她手上，只是她現在還看不見。我也還不清楚到底是什麼讓她看不見自己手中的鑰匙，而這也非常挑戰我。

我變得越小心，她也就無法深入探索自己，但當我想要深入探索她的內心，就會被她以笑容回應而回到理性。雖然這次會談無法協助她真正的整理過去，但也看到她與人互動的模式，未來若有機會，或許能與她討論這面牆在保護著什麼？幫助她承受了什麼？以及她運用這道牆來幫助自己什麼？

┃來訪者┃

我發現我把柔弱不想被人看見的「林黛玉」，藏在堅強、能幹、理性的「無敵鐵金剛」裡面，而且現在「林黛玉」很想出來透透氣。以這個隱喻作為結局，雖然不算是「大完結篇」，我知道後面的路還很長但是，這確實是一個中

繼站、轉化階段，覺得有很多的能量，蓄積著等待爆發。

不管是《無敵鐵金剛》、《小英的故事》（改編自《法國孤女努力記》）、《小甜甜》等卡通，都是那個年代童年流行的卡通，角色人物總是吃苦耐勞、正面積極、勇敢不屈，或許我也因此深受影響，就把自己的「苦」全都吞在肚子裡。

我在全職實習那段時間，脆弱的情感就像無法止住的洪水般一直氾濫著，我不知該如何與人訴說清楚我的狀況，反而是更加害怕與恐懼而走不出門。卻因為心理師說「看來全職實習讓妳的理性累了，所以結束後它要休息，這時候妳的軟弱才會跑出來」，頓時自己無法面對自己當時作息混亂、生活失控的情緒得到了被理解與接納，那種感覺好像突然有一團水被水盆給裝起來，不用再擔心它氾濫成災了！

五、幕後花絮：來訪者的新故事

▌來訪者▐

其實在碩二兼職實習時，我已被當時督導告知自己有「接觸不到自己、也接觸不到他人情感」的議題，我也在之後曾讀了文獻關於「被親職化小孩」，因其從小已根深柢固「習慣性解決問題、卻鮮少處理情緒」的生存模式，可能有著難以同理他人及被他人同理的雙重痛苦。倘若心理師

對這樣背景的我不明瞭，可能會以為像我這樣的來訪者強固的理性反應是一種防衛。如果硬是去面質來訪者，還可能引起更多的抗拒。倘若心理師可看出我堅固的理性外衣是其長期以來自我保護的生存工具而接納之，才有可能鬆動我的理性層面的意識，而與我採取合作同盟的方式來建構出「意識藍圖」。

兩人再對話，已經是我全職實習結束快半年後的事了。這中間我經歷了實習階段與對督導及實習環境的不適應而身心失調，因而更導致我過去賴以生存倚仗的「自我」被摧毀，而更加凸顯出我的軟弱。因著心理師的理解與接納，幫助了我去接納「理性自我」被摧毀後所暴露出的內在軟弱。當理性自我與內在軟弱都能被同理接納後，內在衝突與困惑的情緒逐漸消化，也鬆動了我長期以來所用來武裝自己的理性解決問題的生活模式。就如無敵鐵金剛卸下了盔甲，釋放出林黛玉，變成一般人一樣，也是有血有肉地自在生活著。

再次看著自己當時述說的故事，已經又是兩、三年後的事了，現在再看，其實對話現場的當時，我還在探尋的歷程中，我看到自己的不敢往內往下觸碰！好像現在又有新的看見。目前這段期間發現自己似乎陷入的深深的自我挫敗與畏縮中，過往有條理的思緒卻難以如往常般自由運作，反而更經常處於混亂、迷惘、焦慮的失控情緒狀態中。我以要因應生活開銷為由而將心力放在打工上，事實上可能是我無法面對在全職實習後「自我」被摧毀及身心靈的受

創而又再逃避到工作上，因而對於我在實習後理應面對的論文一直難產中。一直到今年年初，我終於還是硬著頭皮鼓起勇氣和指導教授會談，因著指導教授的理解與接納反而逐漸對自己「以為失常」的狀態，又陸續有了新的看見與接納。甚至在我告訴指導教授自己在追劇後，反而迸出了更多的感覺與想法！於是我順著繼續走，似乎反而讓過往長期被理性保護的柔弱的自我有機會出來透氣、伸展，也才在不久前，那個「柔弱的林黛玉」似乎可以和「剛強的無敵鐵金剛」同時現身了！

註：

1　Chater, Nick (2018). *The Mind is Flat: The Illusion of Mental Depth and the Improvised Mind*. UK : Allen Lane. 徐嘉妍譯（2018），《思考不過是一場即興演出，行為心理學揭開深層心智的迷思》。台北：商周。第 13 頁。

2　沈清松（2000），《海德格》。台北：三民。改寫自第 79-82 頁。

MA　　　086

敘事治療私塾學堂
洞人心菲的十個故事，十種啟發，十次感動
Narrative Therapy Practice Club
作者—黃素菲

出版者—心靈工坊文化事業股份有限公司
發行人—王浩威　總編輯—徐嘉俊
責任編輯—黃心宜　特約編輯—簡淑媛
封面設計—大樹　內文排版—李宜芝

通訊地址—106台北市信義路四段53巷8號2樓
郵政劃撥—19546215　戶名—心靈工坊文化事業股份有限公司
電話—02）2702-9186　傳真—02）2702-9286
Email—service@psygarden.com.tw　網址—www.psygarden.com.tw

製版・印刷—中茂分色製版印刷股份有限公司
總經銷—大和書報圖書股份有限公司
電話—02）8990-2588　傳真—02）2290-1658
通訊地址—242新北市新莊區五工五路2號（五股工業區）
初版一刷—2022年12月　初版二刷—2024年7月
ISBN—978-986-357-275-6　定價—650元

國家圖書館出版品預行編目資料

敘事治療私塾學堂：洞人心菲的十個故事，十種啟發，十次感動/黃素菲著. -- 初版. -- 臺北市：
心靈工坊文化事業股份有限公司, 2022.12
　面；　公分. -- (Ma；086)
ISBN 978-986-357-275-6(平裝)

1.CST: 心理諮商 2.CST: 心理治療

178.8　　　　　　　　　　　　　　　　　　　　　　　111020550